LES
GRANDS PORTS DE COMMERCE
DE LA FRANCE

PRINCIPAUX OUVRAGES DU MÊME AUTEUR

A LA LIBRAIRIE HACHETTE ET Cie

La Vie souterraine ou *les Mines et les Mineurs*, 1 volume in-8 avec 160 gravures sur bois, 30 cartes tirées en couleur et 10 planches tirées en chromolithographie. 2ᵉ édition. Broché 30 fr.

Les Pierres, *Esquisses minéralogiques*, 1 volume in-8 avec 91 gravures sur bois, 15 cartes coloriées et 6 chromolithographies, par Cicéri, Faguet et Bonnafoux. Broché, 10 fr.

Les Merveilles du monde souterrain. 5ᵉ édition, 1 volume in-18 jésus avec 18 vignettes par A. de Neuville et 9 cartes. Broché 2 fr. 25.

Le Monde américain, *Souvenirs de mes voyages aux États-Unis*. 2ᵉ édition, 1 volume in-18 jésus. Broché, 3 fr. 50.

L'Or et l'argent. 1 volume in-18 jésus avec 67 vignettes sur bois par A. de Neuville, Sellier, Férat. Broché, 2 fr. 25.

AUX LIBRAIRIES HETZEL, CHALLAMEL ET CHARPENTIER

L'Histoire de la Terre, *Origines et Métamorphoses du Globe*. 8ᵉ édition. — Paris, Hetzel.

Les Pays lointains, *Notes de voyages* (la Californie, l'île Maurice, Aden, Madagascar). 2ᵉ édition. — Paris, Challamel aîné.

La Toscane et la mer Tyrrhénienne, *Études et explorations* (la Maremme, Carrare, l'île d'Elbe, les ruines de Chiusi). — Paris, Challamel aîné.

Le Grand Ouest des États-Unis, (les Pionniers et les Peaux-Rouges, les Colons du Pacifique). — Paris, Charpentier.

A travers les États-Unis, *de l'Atlantique au Pacifique* (le grand Désert, les Mormons, les mines de Nevada et de Californie, les immigrants, les derniers Peaux-Rouges). — Paris, Charpentier.

21208-78. — Typographie Lahure, rue de Fleurus, 9, à Paris.

LES
GRANDS PORTS DE COMMERCE
DE LA FRANCE

PAR

L. SIMONIN

Marseille — Bordeaux
Nantes — Le Havre — Paris port de mer
Le Commerce extérieur

PARIS

LIBRAIRIE HACHETTE ET Cⁱᵉ

79, BOULEVARD SAINT-GERMAIN, 79,

1878

Droits de propriété et de traduction réservés

A MONSIEUR

J.-B. KRANTZ

PRÉFACE

Marseille, le Havre, Bordeaux, Nantes et son annexe Saint-Nazaire forment ce qu'on peut appeler le quadrilatère maritime, les quatre grands ports de commerce de la France.

Marseille, c'est le point où viennent nécessairement aboutir toutes nos relations avec la Méditerranée, l'Inde et l'extrême Orient. Le Havre, c'est notre port principal d'attache avec l'Amérique septentrionale, avec la florissante république des États-Unis et avec les diverses places du nord de l'Europe. Bordeaux et Nantes, disposées comme en façade sur l'Atlantique, sont une des clefs de nos communications avec l'Amérique du Sud, l'Océan-Indien, l'Afrique occidentale, les places de la mer du Nord et de la Baltique, sans toutefois qu'elles ravissent à Marseille ou au Havre la prépondérance sur la plupart de ces divers marchés. Comme fret de sortie, Bordeaux a ses vins, connus et appréciés du monde entier, et qu'elle expédie sur tout le globe. Par les fleuves sur lesquels elles sont assises assez loin de l'embouchure, Bordeaux et Nantes pourraient distribuer jusqu'au cœur du pays les denrées exotiques plus facilement et plus économiquement que Marseille et le Havre

C'est de chacune de ces quatre grandes places de commerce que nous allons successivement nous occuper.

Dans chaque section, nous décrirons avant tout le port, la ville, nous traiterons des habitants; il sera aussi parlé des ports secondaires limitrophes et de la grande vallée alimentée par le port principal. Les conditions économiques générales ou particulières dont dépend le commerce de la région ne seront pas enfin oubliées, et de cette façon l'étude sera complète pour chaque port.

On a fait suivre ces descriptions d'un chapitre spécial sur la navigation intérieure de la France, les canaux étant les meilleurs auxiliaires des ports de commerce. Cette importante question de la navigation intérieure se relie du reste à celle si souvent débattue de Paris-port de mer, que nous ne pouvions point passer sous silence, car elle est devenue désormais populaire.

Un dernier chapitre sur le commerce extérieur de la France, sur l'ensemble de nos échanges et de notre marine marchande, termine et résume, pour ainsi dire, ce petit livre.

La France, depuis les désastres de sa dernière guerre, se relève par le travail, virilement, sagement. Le mouvement de nos ports est un des côtés les plus saisissants du travail national. C'est là qu'abordent les matières premières indispensables à nos manufactures, à nos usines, à nos ateliers de tout genre; c'est de là que partent surtout les produits fabriqués, dans lesquels se révèle un des côtés les plus curieux du génie de la France, restée maîtresse et nourricière du monde entier pour la préparation et la distribution de quelques-uns de ces produits.

Ce livre n'a d'autre but que d'appeler un moment sur tous ces points l'attention du lecteur. On espère y être parvenu, car on a soigneusement écarté de ces pages tout ce qui aurait pu paraître trop spécial ou trop didactique.

Paris, juillet 1878.

L. SIMONIN.

LES GRANDS
PORTS DE COMMERCE
DE LA FRANCE

CHAPITRE PREMIER

MARSEILLE ET LE GOLFE DE LYON

I

Le port de Marseille

Les anciens historiens racontent que vers l'an 600 avant notre ère une colonie de Phocéens, à la suite des guerres médiques, abandonna les rivages de l'Asie Mineure et vint, après une longue navigation, jeter l'ancre au bord d'un golfe à l'autre bout de la Méditerranée. Pendant l'antiquité, ces migrations étaient fréquentes. La guerre, la famine, les opérations commerciales, souvent le besoin seul de changement, qui a toujours tourmenté les populations riveraines de la grande mer intérieure, étaient la cause de ces déplacements, et un second essaim de Phocéens vint bientôt s'ajouter au premier. Avant eux, les Phéniciens, les Troyens, les Carthaginois, les Étrusques venus de Lydie, et glorieux précurseurs des Romains dans la péninsule italique, avaient tour à tour demandé aux vents de pousser leurs voiles vers des mouillages inconnus, et peu à peu avaient peuplé et exploité toutes les rives de la Méditerranée, tous les pays que baignent ses flots bleus. C'est ainsi que les marins partis de Phocée avaient été précédés par des Phéniciens dans le golfe même où ils fondèrent Massilie, car on a trouvé entre autres sous le sol de Marseille une inscription en phénicien, l'une des plus belles qu'on connaisse : elle règle les frais de culte d'un temple de Baal.

Massilie, dont les origines se perdent dans la nuit de l'histoire, est toujours à la même place où l'établirent, où la trouvèrent plutôt les Phocéens. Le bassin étroit qu'elle occupe, fermé du côté des terres par une ligne rocheuse de montagnes, n'est guère plus fertile qu'il ne l'était dans l'antiquité. Le terrain manquait encore d'eau il n'y a pas longtemps. On a amené les eaux de la Durance par un canal qui fera éternellement la gloire de l'ingénieur qui l'a projeté et construit. Si cette eau a abreuvé les habitants et rafraîchi les rues de la cité, elle n'a pu donner à la campagne environnante qu'une verdure en quelque sorte décorative et faire pousser sur ces alluvions pierreuses autre chose que la vigne et l'olivier, que les enfants de l'Ionie apportèrent avec eux. Sidon, Tyr, Carthage, ne furent pas autrement favorisées que Marseille dans le choix de leur emplacement. C'était la mer qu'elles exploitaient, non la terre, et aujourd'hui encore Gênes étouffe plus que Marseille dans une ceinture de rochers arides et abrupts. Dans la lutte pour leur existence, il est bon que les places de commerce soient ainsi forcées par la nature à tourner invariablement leurs regards vers les flots. Cela fait de meilleurs marins, que rien ne vient distraire de leur métier, et cela pousse les armateurs à un trafic international incessant qui fait la richesse de leur comptoir.

Marseille, depuis le jour de sa naissance, obligée de demander à la mer tous ses moyens de vivre, n'a jamais failli un instant à ses destinées. Il n'est aucune ville qui se soit maintenue aussi prospère pendant une aussi longue durée de siècles. Comme elle commande le golfe de Lyon et le bassin du Rhône, elle a été de tout temps un grand port de transit et d'entrepôt, pour la Gaule pendant l'antiquité, pour la Provence et une partie du Languedoc pendant le moyen âge, et plus tard pour la France. Depuis longtemps, c'est notre premier port de commerce. Toutes nos relations avec le Levant partent de là, et, depuis que le canal de Suez est ouvert, toutes nos relations avec l'extrême Orient. C'est par Marseille que nous arrivent les soies et le thé de la Chine et du Japon, les cotons et les graines oléagineuses de l'Inde, l'étain de Banca et de Malacca, le poivre de Singapore. A l'époque où la France fondait des colonies en Amérique, dans la mer des Antilles, dans l'Océan-Indien, et où la vapeur n'avait pas encore remplacé la voile, Bordeaux, Nantes, Saint-Malo, plus tard le Havre, assises sur l'Atlantique ou sur la Manche, purent un moment le disputer en importance à Marseille. Aujourd'hui la lutte n'est plus possible, et le grand port de la Méditerranée, par l'étendue et la disposition de ses quais, par le chiffre de son tonnage et la valeur des marchandises transportées, dépasse de beaucoup tous ses rivaux.

Le vieux Lacydon des Phocéens, une baie profonde, aux eaux toujours paisibles, qui s'enfonce doucement dans les terres, fut longtemps l'unique port de Marseille : c'est le meilleur havre naturel de la mer intérieure, et l'un des plus sûrs du monde. Sous la Restauration, a été construit le port dit du Frioul, *fretum Julii*[1], artificiellement obtenu au moyen d'une jetée réunissant les îlots de Pomègue et de Ratonneau qui surgissent dans

---

1. C'est là que César avait sa flotte quand il fit le siége de Marseille.

la rade, et de nos jours on a ajouté à ces deux ports une série de nouveaux bassins, conquis hardiment sur la mer. Ces bassins de la Joliette[1], du Lazaret, d'Arenc[2], de la Gare-Maritime, et le bassin National, tous situés au nord du vieux port, se succèdent les uns les autres, et peuvent en quelque sorte indéfiniment s'étendre. On y a établi d'immenses docks qui couvrent une étendue de 20 hectares pour la réception et l'entrepôt des marchandises, et où d'ingénieuses dispositions mécaniques assurent tous les services; on y a construit des cales sèches, des bassins de radoub, pour la visite et la réparation des navires. Les rails courent le long des quais et vont se marier à ceux de la gare de Saint-Charles, tête de la grande ligne de Paris-Lyon-Méditerranée. Il faudra faire mieux, il faudra doter ces bassins d'une vraie gare maritime et de toutes les annexes, de tous les mécanismes rapides pour le chargement et le déchargement des vaisseaux, qui sont aujourd'hui indispensables au fonctionnement d'un grand port de commerce. Londres, Liverpool, New-York, offrent pour cela des types que l'on fera bien d'imiter. Il faudra enfin songer à ouvrir aussi vers le sud, à l'endroit qu'on appelle l'Anse des Catalans, des bassins comme on en a ouvert au nord, et com-

---

1. Encore un souvenir de César.
2. *Arena,* sable.

pléter tout cet ensemble par quelques travaux indispensables dans la rade et sur les ports déjà existants.

Lamartine, dans un élan de lyrisme oratoire, a nommé Marseille « la façade de la France sur la Méditerranée. » Le mot a été volontiers rappelé et mérite de l'être. Parcourir les quais de Marseille, c'est faire à la fois un cours de géographie et d'ethnologie méditerranéennes : tout s'y retrouve, les produits et les gens. Là l'Espagnol des Baléares vient lui-même apporter et vendre ses oranges, le Marocain son cuir, l'Algérien son tabac, le Tunisien ses dattes, l'Arabe son encens ou son café, l'Égyptien ses tapis, le Turc ses confitures, le Grec, l'Italien, les produits variés de l'Hellade ou de la Péninsule. C'est comme un immense bazar, une grande foire en plein vent, où chaque trafiquant apparaît avec son type, son costume, sa langue propre, que dis-je? une sorte de langue franque qui n'a rien à envier à celle de Smyrne, du Caire et de Constantinople.

Ce n'est pas seulement la Méditerranée qui commence avec Marseille, c'est le monde entier. Promenez-vous le long des quais, et vous y rencontrez par instants le Chinois à la longue queue tombant en tresse sur le dos, le Parsis au bonnet pointu, l'Hindou au cafetan blanc, le nègre à la démarche déhanchée, qui s'en va chantonnant un refrain du pays natal, le matelot anglais ou américain à la casquette, aux vêtements de toile cirée. A cette foule bariolée se mêle le pêcheur provençal, qui fait sécher ses filets au soleil et porte encore le bonnet phrygien comme au temps de Simos et Protis, les fondateurs phocéens de Massilie. Devant vous s'étalent tous les produits du globe : les blés de la Mer-Noire que la fameuse corporation des portefaix, qui a si souvent fait parler d'elle, vanne et nettoie par des procédés datant des anciens, les arachides du Sénégal ou du Gabon, les huiles de Gênes, les marbres de Carrare, l'orseille de Mozambique ou de Madagascar, la cochenille des Canaries ou du Mexique, le café de Rio, le sucre de la Havane, le girofle de Zanzibar, le camphre de Borneo, puis la morue de Terre-Neuve, le bois coloré de Campêche, de Port-au-Prince ou de la Guayra, le pétrole de Pensylvanie, les laines de Montevideo, le guano du Pérou, le cuivre du Chili, le fer de Suède, en un mot les diverses denrées des colonies, des pays lointains, de toutes les contrées de l'Europe et de l'univers. De là un aspect particulier, une animation sans égale le long des quais de la vieille cité, un mouvement, une vie, un bruit qu'on ne retrouve dans aucun autre port. Ajoutez-y le fracas des charrettes qui vont, viennent, s'embarrassant au milieu des jurons de l'automédon marseillais, peu patient de sa nature, et qui, dans sa langue fille du latin, brave volontiers la pudeur.

Le long du vieux port, sur le côté qui regarde le midi, à cet endroit qu'affectionnait, dit-on, le bon roi de Provence René, qui venait en hiver s'y chauffer au soleil, les choses n'ont guère changé avec le temps. Bien qu'on ait essayé naguère de donner à ce lieu un peu d'air et d'espace, les maisons s'y alignent encore capricieusement comme au moyen âge, les rues y portent le même nom : c'est la rue *Lancerie*, parce qu'on y faisait des lances pour les Croisés, qui s'embarquèrent si souvent à Marseille; c'est la rue *Bouterie*, parce qu'on y faisait des tonneaux (*boute* en provençal, en italien *botte*). L'avenue de la Canebière (*canebe*, chanvre, *canebiero*, chanvrière ou corderie) est à un bout, les bureaux de la Santé à l'autre, au milieu la Maison de ville ou la Commune, dont la façade porte un écusson de Puget. Là se tenait l'ancienne bourse, la loge, la *loggia*, comme on dit toujours à Gênes. Tout le long du quai s'étalent des buvettes et des boutiques qui, sans égard pour le passant, empiètent sur la chaussée. On y vend le perroquet criard du Brésil ou l'oiseau des tropiques aux plumes étincelantes, la noix de coco des Antilles, le pois rouge du Cap, dont on fait des chapelets, le coquillage nacré de la mer des Indes et une foule de bibelots, de produits divers, tous venus des stations lointaines et des pays de l'Orient aimés du ciel et du soleil. Là se promène l'univers, là s'entendent tous les dialectes, là passent et repassent tous les costumes. On n'est plus en France, on est dans je ne sais quel pays étrange et unique qui serait comme la synthèse de tous.

De tout temps la place de Marseille a eu ce caractère cosmopolite. Jadis ce fut un Phénicien, puis un Phocéen, qui firent la fortune commerciale de ce comptoir. Au moyen âge, le type du négociant marseillais est une sorte de Provençal tenant à la fois de l'Italien et de l'Espagnol, ou plutôt du Génois et du Catalan. A cette époque, république indépendante, gouvernée par un podestat étranger, Marseille donne plus d'une fois asile aux exilés de Gênes ou de Florence, qui viennent définitivement s'établir dans ses murs. Elle s'enrichit au temps des Croisades, et garde depuis lors dans ses armes la croix d'azur sur champ d'argent. Sous Colbert, Marseille est déclarée port franc, et le commerce passe presque entièrement aux mains des maisons levantines qui viennent à leur tour se fixer dans ce port. On leur donne droit de cité; auparavant, sous Charles IX, on a fait mieux : le noble peut trafiquer sans déroger; *nobilis et mercator*, disent les anciens contrats. Cela dure jusqu'à la fin du dix-huitième siècle. Des noms éminemment marseillais surgissent, comme celui de ce George Roux qui arme ses navires en corsaires à l'époque de la Révolution américaine, et fièrement déclare la guerre au roi d'Angleterre par une lettre qui commence ainsi : « George Roux à George Roi. » Toutefois le Levantin l'emporte alors sur le Marseillais indigène, comme aujourd'hui le Grec. Depuis que les massacres de Chio ont amené à Marseille une colonie hellénique, celle-ci a concentré dans ses bureaux la plus grande partie du trafic de la place, presque tout le commerce des grains, et ce n'est pas une des moindres curiosités de l'histoire que de constater ce retour des Chiotes vers Massilie, à peu près pour les mêmes causes, après 2400 ans. Que si, comme autrefois les Levantins, les Grecs tiennent aujourd'hui à Marseille le haut du pavé, hâtons-nous de reconnaître que nombre de négociants marseillais méritent au même degré d'être cités, comme ceux qui, par leurs seules ressources, ont ouvert à ce port le trafic avec la côte orientale et occidentale d'Afrique, avec le Sénégal, la Guinée, le Gabon, Madagascar, Mozambique, Zanzibar. Il y a aussi nombre d'armateurs hardis qui, à leurs propres risques, sans aucune subvention de l'État, ont créé des lignes de navigation à vapeur avec les divers ports de la Méditerranée, du Brésil, de la Plata, de l'Inde, et qui, en toute justice, ne sauraient être non plus passés sous silence.

L'esprit créateur, le caractère entreprenant du Marseillais, se révèlent dans les opérations industrielles, plus encore que dans celles de négoce et d'armement. Sur ce point-là, il n'a guère à redouter la concurrence des maisons étrangères établies à ses côtés. La fabrication des produits chimiques, des bougies, du savon, la trituration des graines oléagineuses, le raffinage du sucre de canne, le tannage des peaux, le lavage des laines, la mouture du blé, qui arrive en quantités si considérables, la préparation des liqueurs, des pâtes, des conserves, des salaisons, la distillation du pétrole, la fonte et l'affinage des minerais et des métaux, la construction et la réparation des machines, voilà ce qui a été tenté avec un succès toujours grandissant, et procure aux navires qui fréquentent ce port un fret de sortie aussi varié qu'avantageux.

On dit que la plupart de nos ports périclitent et que notre marine marchande succombe, parce que nos navires sont presque partout obligés de sortir sur lest ; en effet, si nos matières d'exportation sont généralement précieuses, étoffes tissées, objets de modes, elles n'occupent pas pour l'ordinaire un très-grand volume. Les autres ports français devraient suivre l'exemple de Marseille : en manufacturant les matières premières qu'ils reçoivent, ils verraient doubler leur trafic. Ici, la savonnerie date seule du passé, tout le reste est de création récente, et l'on peut dire contemporaine. Sous Colbert, la fabrication du savon fut ravie par Marseille à Savone, sa voisine ; mais d'autres disent que ce furent les Phéniciens, également inventeurs du verre, qui introduisirent cette fabrication à Marseille, qui depuis ne l'a plus abandonnée. Quoi qu'il en soit, cette place de commerce est devenue de nos jours une place industrielle de premier ordre. Sa banlieue, le terroir ou le *terradou*, comme on le nomme, et les petites villes environnantes, se sont associées à ce mouvement. Avec l'argile, on fait des tuiles, des carreaux, des briques, des poteries ; avec le sable, des verreries ; tout cela aussi s'exporte au loin. En cent endroits et dans la ville elle-même, qui n'oserait s'en plaindre, des groupes de cheminées, plus hautes que des obélisques, vomissent la fumée, noircissent et empestent l'air. L'industrie s'étend partout avec ses allures conquérantes, elle a envahi tout le littoral. C'est pour Marseille que travaillent les salines de Bouc et de l'étang de Berre ; c'est pour elle que fonctionnent les ateliers de La Ciotat, où la puissante compagnie des Messageries maritimes construit et répare ses navires. L'élan est tel que le département voisin du Var est lui-même entamé. Au port de La Seyne, près de Toulon, sont d'autres établissements de construction appartenant à la Société des forges et chantiers de la Méditerranée, qui a son siége principal et ses plus grands ateliers à Marseille.

D'après les statistiques publiées par le capitaine du port de Marseille, le mouvement général de ce port, en 1877, a été à l'entrée de 8055 navires jaugeant 2 588 000 tonneaux, et à la sortie de 8 052 navires jaugeant 2 600 000 tonneaux ; en tout plus de 16 000 navires et un tonnage qui dépasse 5 millions de tonneaux [1]. Ces chiffres comprennent d'ailleurs tous les pavillons, la grande navigation et le cabotage, et les navires à voiles et à vapeur, chargés ou sur lest, ces derniers, au nombre d'environ 2000, dont plus de 1800 à la sortie. Le pavillon français entre pour les cinq huitièmes dans le mouvement général des navires ; la grande navigation, c'est-à-dire celle au long cours, comprend le treizième du tonnage [2]. Le nombre de navires à vapeur augmente de plus en plus et atteint presque le nombre des navires

---

1. En 1876, le mouvement général du port avait été de 8746 navires à l'entrée, jaugeant 2 645 500 tonneaux, et à la sortie de 8654 navires, jaugeant 2 590 000 tonneaux ; Malgré la guerre d'Orient, qui a arrêté à Marseille l'importation des blés de la Mer-Noire, toujours si considérable, le tonnage a été sensiblement le même en 1877 qu'en 1876.

2. D'après la loi du 14 juin 1854, la navigation au cabotage comprend tout le bassin de la Méditerranée, la côte du Maroc jusqu'au 30° degré de latitude nord, et toutes les mers d'Europe jusqu'au 72° degré de latitude nord et au 15° degré de longitude ouest. A ces limites on a le grand cabotage, le petit cabotage ne quitte pas les côtes de France.

à voiles. Comme tonnage, le chiffre afférent aux navires à vapeur est plus du double de celui des bateaux à voiles. Dans la période de dix ans qui s'étend de 1868 à 1877, les chiffres du tonnage total sont passés de 4 millions de tonneaux à 5, et le mouvement de la navigation à vapeur, ainsi que cela a eu lieu partout, est toujours allé en augmentant.

La principale marchandise importée est le blé, dont Marseille reçoit en moyenne chaque année 1 million de tonnes de 1000 kilogrammes chacune. L'état des récoltes en France règle seul cette branche de commerce. Dans les années de disette, Marseille est comme le grenier d'abondance, la grande nourricière du pays. Elle reçoit du Danube, de l'Égypte, de l'Asie Mineure, de l'Algérie, les blés qui nous manquent, et, par le chemin de fer de Paris-Lyon-Méditerranée ou par le Rhône, les déverse sur toute la France. Si Bordeaux est le port des vins, Nantes le port des sucres, le Havre le port des cotons, Marseille est le port des blés. Grâce à Marseille, les famines en France sont désormais impossibles, et les émeutes d'une population manquant de pain, qui ensanglantèrent en 1847 quelques-uns de nos départements du centre, ne se reproduiront jamais plus.

Après le blé viennent les graines oléagineuses, environ 220 000 tonnes, — le sucre brut, 60 000,

— le café, 20 000. Les minerais et les métaux (fer, cuivre, antimoine, étain), le charbon de bois, la houille, se chiffrent, quelques-uns du moins, par centaines de mille tonnes. La houille seule atteint 800 000 tonnes, mais cette énorme quantité entre presque entièrement par la voie de terre, et est fournie pour la plus grande part par les mines du bassin d'Aix et les houillères du département du Gard; elle est consommée surtout par les usines locales ou les navires à vapeur; une partie est exportée.

Le chiffre du bétail vivant importé par mer d'Italie, d'Espagne, d'Algérie dépasse 300 000 têtes, et a même été un moment deux fois plus élevé. Il manque malheureusement un parc central, un entrepôt et un grand marché, comme ceux des villes américaines, pour recevoir, soigner et distribuer convenablement tout ce bétail, dont le port de Cette a déjà détourné à son profit plus de 100 000 têtes.

Des marchandises de beaucoup plus grande valeur, sinon d'un aussi fort tonnage, doivent maintenant être citées, telles que la soie, le coton, les laines; il faut mentionner enfin les peaux et les cuirs, les huiles d'olive, le pétrole, les vins et les spiritueux, le riz et les légumes secs, les fromages, le cacao, la morue et le poisson salé, le poivre et les autres épices, les articles de droguerie, le tabac, le suif, les cires, le soufre brut, les marbres, les bois de teinture, de tonnellerie, de charpente, de menuiserie, d'ébénisterie.

Voici, eu égard à la quantité, d'après les tableaux publiés par la direction générale des douanes, comment se distribuent les principales matières introduites dans le port de Marseille en 1876 :

Céréales..............................	525.000 tonnes.
Minerai de fer......................	379.000 —
Graines et fruits oléagineux.....	220.000 —
Houille anglaise...................	90.000 —
Bois communs.....................	66.000 —
Sucre brut.........................	59.000 —
Légumes secs.....................	45.000 —
Plomb et minerais de plomb.....	30.000 —
Huile...............................	27.000 —
Fruits..............................	26.000 —
Café...............................	23.000 —
Coton..............................	23.000 —
Soufre brut.......................	22.000 —
Bestiaux..........................	21.500 —
Bois exotiques...................	20.100 —
Laines.............................	18.000 —
Peaux.............................	15.500 —
Pétrole...........................	10.000 —
Tabac.............................	9.500 —
Riz................................	9.000 —
Soie...............................	7.700 —

Après viennent les vins, les graisses, le chanvre, le cachou, le nitrate de soude, etc. Si l'on a égard à la valeur, c'est la soie qui est en première ligne pour une somme de 328 millions de francs; les céréales n'arrivent qu'ensuite pour une valeur de 135 millions.

Les principaux articles d'exportation sont les blés et les farines, les tissus de laine, de soie et de coton, le sucre raffiné, les tourteaux de graines, dont l'agriculture fait un si heureux emploi, les savons, si justement renommés et dont Marseille fabrique par an, presque entièrement pour la consommation intérieure, 90 000 tonnes, autant que la France tout entière, — puis les huiles de toute sorte, les vins, préparés, coupés, améliorés, alcoolisés, dans des chais rivaux de ceux de Cette, les pâtes et les conserves alimentaires, les machines, les produits chimiques, — au nombre desquels le soufre raffiné, la soude, les acides, — les houilles, souvent chargées comme lest et expédiées sur les divers points de la Méditerranée qui en manquent; le plomb, qu'on reçoit d'Espagne, qu'on affine, qu'on désargente dans des usines locales, la garance, qui vient d'Avignon, les poteries et produits de céramique, les verres et les cristaux, enfin le sel marin, dont on expédie des quantités notables aux pays du nord, la Suède et la Norvége, qui en retour envoient des bois de pin et de sapin.

Au point de vue de la quantité, voici comment se groupent les principales matières expédiées en 1876 :

Houille.	200.000 tonnes.
Céréales et farines.	60.000 —

Sucre raffiné	44.000	tonnes.
Vins	30.000	—
Tourteaux de graines	30.000	—
Matériaux à bâtir	30.000	—
Légumes	25.000	—
Poterie, verrerie	16.400	—
Huile	14.400	—
Café	13.400	—
Outils et ouvrages en métaux	13.400	—
Tissus	10.500	—
Coton	9.300	—

Si l'on ne tenait compte que de la valeur, ce serait la soie, laquelle ne figure pas dans cette liste, car on n'en exporte que 1700 tonnes, qui viendrait en première ligne pour une valeur de 75 millions de francs; les tissus de soie (4400 tonnes) viendraient ensuite pour 55 millions.

La quantité totale de marchandises manipulées par le port de Marseille a été en 1877 de 2 700 000 tonnes, un peu plus de la moitié de la capacité des navires entrés et sortis. Sur ce chiffre, environ 1 700 000 tonnes figurent à l'entrée, et 1 million à la sortie. Il a été déchargé et chargé dans les docks un peu plus de 1 200 000 tonnes, ou moins de la moitié de la quantité totale entrée et sortie. Sur ce chiffre de 1 200 000 tonnes, environ 900 000 figurent au déchargement et 300 000 au chargement.

On estime aujourd'hui à 2 milliards de francs environ la valeur annuelle de tout le commerce de Marseille, à l'importation et à l'exportation.

Une population fixe d'environ 320 000 habitants, dont le chiffre a plus que triplé depuis le commencement du siècle, est tout entière aux affaires : armateurs, négociants, banquiers, industriels de tout ordre, courtiers, entrepreneurs et agents de transports, peseurs publics, emballeurs, portefaix, charretiers. Tout le monde vend, achète, trafique, tout le monde vit de son travail. Le plaisir, plus que les distractions intellectuelles, sauf quelques heureuses exceptions qu'il est juste de noter, occupe uniquement les loisirs du moderne Phocéen. Une maison de campagne, la *bastide*, quand elle est au milieu des arbres, le *cabanon*, quand elle est juchée sur le roc, au bord de la mer, est le refuge qu'il affectionne pendant les chaleurs torrides de l'été. Il s'y livre de grand matin, avec une ardeur que rien ne lasse, à une chasse imaginaire « au poste à feu ou à filet, » ou bien à la pêche, où ses efforts sont un peu mieux récompensés. Avec le poisson se confectionne plus d'un mets indigène, la *bouillabaisse*, la *bouride*, épicés, aromatisés, pleins d'ail.

Sur ce coin fortuné de la Provence, sous ce climat qu'assainit le mistral, tout le monde, riche et content, coule une existence aisée et quelque peu nonchalante. Le caractère est jovial, bon, généreux, ouvert ; on vit volontiers en plein air, sur la place publique, comme les anciens. Les mœurs sont restées démocratiques, familières; mais il faut y signaler, surtout chez les hommes, une certaine rudesse et je ne sais quelle vivacité, quel emportement, dus sans doute au milieu physique dans lequel on gravite, rocailleux, aride et venteux, et à la nature des relations quotidiennes. Les femmes ont plus de douceur et de délicatesse: elles sont citées pour leur esprit, leur grâce et leur beauté. Le sang grec a laissé en elles des traces ineffaçables. Des yeux et des cheveux noirs, un teint mat, un nez aquilin, une taille élancée, bien prise, les fines attaches des mains et des pieds, distinguent la femme provençale et entre toutes la Marseillaise. — Une raison géologique a sans doute aussi réglé l'accent local, comme le caractère. Cet accent, si aisément reconnaissable, jamais ne s'efface chez personne, quelque longue que soit l'absence. Il est sensiblement le même d'Arles à Nice. De Nice à Gênes existe l'accent piémontais, d'Arles à Bordeaux l'accent languedocien et gascon, et ceux-ci, pour le puriste, ne valent pas mieux que celui-là.

Le goût des libertés communales, si vif pendant toute l'antiquité et le moyen âge, n'a jamais disparu de chez le turbulent Marseillais, et explique ses votes, ses préférences politiques. Sous Louis XIV en 1660, sous la terreur, à la chute du premier empire, en juin 1848, en septembre 1870, en mars 1871, ont eu lieu des émeutes, des soulèvements populaires, que nous n'essayons pas de justifier, mais dont rendrait compte peut-être le passé historique de Marseille.

La ville est belle, bien tracée, bien arrosée. Dans ces dernières années, le marteau du démolisseur l'a dégagée à l'instar de Paris, et l'architecte s'est plu à l'embellir. On a, par de longues et savantes percées, éventré enfin les vieux quartiers, où grouille, depuis tant de siècles, sur une éminence au nord de l'ancien port, une population mêlée et sordide. Il faudra longtemps encore pour faire disparaître cette sorte de cour des miracles, qu'on ne trouve plus nulle part à Paris, et dont les plus hideux recoins de Gênes, de Rome ou de Naples peuvent à peine donner une idée. Là, hier encore toutes les immondices roulaient avec l'eau dans le ruisseau au milieu de la rue; là, quelques rues portaient des noms qu'aucune langue honnête ne saurait répéter, et qui n'avaient point effarouché cependant les naïfs édiles du moyen âge ni ceux que nos pères ont connus. Comme dans les vieilles cités de la péninsule italique, le linge s'étale effrontément au dehors et sèche aux fenêtres ou sur une corde qui court dans l'air d'une maison à l'autre vis-à-vis. Sur le pas des portes, les commères rassemblées bavardent en tricotant, interpellent le passant dans leur grossier patois, souvent l'injurient, hardies, impudentes, fortes en gueule. Elles se rendent les unes aux autres, en visitant tour à tour leur chevelure, de ces services mutuels que les touristes qui ont visité l'Italie vous expliqueront au besoin. Là s'entassent le matelot étranger, l'émigrant dénué de ressources, le musicien ambulant, le recéleur, le voleur, le souteneur de filles et toutes celles qu'il défend. Bref, c'est une population et un quartier à part, comme on n'en trouve plus dans aucune ville de France, qui fait tache dans la moderne Marseille, et qui fort heureusement disparaît davantage chaque jour.

Ce quartier du vieux port est tout ce que Marseille a gardé des anciens âges. Alors que Gênes, Venise, Pise, ces petites républiques qui furent les émules de la cité provençale, nous ont légué de ces temps-là des souvenirs impérissables et ont régné par les beaux-arts comme par les affaires, Marseille s'est contentée de trafiquer et de jouir. Il en fut de même pendant toute l'antiquité, dont elle n'a rien ou presque rien conservé, pas plus du reste que ses sœurs d'alors, Tyr, Carthage ou Alexandrie. En somme, très-peu de monuments dignes d'être rappelés, presque aucun souvenir du passé, tel est le bilan de Marseille, et l'on a dit avec raison que « c'est une ville antique sans antiquités. » Elle est d'allures toutes modernes malgré une origine qui remonte aux temps héroïques, et se contente d'étaler quelques maisons somptueuses, quelques jolis boulevards plantés d'arbres, et quelques promenades extérieures que l'on parcourt avec plaisir. Celle de la Corniche, faisant suite à celle du Prado, offre un magnifique coup d'œil. La mer bleue, parsemée d'îles pittoresques, baigne un des côtés de la route, et les montagnes à l'horizon rappellent, par leur relief et les tons dont les brûle le soleil, celles de Naples ou de l'Attique. Par ses habitants, comme par son commerce, la ville est cosmopolite et les colonies d'Espagnols, d'Italiens, de Suisses, d'Allemands, de Grecs, d'Anglais, qui se mêlent à la population indigène sans se fondre avec elle, donnent à Marseille un cachet spécial. Cette ville, par la diversité de ses aspects, plaît singulièrement aux voyageurs, et tous ils emportent d'elle une impression qui ne s'efface plus.

II

Le Littoral

Sur la portion du rivage méditerranéen qui s'étend de Menton à Port-Vendres, Marseille est reine et l'a été de tout temps. Tout ce rivage a été colonisé par elle. Les noms de la plupart des stations qu'elle y établit sont restés grecs. Nice, c'est la ville de la victoire, fondée à la suite d'une bataille gagnée par les Phocéens sur l'une des tribus ligures de ces parages; Antibes, c'est la ville en face de Nice; Agde, c'est la bonne ville, l'heureux mouillage; Leucate, c'est le cap Blanc. Les Phéniciens, explorateurs de ces rivages avant les marins de l'Ionie, y avaient eux-mêmes consacré plus d'un temple aux divinités qu'ils adoraient. Le souvenir de ces temples, la plupart dédiés à Melkarth, l'Hercule solitaire de Sidon, se retrouve entre autres à Monaco, *Herculis Monœci portus*, et dans l'antique ville d'Héraclée, citée par Ptolémée et Pline, dont Saint-Gilles, sur le canal qui va de Beaucaire à Aigues-Mortes, semble marquer l'emplacement. Port-Vendres, *portus Veneris*, dut être aussi à l'origine un sanctuaire d'Astarté, la Vénus impudique de Tyr.

Toute cette côte a été de tout temps soumise à des actions géologiques permanentes, qui d'une part éloignent, de l'autre rapprochent la mer. De l'étang de Berre à Nice, le phénomène a lieu dans les deux sens; de l'étang de Berre à Port-Vendres, la mer s'éloigne toujours davantage. A Marseille, le parvis du temple de Diane, la déesse protectrice de la ville grecque, occupé plus tard par l'église de la Major ou de Sainte-Marie-Majeure, s'est trouvé un jour entamé par l'eau. Depuis l'époque de César, la mer a gagné là 250 mètres sur la terre. Plus loin, un sentier massaliète, qui suivait sans discontinuité le bord du littoral, est aujourd'hui coupé par parties, et le long de la plage on retrouve les débris d'antiques villas romaines, peu à peu descendues dans la mer. Dans le golfe de La Ciotat, la ville de Taurentum, créée par les Phocéens, a tout à fait disparu sous les eaux. Les vagues, de temps en temps, rejettent sur le rivage des débris de mosaïques, et mêlent aux galets qu'elles roulent de petits cubes de marbre, quelquefois encore cimentés entre eux. Ailleurs ce sont au contraire les eaux qui s'éloignent, ou plutôt le rivage qui se soulève et émerge, puisque l'ancien port de Fréjus, *forum Julii*, où mouilla la flotte d'Octave, est aujourd'hui éloigné de 2 kilomètres de la mer.

Du port de Bouc aux Pyrénées, le rivage va de même s'avançant de plus en plus, et ici le phénomène est dû principalement aux apports du Rhône et à la direction dominante des vents. Le canal naturel de Caronte, par lequel l'étang de Berre communique à la mer, serait depuis longtemps comblé sans les draguages incessants que les pêcheurs sont obligés d'y faire pour y étendre leurs filets ou *bourdigues*. Le delta qui forme les embouchures du Rhône empiète sans cesse sur la mer. Le fleuve, capricieux, indomptable, le « fleuve incorrigible », comme l'appelait Vauban, ne supporte aucun endiguement. Les sables qu'il rejette à la mer en masses si formidables troublent insensiblement l'économie de ces rivages, et l'ancien canal du port d'Aigues-Mortes n'est plus accessible aux navires. La côte s'est barrée peu à peu. Le mélange des eaux douces aux eaux salées, comme dans la maremme toscane ou les marais pontins, a formé çà et là des étangs, des lagunes, dont les émanations empestées donnent naissance à des fièvres paludéennes, souvent pernicieuses, et ces rivages, autrefois très-peuplés, ont été presque partout transformés en mornes déserts. Les Saintes-Maries, Saint-Gilles, Aigues-Mortes, Frontignan, Agde, Narbonne, La Nouvelle, ont eu un passé glorieux, et maintenant sont devenues pour la plupart des villes qu'on pourrait dire fossiles. C'est aux Saintes-Maries que la légende pieuse place l'arrivée de Marie de Magdala, de Marie Jacobé, sœur de la Vierge, et de Marie Salomé, mère des apôtres Jacques et Jean. Elles étaient accompagnées de Marthe, de Lazare, de Maximin et de quelques autres, et le peuple de Provence a conservé pour tous ces saints une vénération particulière.

Le port de l'étang de Tau, Cette, de fondation

récente, puisque c'est à l'ouverture du canal du Languedoc (1666) que ce port doit son origine, est le seul, sur tout ce rivage, qui soit en progrès aujourd'hui. Le mouvement général de la navigation y a été sans cesse en augmentant, et a dépassé, en 1876, 900 000 tonneaux. Au point de vue de la valeur des matières importées ou exportées, Cette occupe le huitième rang parmi les grands ports marchands de la France. Marseille, le Havre, Boulogne, Bordeaux, Dunkerque, Nantes et Saint-Nazaire, Dieppe, viennent seuls avant lui. Au point de vue du tonnage, il passe au cinquième rang. Les quais ont une longueur considérable, 7600 mètres, mais pour la plupart n'ont pas une largeur suffisante. Le port de Cette manque aussi d'une gare maritime. Il sera bientôt doté de tous les nouveaux ouvrages qui y sont indispensables pour donner satisfaction au commerce et favoriser le développement des opérations maritimes.

Tous les vins de l'Hérault et de l'Aude, nos deux premiers départements vinicoles, les vins de l'Espagne, du Roussillon, sont largement travaillés dans les chais de la place, et sont ensuite réexpédiés dans le monde entier. Cette ne doute de rien et reproduit à la fois tous les crus, même les plus célèbres, même ceux qui ont disparu. Voulez-vous du bordeaux, du bourgogne, du champagne, des vins rouges ou des vins blancs renommés, préférez-vous des vins de liqueur, du madère, du xérès, du chypre ou du malvoisie? En voici, vous êtes servi à l'instant. Quel que soit le nom, quelle que soit la marque, Cette reproduit tout, scientifiquement, naïvement, et les enseignes des chais vous l'annoncent. Au moins tout cela vient-il du raisin, et ces innocentes manipulations chimiques laissent-elles le plus souvent l'estomac en repos; d'autres fabricateurs, à l'étranger, sont plus coupables, qui font des vins de toute pièce avec de l'eau, des matières colorantes et des alcools de mauvais goût.

L'expédition des vins et des eaux-de-vie ne suffit pas à Cette, elle exporte aussi une partie des houilles du Gard et du sel marin; c'est là encore qu'abordent de préférence les minerais de fer d'Afrique, d'Italie ou d'Espagne destinés aux grandes forges du bassin du Rhône, et une partie des animaux de boucherie adressés à la France des divers points de la Méditerranée. Il faut citer aussi les douelles et merrains, les huiles, les céréales, les soufres, les bois. On a voulu établir à Cette des chantiers de construction maritime, mais ce projet n'a pas réussi. En somme, ce port est bien loin d'avoir l'importance de celui de Marseille, soit comme place de commerce, soit comme centre industriel. Les abords en sont d'ailleurs redoutables aux marins. La mer y est souvent furieuse, démontée, comme ils disent, elle roule d'énormes vagues, et soulève les sables du fond qu'elle rejette avec impétuosité sur la plage. On dirait un fleuve en démence, emportant les terres de ses rives avec ses eaux. C'est la mer du lion, *mare leonis*, écrivait le vieux chroniqueur Guillaume de Nangis, contemporain de saint Louis. On a essayé d'expliquer à l'aide de cette figure de rhétorique le nom donné par quelques géographes à ce golfe, aux eaux si souvent déchaînées. D'autres écrivent *golfe de Lyon*, non point à cause de la ville assise au confluent de la Saône et du Rhône, et qui est beaucoup trop distante pour avoir concouru à ce baptême, mais parce qu'ils voient là la mer des Ligures, Λιγύων, dont on aurait fait par contraction Lyon[1]. Cette orthographe, la plus vieille, puisqu'on la retrouve déjà sur des cartes du dix-septième siècle (autrefois c'était le golfe gaulois, *Sinus gallicus*), est d'ailleurs celle qui a prévalu.

Il existe contre les tempêtes de la mer des Ligures plus d'un refuge et d'un abri assurés, et de tout temps on s'est plu à vanter la disposition topographique de la plupart de ces havres. Nous venons de dire à quel état les forces aveugles et

---

1. *Les Villes mortes du golfe de Lyon*, par Charles Lenthéric, Paris, 1876.

inconscientes de la nature en avaient réduit quelques-uns. S'il suffisait, pour décréter la naissance ou la résurrection d'une ville et d'un port de mer, de la volonté des hommes, les rivages qui s'étendent de l'étang de Berre à Port-Vendres seraient aujourd'hui dans une situation plus florissante. Des ports autrefois célèbres verraient les navires de nouveau accourir. Le Rhône, comme jadis au temps de César ou de Constantin, recevrait une flotte de bateaux jusqu'à Arles ; la tour Saint-Louis, aux embouchures du fleuve, détrônerait peut-être Marseille, et la rade de l'étang de Berre, comme l'entendait le premier consul dans un jour de caprice, deviendrait un grand port militaire et marchand. Défendu par un étroit et long goulet qu'il ne suffit plus que de porter à une profondeur suffisante, ce port d'un nouveau genre l'emporterait à la fois sur Toulon et sur Marseille, et serait une des curiosités de la France. Les défenseurs de ce projet, car il en est encore et il en surgit de nouveaux tous les jours, ajoutent que les meilleurs ports sont les ports intérieurs, surtout depuis les inventions récentes de l'artillerie, et qu'aucun pays ne présente une rade fermée comme celle de l'étang de Berre, qui couvre une superficie de 20 000 hectares, avec des profondeurs qui atteignent 8 et 10 mètres. Tout cela est vrai, mais les villes, les ports de mer, ne se fondent pas par décret, et l'on oublie que le port de Bouc, à l'entrée du Canal de Caronte qui mène à l'étang de Berre, le port de Bouc, qui devait, d'après Bonaparte lui-même, remplacer un jour Marseille, est toujours la ville aux maisons sans rues et aux rues sans maisons, comme ces embryons de cités que les pionniers américains jettent au milieu des prairies ou sur les fleuves du Far-West. Quelques-unes de ces cités, nées bien des jours après le port de Bouc, ont aujourd'hui 600 000 habitants, tandis que Bouc attend toujours les siens, et ne présente aux regards étonnés du voyageur que quelques douaniers mélancoliques, minés par la fièvre, qui se promènent tristement sur cette plage aride et déserte, et veillent à la fabrication, à la mise en tas et à l'embarquement du sel. Des salines, une fabrique de soude, quelques cabanes et bateaux de pêcheurs, voilà tout ce qui se trouvait hier encore au port de Bouc, quand on a eu l'idée de faire de très-notables améliorations à ce port, et d'y établir une usine pour la confection des briquettes de houille.

A l'autre extrémité du canal de Caronte, Martigues, dont le nom semble rappeler le séjour de Marius et de ses légions, qui sont restés légendaires dans tous ces parages ; Martigues, la Venise provençale, fondée sur les eaux comme celle de l'Adriatique, a vu peu à peu son importance décroître. Elle a moins d'habitants et de navires qu'elle n'en avait sous Louis XIV, et ses marins, naguère fameux, ne sont plus occupés qu'à la pêche et au petit cabotage.

Les villes, comme les sociétés, comme tous les êtres, naissent, se développent et meurent, et il y a à cela des raisons le plus souvent fatales. Telle ville, dès le début, est enrayée dans son développement, parce que les hommes n'ont tenu aucun compte des conditions nécessaires à son existence; elle meurt, comme Bouc, pour ainsi dire avant d'être née. Quelques-unes ont, au contraire, une vie tenace, dont les hommes ne verront pas de longtemps la fin : Marseille, Alexandrie, sont dans ce cas. D'autres, après une lente évolution, meurent comme de mort naturelle : le courant du progrès, la civilisation les emporte. Un port qui autrefois avec 3 mètres de profondeur, comme celui d'Agde ou d'Aigues-Mortes, admettait les plus forts navires, ne peut plus aujourd'hui les abriter, car le tirant d'eau de ceux-ci atteint maintenant et dépasse même 6 mètres. Que l'on entreprenne quelques draguages, quelques travaux particuliers, et certaines de ces villes éteintes pourront renaître; c'est ce qu'on tente en Italie à Brindisi, qui fut un port si affairé du temps des Romains, qui depuis s'est ensablé et qu'on voudrait rendre à la vie, car c'est le port de la péninsule le plus voisin du canal de Suez. Ne nous dissimulons pas que ces sortes de résurrections seront toujours bien chanceuses. La vapeur est venue qui, sur terre comme sur mer, a changé toutes les conditions des transports et des relations internationales, puis l'électricité qui a si étonnamment rapproché les distances. Mille autres causes ont influé sur le développement, sur l'évolution commerciale ou industrielle des nations, et des villes sont mortes par l'effet spontané de ces circonstances extérieures, et sans qu'il soit même besoin d'invoquer des phénomènes physiques tels que le retrait ou l'avancement des bords de la mer.

Ceux qui rêvent la formation d'une grande ville de commerce, desservie par un canal, aux embouchures même du Rhône, à la tour Saint-Louis, par la seule volonté de l'État, sous le coup de je ne sais quelle baguette magique, et qui voient déjà les bords de l'étang de Berre couronnés de jetées et d'arsenaux, semés de cités florissantes, font des rêves de géographes de cabinet. Sans doute ils écrivent avec la carte sous les yeux, mais sans se donner la peine de descendre sur le terrain, sans se préoccuper des exigences économiques de leur temps. Auraient-ils le pouvoir de faire décréter la dépense de millions par centaines, il y a encore en cela la volonté, la convenance des intéressés qu'il faudrait consulter avant tout. Il faudrait principalement tenir compte des conditions normales qui règlent le mouvement, l'entrepôt et le transit des marchandises. Un jour que l'on exposait devant un négociant de Marseille qui affinait les plombs argentifères que ce port reçoit en si grande quantité de l'Espagne, les conditions plus favorables du port de Cette pour cette élaboration, — proximité plus grande du lieu de production et partant moindre prix du fret, sortie moins coûteuse par la mer et le canal du Midi, moindre cherté du charbon, à cause du voisinage immédiat des mines de la Grand'Combe, moindre prix de la main-d'œuvre, enfin mille autres bonnes raisons : — Tout cela est vrai, répondit le négociant, mais mes bureaux sont à Marseille et non à Cette. — La réponse est péremptoire, et l'on aurait pu ajouter que Marseille, plus que Cette, a des relations avec l'Espagne, et que, si l'Espagne envoie ses plombs à Marseille, ce n'est qu'en retour des produits que ce port lui adresse, sinon il n'y aurait aucun échange.

Montesquieu a dit que « les lois sont les rapports nécessaires qui dérivent de la nature des choses, et que dans ce sens tous les êtres ont leurs lois ». Ici une loi économique a réglé, depuis les commencements de l'histoire, la suprématie de Marseille sur tous les autres ports environnants. Cette loi a un caractère non moins fatal que toute autre loi de géographie physique, et il est du devoir de tous de s'incliner devant ce qui semble être la volonté de la nature. Politiques, hommes d'état, malgré toute leur puissance et tout leur esprit, ne peuvent rien contre cela. Le port de Marseille vivra encore longtemps dans les conditions où il se trouve, et tous les autres ports français de ce littoral, sauf Cette, iront peut-être en décroissant toujours.

Que si l'on veut faire à tout prix la fortune de ces parages, l'exemple donné par la compagnie des forges de Châtillon et Commentry nous paraît être le seul à suivre. Non contente des usines qu'elle possède dans le centre de la France, elle vient d'édifier près de Beaucaire un vaste établissement, qui comprend des hauts-fourneaux et des aciéries. On y reçoit une notable partie, 100 000 tonnes au moins, de l'excellent minerai de fer que l'Algérie produit en si grande abondance, on y fabrique directement, avec la fonte obtenue de ce minerai, de grandes masses d'acier. Ce dernier métal est devenu aujourd'hui indispensable aux besoins quotidiens de l'industrie et de la guerre, et il a, pour de nombreux usages, remplacé la fonte et le fer. Par ce moyen, non-seulement on fait vivre des centaines d'ouvriers, non-seulement on apporte les millions, le mouvement et la vie dans une région naguère délaissée, somnolente, mais encore on donne au port de Cette et aux canaux qu'il alimente un nouvel élément de trafic et des plus importants. Les navires qui s'en vont chercher le minerai ne partent pas à vide ; ils apportent à l'Algérie de la houille, des métaux ouvrés, des vins, des tissus, et avec le minerai rapportent aussi du bétail, des grains, de l'alfa, des fruits. Nous possédons en Algérie 250 lieues ou 1 000 kilomètres de côtes et une étendue de terres considérable ; il faut enfin tirer profit de tout cela, et ce n'est pas trop de Cette et de Marseille pour exploiter cette colonie qui est à nos portes, qui ne demande qu'à nous céder contre les nôtres la plus grande partie de ses richesses, que nous avons trop longtemps dédaignées.

La question de prépondérance n'est pas entre Marseille et les ports français qui l'avoisinent, et que Marseille dépassera toujours ; elle est entre cette place et les ports de Gênes et de Trieste, d'où est partie, surtout depuis l'affranchissement de l'Italie, une sorte de rivalité commune, de ligue contre Marseille. C'est là le nœud de la question, et ce qu'il nous reste à définir, ce sont les mesures à prendre pour assurer à Marseille sa prééminence dans la Méditerranée, pour faire qu'elle ne déchoie pas et qu'elle continue à l'emporter sur ses rivales étrangères. Naples, Brindisi, Livourne, Venise, ne seront jamais à craindre; Gênes, Trieste, Odessa, le sont déjà, et peuvent être encore plus redoutables demain. Assurément les hommes ne peuvent rien contre l'inflexible destinée, contre les lois inéluctables de la nature; mais ils ne doivent non plus rien faire pour en accélérer les effets quand ces lois leur sont contraires, et l'on ne saurait nier que les malheureuses mesures économiques d'une nation n'aient souvent contribué à sa ruine. C'est là ce qu'il faut à tout prix empêcher, car la France, sur ce point, n'est pas tout à fait sans reproches.

III

Les conditions économiques.

Les conditions économiques dont dépend aujourd'hui l'avenir de Marseille sont de plusieurs genres. Les unes sont du ressort des Marseillais, les autres du ressort de l'État; les dernières enfin, les plus difficiles à changer, sont créées par la marche des choses, mais il est peut-être encore temps de lutter contre elles.

Les Marseillais ont-ils tout fait pour assurer le développement normal de leur commerce? Ils ont fait beaucoup sans doute. A côté de leur chambre de commerce, une des premières instituées en France et l'une des mieux dotées, ils ont créé une société libre « pour la défense et le développement du commerce et de l'industrie », une sorte de *board of trade* local, à l'instar des chambres de commerce anglaises ou américaines. Cette société, qui compte environ 350 membres, a été fondée en 1869 pour défendre activement les principes du libre échange, alors battus en brèche par le gouvernement, et que Marseille a toujours vaillamment soutenus. La Société de développement publie des mémoires sur des sujets spéciaux, les adresse aux ministres compétents. On peut dire qu'elle prend en main l'élaboration de toutes les grandes questions pendantes; elle suit et quelquefois même précède la chambre de commerce officielle, — qui vit en bonne harmonie avec elle, — dans le débat de tous les intérêts. Elle fait paraître un prix courant hebdomadaire justement remarqué, qui donne le cours de toutes les marchandises sur la place de Marseille, est répandu au loin et fait loi en beaucoup de cas. Du sein de cette société sont sortis bon nombre de juges élus au tribunal consulaire et des membres de la chambre de commerce. Marseille aura l'honneur d'avoir la première en France établi ce *board* à l'anglaise, et elle a été imitée par Bordeaux, Le Havre et d'autres places. On demande souvent aux Français de traiter leurs affaires eux-mêmes, d'avoir un peu plus de spontanéité, d'initiative dans le débat de leurs intérêts économiques. Voilà un exemple de ce qui est à faire dans cette voie, et plus d'un ne se serait pas attendu peut-être que l'élan viendrait du midi. Cependant ce n'est encore là qu'une première création; parlons de deux autres qui n'ont pas moins d'importance.

Marseille a institué en 1872 une école supérieure de commerce, pépinière de futurs négociants instruits et exercés. Elle a pris modèle sur les écoles pratiques d'Anvers et de Mulhouse, et Le Havre, Rouen, Lyon, n'ont pas tardé à suivre cet exemple. Dans ces écoles, la connaissance des langues étrangères, les usages du commerce, les produits dont il trafique, tout cela est enseigné à fond. Cette éducation technique est complétée par des excursions fréquentes et, à la fin des études, par un voyage à l'étranger, sur lequel l'élève rédige un mémoire. Tout récemment, Marseille a fondé aussi une Société de géographie, non point théorique comme tant de sociétés savantes de même ordre, mais d'application. Un musée ethnologique et maritime, un musée de matières premières, une bibliothèque spéciale, des cours populaires de géographie commerciale et industrielle, c'est là ce qui a été créé tout d'abord ou ce qui sera bientôt créé et mis à la portée de tous. Quelle ville, mieux que Marseille, pouvait entreprendre des fondations aussi utiles et leur donner la vie ? Le commerce en profitera, en a déjà profité amplement. On accuse nos négociants de ne pas connaître assez l'étranger, d'ignorer les besoins, les usages des places lointaines, les produits que fournissent les différentes régions du globe, de ne parler aucune autre langue que la leur. Sans examiner dès à présent si tous ces reproches sont fondés, il est évident qu'avec des institutions du genre de celles qui viennent d'être indiquées, ce sera la faute de la jeune génération qui arrive aux affaires, si elle ne s'y présente pas armée de toutes pièces et savamment préparée.

Tout ce qu'on vient de dire, tout ce que Marseille a déjà entrepris pour développer utilement son commerce, ne suffit pas. Pourquoi Marseille hésite-t-elle encore dans la construction de ce parc à bestiaux qui aurait fait depuis longtemps sa fortune ? Toute la Méditerranée, nous l'avons vu, lui envoie son bétail. La Corse, l'Italie péninsulaire, la Sardaigne, la Sicile, l'Espagne, le Maroc, l'Algérie, la Tunisie, l'Asie-Mineure elle-même, lui expédient des bœufs, des moutons, des porcs. Le département des Bouches-du-Rhône, une partie des départements voisins, adressent également à Marseille le surplus de leurs animaux de boucherie. Ce bétail, surtout celui qui arrive par mer, est fatigué, exténué, souvent malade, mourant de faim et de soif. Il lui faudrait peu de jours pour se reposer, se refaire, s'engraisser. On n'a qu'un parc misérable pour le recevoir, trop étroit, sans abris ; rien de grand, de large, d'aéré, rien de préparé, ni d'aménagé. Paris, par son marché de La Villette, Chicago, Saint-Louis, Buffalo, pour ne pas citer d'autres exemples, offrent à Marseille des modèles de parcs à bestiaux très-convenablement établis, et où des milliers d'animaux peuvent à l'instant être reçus, nourris, abreuvés, soignés. Pourquoi hésiter plus longtemps à fonder un établissement de ce genre, pourquoi laisser à Cette, qui vient de s'en emparer, une partie de cet important trafic ? Marseille, en 1872, en 1873, a reçu, par mer seulement, au-delà de 600 000 têtes de bétail, elle n'en reçoit plus que la moitié, et ce chiffre diminuera encore si l'on n'y prend garde, et si l'on ne se décide enfin à établir ce parc à bestiaux, ce marché, cet entrepôt, qu'on l'appelle comme on voudra, depuis si longtemps indispensable. Depuis dix ans, tous les conseils municipaux, et Dieu sait si Marseille en a changé souvent, se sont religieusemen transmis le dossier de cette affaire. Chaque fois un nouveau projet, un nouveau rapport, modifiant le précédent, s'en est suivi, puis tout est rentré dans les cartons, et l'on n'a rien fait; il est temps que cette comédie finisse. Que serait-ce si l'on ajoutait à ce parc quelques-unes de ces immenses boucheries mécaniques, « de ces maisons de massacre et d'encaquement » comme on en voit en tant de villes d'Amérique, et qui furent pour la première fois établies à Cincinnati, il y a quarante ans ! Là, chaque année, des millions de porcs sont à la fois dépecés, salés, mis en barriques, expédiés dans le monde entier. Le bœuf est conservé comme le porc. Quelle fortune pour Marseille si elle pouvait traiter ainsi une portion du bétail étranger qu'on lui adresse, quelle ressource pour ses navires ! Le transport de la viande salée est devenu l'un des premiers éléments de fret de la marine des États-Unis, et cette viande est aussi l'une des provisions les plus recherchées à bord des navires de guerre et de commerce.

Les Marseillais viennent enfin d'introduire chez eux des tramways à l'américaine : c'est bien, il faut raccourcir partout les distances, et le temps c'est de l'argent; mais pourquoi ne pas construire aussi de ces élévateurs mécaniques pour décharger, nettoyer, vanner, peser et recharger automatiquement les grains, comme on en voit tant à Chicago? Toute la manutention se fait là rapidement, économiquement. Le navire, le wagon, qui apportent le grain ou le remportent, accostent l'élévateur. L'expéditeur ne voit plus son blé. On lui donne un acquit, une sorte de *warrant*, indiquant la quantité et la qualité reçues, il le négocie, et tout est dit. Pourquoi le Marseillais s'obstine-t-il à faire les mêmes opérations par des procédés lents et antiques, qui n'ont pas changé depuis le temps des Phéniciens? Sur les quais du vieux port, le classique portefaix, coiffé du *tarbouch* rouge et portant la veste de toile bleue, péniblement, sur une planche branlante, décharge les sacs de blé. D'autres les pèsent gravement à la romaine au long levier, et ceux-là enfin agitent le grain sur le sol avec une pelle de bois, ou le vannent sur un large tamis suspendu à trois pieux assemblés par un bout. Ce travail se fait machinalement, en fumant la pipe. Il faut secouer le grain de certaine façon, les contrats en font foi, et cela se faisait ainsi quand Simos et Protis abordèrent à Massilie. Sainte routine, et des plus respectables ! Chassez bien vite tout cela pour adopter les élévateurs, si vous ne voulez pas que le flot montant du progrès vous emporte. Pourquoi làbas le travail mécanique, ici le travail à bras? Un seul élévateur peut recevoir le chargement de tout un navire, si fort soit-il, et le manipuler en un jour. On me dit qu'à Marseille ce ne sont pas les mêmes natures de blé, c'est possible ; mais le travail par la vapeur est applicable à toutes les opérations de l'industrie, et incomparablement plus rapide et meilleur marché que le travail à bras. L'opposition viendrait-elle de la puissante corporation des portefaix, qui, de temps immémorial, a le monopole de ces opérations ? On peut avoir raison des portefaix comme naguère on a eu raison des maîtres de poste et des entrepreneurs de diligences, qui ne voulaient pas des chemins de fer. Il faut marcher en avant ou mourir. Or Marseille est le port des blés, et elle doit manipuler les blés d'après les lois et les inventions de la mécanique moderne. Le jour où l'on aura établi des élévateurs et donné ainsi plus de facilité au commerce, doublé peut-être par l'importation des blés, qui sera le premier à profiter de cela ? Le portefaix, le même qui semble aujourd'hui avoir si grand peur du progrès.

Telle est la part qui incombe aux citoyens. Sans se refuser à louer ce qu'ils ont fait de bien, il faut leur demander sur quelques points un peu plus d'initiative et de volonté, et une attention plus soutenue à ce qui se fait hors de chez eux. Aujourd'hui il n'est plus permis d'ignorer les inventions nouvelles, et quand elles concernent le métier qu'on exerce, de ne pas en profiter. Les Anglais ont appelé le commerce international la concurrence universelle, et le mot est vrai, car la concurrence est partout, et chacun doit s'étudier à faire mieux que son voisin. Le perfectionnement est une des conditions de l'existence, et dans la lutte pour la vie, à laquelle les nations, les villes sont sujettes comme les individus, celui qui triomphe est celui qui s'améliore; celui qui déchoit ou reste même stationnaire succombe.

La part de responsabilité qui incombe à l'État dans les développements et les transformations que réclame le port de Marseille est plus grande que celle qui incombe aux citoyens, et d'une nature plus grave. Ici la critique a beau jeu. Pourquoi l'État marchande-t-il à Marseille le prolongement de ses quais, de ses bassins? Pourquoi ne faire les choses qu'à demi et ne pas les faire plus vite? Pourquoi ne point doter les nouveaux ports de tous les perfectionnements, de tous les mécanismes rapides de chargement et de déchargement en usage dans la plupart des ports anglais? C'est là ce qu'on peut demander, en réclamant encore des bureaux une plus grande promptitude dans les décisions, et une meilleure entente des véritables besoins de cette place, la première de France, une des premières du globle.

On croit avoir fait beaucoup quand on a donné

à tous les ports réunis une surface totale de 152 hectares ; car le vieux port n'en avait que 28, y compris le canal des douanes, construit sous Colbert et le bassin du carénage, creusé sous la Restauration. On calcule que cette surface de 152 hectares peut abriter 1000 navires d'un port moyen de 300 tonneaux. Le développement linéaire des quais est d'environ 12 kilomètres, dont 7 seulement peuvent être utilisés. Comme on compte, en Angleterre, qu'il faut à peu près 1 kilomètre de quai pour 280 000 tonneaux entrés et sortis, et que le tonnage général du port de Marseille dépasse aujourd'hui 5 millions de tonneaux, il en résulte qu'on est de beaucoup au-dessous des besoins de la place. Aussi les navires ne peuvent-ils décharger bord à quai, c'est-à-dire alignés suivant leur axe le long du quai, ce qui est la position la plus favorable. Ils sont disposés perpendiculairement aux quais, et, dans le vieux port, alignés souvent sur deux rangs. Les seconds ne peuvent alors décharger leurs marchandises qu'à flot, sur des bateaux plats ou chalands, d'où résulte une grande perte de temps, d'argent et souvent de matière.

Ce ne sont là que les moindres parmi tous les inconvénients que nous avons à signaler. Pourquoi, depuis si longtemps que Marseille réclame une véritable gare maritime et un chemin de fer le long du littoral, lui refuser cette gare, cette voie? Tout le dégagement de la gare de Paris-Lyon-Méditerranée se fait par le tunnel de la Nerthe, un souterrain de 5 kilomètres! Qu'une partie de la voûte s'éboule, et le souterrain est bouché, et il n'y a plus de communication par voie ferrée entre Marseille, Lyon et Paris! Aucune autre voie n'existe. A la suite de la guerre franco-allemande, la gare unique de Marseille s'est trouvée un jour tellement encombrée de marchandises à expédier, qu'elle n'y pouvait suffire. Elle en a remisé ainsi jusqu'à 50 000 tonnes à la fois, qui pouvaient devenir en un instant la proie de l'incendie, sans compter tout le préjudice que de longs délais d'expédition causaient aux négociants. Est-ce bien, est-ce juste, alors que les ports de Londres, Liverpool, New-York, Chicago, comptent par plusieurs couples les lignes ferrées qui y aboutissent et qu'ils alimentent? Il y a là un état de choses affligeant, contre lequel les intéressés n'ont cessé de protester et qu'il serait grand temps de faire disparaître. Il serait temps aussi qu'un chemin de fer direct reliât Marseille à Turin par les Alpes, mariât le littoral du midi de la France à l'intérieur du Piémont et à la Lombardie. Ce chemin de fer, on l'a maintes fois étudié, projeté, piqueté même sur le terrain : quand le fera-t-on? Une seule sortie par voie ferrée est désormais insuffisante pour Marseille, la compagnie de Paris-Lyon-Méditerranée le sait bien; elle ne peut plus suffire à son trafic, de quelque façon qu'elle s'y prenne. Mais comme elle paye grassement ses administrateurs, comme elle donne de gros dividendes à ses actionnaires, comme le service de ses obligations est assuré, elle ne fait rien pour augmenter ses gares ou ses lignes.

Que dire maintenant des nouvelles lois qui régissent nos transactions? L'impôt de 5 pour 100 sur les transports par petite vitesse a détruit une partie de notre commerce intérieur. Il fallait abolir plus tôt ce désastreux impôt, ce que l'on ne vient de faire que tout récemment (mars 1878). Nous payons plus cher qu'aucun autre peuple les transports par chemin de fer, par la poste et les dépêches télégraphiques. C'est encore un mal, car tout ce qui gêne les transports, de quelque nature qu'ils soient, est vicieux. On peut dire que la civilisation et le progrès sont tout entiers engagés dans une question de transport, soit terrestre, soit maritime, et que les peuples qui ont le mieux résolu cette question par les voies les plus économiques, les plus rapides, ont été en tête des autres. Voyez dans l'antiquité les Phéniciens, les Assyriens, les Grecs, les Romains; plus tard les Arabes, les Italiens, qui allaient par terre jusqu'en Chine; puis, dans les temps modernes, les Portugais, les Espagnols, les Hollandais, les Anglais, les Français, les Américains des États-Unis. Les peuples qui n'ont pas perfectionné leurs voies de transport sont restés stationnaires et comme cloués sur place, immobiles dans leur premier élan. Tels sont les Hindous et les Chinois, pour lesquels les siècles ont marché sans qu'ils aient marché eux-mêmes, sans qu'ils aient fait, sauf le premier jour, aucun progrès notable.

La France, on ne saurait trop le faire remarquer, est comme un isthme à l'occident de l'Europe. Sur la Méditerranée, Marseille occupe la tête de cet isthme; sur la Manche, c'est Calais, Boulogne, Le Havre. L'isthme français évite aux voyageurs et aux marchandises qui se rendent dans la Grande-Bretagne, ce centre commercial vers lequel tout converge et duquel tout part, le détour par Gibraltar ou par l'Europe orientale ou centrale, par le Danube ou par les Alpes helvétiques. Il faut donc percer en quelque sorte notre isthme par la voie la plus courte, la plus accélérée, la moins coûteuse, par un chemin de fer direct de Marseille à Calais. Ce chemin deviendra même indispensable le jour où un tunnel sera ouvert sous la Manche entre Calais et Douvres; mais alors il sera peut-être trop tard, car le commerce aura pris des voies nouvelles, celles précisément qu'on lui prépare en éventrant les Alpes centrales, en ouvrant la vallée du Danube, en unissant ce fleuve au Rhin par des canaux. En 1872, une compagnie française très-sérieuse, en tête de laquelle on distinguait les noms de quelques-uns de nos premiers financiers, s'offrait à construire le chemin de fer de Calais-Marseille — on l'appelait déjà ainsi — sans aucune subvention de l'État. Le projet que cette compagnie présentait avait été étudié très-mûrement. L'administration a passé outre, comme elle l'avait déjà fait dix ans auparavant à propos d'un projet de chemin de fer non moins bien conçu le long de la rive droite du Rhône. Pourquoi ces refus répétés? Parce que, paraît-il, tous ces projets dérangent les combinaisons des grandes compagnies de chemins de fer actuellement existantes. Sans doute les droits de ces compagnies sont hors de cause et ne doivent nullement être sacrifiés à ceux des compagnies nouvelles; mais il est un point où l'intérêt général devrait primer l'intérêt privé. D'ailleurs ces grandes compagnies elles-mêmes seraient les premières à bénéficier de l'établissement des lignes proposées le jour où celles-ci seraient exécutées. Autour de chaque ligne nouvelle se forment comme des affluents allant vers elle et les anciennes lignes; tout renaît, tout progresse sur le parcours et dans un rayon qui va de plus en plus grandissant. C'est là un phénomène que depuis quarante ans la construction des chemins de fer a rendu familier à tous en tous pays.

Pour percer enfin l'isthme français, attend-on que le Saint-Gothard soit lui-même percé, que la vallée du Danube soit entièrement ouverte? N'est-ce point assez déjà du percement du Mont-Cenis, qui détourne une partie des marchandises de Marseille et seconde le port de Gênes et non celui-là, du percement du Brenner, qui ouvre l'Allemagne tout entière à Venise et à Trieste? N'est-ce point assez de l'ouverture du canal de Suez, qui est décidément plus favorable à l'Italie qu'à la France? Si un jour les voyageurs et les marchandises abandonnent l'isthme français, il sera trop tard pour les rappeler, et dès lors la partie sera irrévocablement perdue, quoi que l'on essaie, quoique l'on fasse. Le commerce met longtemps à adopter des voies nouvelles, parce que son intérêt à cela ne lui apparaît pas toujours clairement; mais, quand il s'est une fois décidé, il ne revient plus sur ses pas. Déjà une partie des passagers et des colis qui vont de l'extrême Orient en Angleterre ne prennent plus la voie de Marseille. Depuis plusieurs années, la malle des Indes va de Brindisi à Londres par le littoral de l'Adriatique et par l'Allemagne du centre : elle gagne ainsi quelques heures. C'est pourquoi il faut dès à présent ouvrir non-seulement une voie ferrée directe de Marseille à Calais, du golfe de Lyon à la Manche, mais encore une voie d'eau, en endiguant ou mieux en canalisant le Rhône, en approfondissant la rivière supérieure et les canaux qui y aboutissent, ensuite en unissant le fleuve à Marseille par un canal, puisque les embouchures du Rhône sont décidément innavigables. Sur la Seine, sur les canaux et les rivières qui en dépendent, on exécutera des travaux de même ordre et l'on donnera à toutes les écluses la même largeur et la même longueur, à toutes les voies la même profondeur d'eau, de manière que, sans transbordement, sans rompre charge, le même navire puisse aller de Marseille à Paris par eau, voire à Rouen, au Havre, comme y va déjà le même wagon.

Les marchandises lourdes, encombrantes, de peu de prix, qui ne peuvent payer qu'un fret très-modéré, que l'on n'attend pas à jour et à heure fixes, prendront le canal, où le fret est incomparablement moins élevé que sur la voie ferrée. Ces marchandises n'en sont pas moins précieuses pour le trafic et le transit national. En abordant nos ports, elles contribueront à donner à notre marine une partie du fret de sortie qui lui manque: ce sont les houilles, les minerais, les pierres de taille, les ardoises, les moellons, les briques, les engrais, les bois, les vins, les huiles, le sel, les fers, les machines. Les autres denrées, moins volumineuses et plus chères, et qui ont besoin d'aller vite, prendront la voie de fer. Le canal ne fera pas concurrence au rail, tout au contraire les deux voies s'aideront, se donneront un mutuel concours. Quand le tunnel sous-marin sera ouvert de Calais à Douvres, on ira sur le rail de Marseille jusqu'à Londres. Par toutes ces mesures, on assurera définitivement à la France le transit qu'elle retient encore, mais qu'elle perdrait inévitablement si une seule de ces mesures était différée.

Il est urgent de faire disparaître toutes les causes d'infériorité qui agissent contre nous; tout cela enraie et suspend les affaires. On a retiré à temps l'impôt qu'on avait si mal à propos remis sur les matières premières et rétabli la liberté des pavillons, aboli les surtaxes sur les navires étrangers; mais les droits de timbre, qu'on a si fort élevés sur les effets de commerce, il serait bon aussi de les diminuer. Et les droits sur les sucres, qui intéressent à un si haut degré notre agriculture indigène et coloniale, notre marine, notre industrie, notre commerce et principalement celui de Marseille, ne serait-il pas temps de les régler au mieux des convenances de tous? Cette question des sucres, toujours pendante, est toujours plus embrouillée à mesure que les commissions et les enquêtes s'en occupent davantage. Il faut la résoudre enfin, soit au moyen d'un droit unique comme pour d'autres produits, soit au moyen de la richesse saccharine qui serait proportionnellement imposée. Tout ce qui gêne le commerce et l'industrie est vicieux et va contre l'effet qu'on en attend; toutes les entraves fiscales sont mauvaises, et doivent être irrévocablement condamnées. Il est fâcheux que les Chambres législatives, dans la plupart des cas, en votant si promptement ces sortes d'impôts, n'obéissent qu'à une impulsion étrangère à toute idée commerciale, et se laissent égarer nous ne savons par quelles considérations purement politiques. Elles ne devraient pas cependant tuer la poule aux œufs d'or, on le leur a dit bien des fois. Sous le prétexte de remplir les caisses du trésor, elles ne devraient pas agir comme si elles voulaient les vider. Puis tout impôt établi sur des matières de fabrication ou de consommation est la source d'une immense fraude, et pervertit le sens moral de la nation : « Voler l'État, se dit-on, n'est pas voler, » et c'est à qui dupera le fisc.

L'impôt sur les huiles et les savons, si malencontreusement voté par l'Assemblée nationale en 1871, et point encore retiré en entier malgré les réclamations incessantes de tous les fabricants de la France, offre à l'appui de ce que nous venons de dire un exemple frappant, que nous ne pouvons passer sous silence. Cet impôt, qui pesait sur le commerce et l'industrie de Marseille plus désastreusement encore que sur les autres places, ne rapportait à l'État qu'une somme moitié moindre de celle qu'il devrait lui rapporter, et ne donnait en tout que 9 millions. C'était la fraude qui bénéficiait du reste, et la fraude se pratique sur une très-grande échelle. On a ainsi créé au négociant déloyal une situation exceptionnelle, on lui a ouvert une source de bénéfices scandaleux; on a ruiné du même coup le négociant honnête, qui ne sait pas voler le fisc. Ne nous demandons pas si l'on a bien fait d'imposer l'huile qui forme principalement l'éclairage des maisons pauvres, le savon, qui est le premier élément de la propreté corporelle : on nous répondra que l'on peut critiquer ainsi tous les impôts. Ne nous demandons pas non plus pourquoi l'on a exempté de l'impôt sur les huiles les villes qui ont moins de 4000 habitants; allons plus loin. Si Marseille reçoit aujourd'hui au delà de 220 000 tonnes de graines oléagineuses venues de tous les points de l'univers, de l'Inde, du Levant, de la côte orientale et occidentale d'Afrique, c'est que le droit sur ces graines a été successivement abaissé, puis aboli. Il y a cinquante ans, il n'y avait à Marseille aucune fabrique d'huile de graines; il y en a aujourd'hui quarante, qui occupent 4000 ouvriers, et il s'est créé là une industrie prospère dont on avait pris l'idée aux Anglais, et qui a été depuis imitée par l'Italie et par l'Espagne. Avec l'huile extraite des graines, on fait surtout du savon ; le résidu comprimé des graines forme ce qu'on nomme les tourteaux, qui sont utilement employés par l'agriculture, soit comme engrais du sol, soit comme nourriture du bétail. De là tout un mouvement, tout un échange commercial.

Les graines, l'huile, le savon, les tourteaux, ne sont pas seuls en jeu. Pour faire le savon, il faut de la soude ; pour obtenir la soude, de la chaux, du charbon, du sel marin, de l'acide sulfurique. Il faut extraire, produire, manipuler, transporter, expédier tout cela. Ce ne sont plus 4000 ouvriers, ce sont 15 000 au moins, peut-être 20 000, qui sont en action, qui vivent de toutes ces industries, et c'est ce monde intéressant que vous allez frapper, ce sont ces industries multiples, dont la plupart font la gloire du pays, l'honneur et la fortune de ce littoral, que vous allez réduire à néant ! Ce que vous voyez, c'est le fisc qui gagne péniblement quelques millions, ce que vous ne voyez pas, c'est la fraude qui lui enlève la moitié de son gain, car la fraude sera toujours plus ingénieuse que le fisc ; puis c'est le pays qui perd, lui, des centaines de millions ; ce sont des industries, hier encore si prospères qui subitement s'éteignent ou émigrent vers l'étranger. Cela est déjà arrivé en partie pour la fabrication des huiles de graines et du savon. Nous avons vu dès 1872 Savone et Gênes se poser sur ce point en rivales heureuses de Marseille, les gares de leurs chemins de fer encombrées de graines oléagineuses et de soudes. Savone s'est enfin ressouvenue que cette industrie de la saponification faisait sa fortune il y a deux siècles, quand Marseille lui en ravit les secrets qu'elle semblait elle-même avoir perdus. Savone va maintenant rivaliser avec Marseille, comme Marseille rivalisa jadis avec elle. Qui aura fait naître cette lutte, à laquelle l'Italie sans doute ne songeait pas? Un impôt malheureusement voté en France contre l'industrie savonnière. Cet impôt, on vient enfin de l'abolir (mars 1878) devant les réclamations incessantes, universelles et toujours plus vives du commerce; mais on n'a fait les choses qu'à demi, on a laissé subsister l'impôt sur les huiles. Est-ce tout? Non point. Voici Turin qui enlève à son tour à Marseille l'ingénieuse fabrication des allumettes en cire; Marseille avait le monopole de cette fabrication, qui depuis trente ans donnait un fret très-lucratif à sa marine et du pain à de nombreux ouvriers, quand vint le triste impôt voté si légèrement sur les allumettes par l'Assemblée nationale française en 1872. Cet impôt a ruiné tout à coup cette industrie, ou plutôt l'a fait passer aux mains de l'État, on sait comment, et l'on sait aussi quelles allumettes nous livre l'État, si inopinément devenu fabricant et chargé de nous approvisionner et de nous donner la lumière.

Tout se tient, et, selon le mot si vrai de Jean-Baptiste Say, le fondateur de la science économique en France, « les produits s'échangent contre des produits ». Le commerce n'est qu'un échange. Il ne faut donc toucher que d'une main très-délicate à tout ce qui regarde le commerce, surtout lorsqu'il s'agit d'impôts nouveaux. Les choses, dans le monde économique, sont liées les unes aux autres par des fils souvent invisibles, et ces fils cassent subitement quand l'harmonie vient tout à coup à être rompue. Naguère, au moyen de ce qu'on est convenu de nommer les acquits-à-caution ou les admissions temporaires, Marseille pouvait recevoir des blés en franchise, et ces blés, sans qu'aucun transport fût nécessaire, sortir à l'état de farine par les autres ports de France. Il suffisait pour cela d'un endos à l'acquit visé par la douane et que les parties négociaient. Chacun y trouvait son compte. Aujourd'hui la sortie n'est plus possible que par les ports de la même circonscription, de la même zone douanière. Plus de fiction, mais la réalité. La fiction consistait à supprimer heureusement le transport d'une balle de farine à travers toute la France, et à permettre au blé entré à Marseille de sortir, par exemple, par Dunkerque, précisément au moyen de l'acquit-à-caution transféré par le négociant provençal au minotier du nord. Désormais cela ne se peut plus. Le fisc croyait y gagner, il s'est trompé. Qu'est-il en effet arrivé? C'est que Marseille, par suite même de la gêne introduite dans ses opérations, a reçu en moins la quantité de blé correspondante à ces sortes d'admissions, et que les minotiers ont trituré en moins cette quantité de blé. Bordeaux, Nantes, Brest, Le Havre, Lille, Dunkerque, Nice, Toulon, Cette, tous ces ports ont perdu là un avantage dont ils jouissaient, celui de faire sortir en farines la quantité correspondante représentée par les blés reçus en franchise à Marseille. Tous ont à l'envi réclamé, et ce n'est pas tout. Dans quelques départements du centre, les pauvres femmes qui l'hiver faisaient des sacs pour l'exportation de ces farines ont vu tout à coup se tarir pour elles cette source de travail. Ces farines allaient surtout en Angleterre, en Suisse, en Belgique, en retour ces pays nous adressaient d'autres produits. Sous le prétexte de favoriser nous ne savons quels intérêts agricoles, et de satisfaire de prétendues réclamations des minotiers de la Belgique, on a tout à coup, en 1875, par décret, sans consulter personne, supprimé les acquits de mouture, comme encore ils s'appellent, et jeté le trouble dans mille industries. Dans un chargement de blé, il y a le marin qui l'apporte, l'ouvrier qui le reçoit, le minotier qui le triture, et c'est tout cela qu'il faut voir. Qu'y faire? L'inertie des bureaux est telle que les intéressés réclament en vain, et cependant il suffirait d'un décret pour rétablir ce qu'un décret a si mal à propos détruit, ce qui depuis 1861, depuis l'abolition de la trop fameuse échelle mobile, fonctionnait en France à la satisfaction de tous, commerçants, minotiers, agriculteurs. Il est temps qu'on y prenne garde, car ce cas n'est malheureusement point le seul qu'on pourrait citer. Désormais que nos législateurs ne touchent à ces sortes de choses que d'une main experte, désintéressée, impartiale ; là est le salut économique du pays.

La question des tarifs de transport mériterait une étude spéciale, car rien n'influe sur le développement du commerce et rien n'est de nature à l'arrêter comme la baisse ou la hausse des prix de transport, et nous entendons parler ici aussi bien du transport des voyageurs que de celui des marchandises, aussi bien du transport des lettres que de celui des dépêches télégraphiques. En matière d'impôt, et les tarifs de transport sont à vrai dire un impôt, il est reconnu qu'il y a toujours un point précis où l'impôt produit le maximum. Au delà, l'augmentation de l'impôt ne couvre pas la diminution de la consommation ; en deçà, la diminution de l'impôt n'est pas couverte par l'augmentation de la consommation. Ce point particulier, qu'il faut découvrir dans chaque cas, l'expérience de toutes les nations l'indique pour le port des lettres postales à l'intérieur aux environs de 15 centimes. Or la France est le seul pays du monde où les lettres à l'intérieur circulent encore au prix de 25 centimes. Elle est aussi le pays qui paye le plus cher le port des imprimés, des cartes postales, des dépêches télégraphiques. Il y a là des réformes urgentes à opérer, qui seront l'éternel honneur du ministre des finances qui les prendra une bonne fois en mains et les fera adopter par le parlement ; mais ce ministre sera surtout béni du commerce, parce que le commerce sait bien quel avantage il rencontre dans le bas prix de la correspondance, du port des lettres et des imprimés. Il le sait si bien qu'il envoie aujourd'hui en paquets une partie de ses imprimés au dehors, pour de là les faire rentrer séparément et distribuer en France par la poste, parce que de la sorte cela lui coûte moins. En vérité, quand de telles anomalies existent, n'est-il pas temps qu'elles disparaissent ? Il y a mieux ; quand on abaissera le prix du port des correspondances, il se produira ce phénomène bien connu, c'est que les caisses du fisc se rempliront d'autant plus qu'on diminuera jusqu'au point minimum voulu le prix du port, soit des lettres, soit des dépêches[1]. Ce qu'il faut abaisser surtout, si l'on veut que le commerce et l'industrie de la France prennent tout leur essor, ce sont les tarifs de transport sur toutes nos voies ferrées. Quel que soit aussi l'avantage pour les compagnies de ce qu'on nomme les tarifs différentiels, il faut enfin faire en sorte que ces injustices criantes disparaissent en vertu desquelles une balle de coton, transportée du Havre à Bâle et de là à Épinal, coûte moins que si elle allait directement du Havre à Épinal. Si de tels faits devaient trop longtemps se produire, on arrêterait totalement le commerce et l'industrie nationale, qui peu à peu céderaient la place au commerce et à l'industrie de l'étranger. Ce n'est pas là probablement le résultat auquel on veut arriver ? Ici encore, l'on s'occupe activement, nous dit-on, de faire disparaître de telles anomalies.

Depuis la guerre franco-allemande, les condi-

1. Ces lignes étaient écrites, quand on a appris que le Ministre des finances avait fait adopter par la Chambre la réduction du port des lettres à 15 centimes pour toute la France, et la réduction des dépêches télégraphiques à 5 centimes par mot, avec un minimum de 50 centimes par dépêche simple. Nous n'attendions pas moins de la sagacité, de l'esprit pratique bien connu de M. Léon Say. (mars 1878.)

tions économiques de l'Europe sont changées au détriment de la France, et il ne faut pas s'ingénier à les faire changer encore davantage. Pourquoi n'abaisserait-on pas résolûment les tarifs de transport sur toutes nos voies ferrées, dût-on pour cela voter, dans une loi de salut public, le rachat de tous les chemins de fer par l'État, qui les remettrait ensuite à des compagnies fermières, lesquelles exploiteraient les lignes à des conditions moins onéreuses et d'une manière plus rationnelle que les compagnies actuelles. N'oublions pas que l'Allemagne, que l'Italie sont entrées ou vont entrer dans cette voie. Aujourd'hui un chargement de blé ou de farine de Venise ou de Trieste à Bâle coûte moins cher que de Marseille à Bâle. Il en sera de Gênes comme de Venise et Trieste, une fois le Saint-Gothard percé. La même cause d'infériorité existe pour le Havre vis-à-vis d'Anvers, d'Amsterdam, de Hambourg. Avant que le mal s'étende, pourquoi ne pas adopter tout de suite, virilement, les mesures qui doivent conserver à notre pays tout le transit de l'Europe occidentale, et à Marseille, car c'est là qu'il faut en venir, l'importance commerciale qu'elle a acquise et qu'elle pourrait bien perdre avant peu?

Un des plus grands inconvénients du port de Marseille est de ne pas être aux embouchures mêmes du Rhône, et cela parce que le Rhône, de son côté, a le défaut de n'être pas un fleuve aux eaux endiguées et profondes, et naturellement navigables. C'est un fleuve à delta et non un fleuve à estuaire. Aussi, dès les premiers temps de l'histoire, ne voyons-nous aucune ville se fonder à son embouchure. Sans cela, c'est en ce lieu et non ailleurs que Marseille se fût assise. A ce point de vue, Marseille est de beaucoup inférieure à d'autres ports. Anvers est sur l'Escaut, Londres sur la Tamise, Liverpool sur la Mersey, New-York sur l'Hudson, Brême sur le Weser, Hambourg sur l'Elbe, et les bassins de ces ports peuvent s'étendre à perte de vue le long même du fleuve qui les baigne et les alimente. Ils ont, de plus, l'avantage d'être tout à fait intérieurs. Il y a là bien des causes de supériorité dues à des conditions topographiques que Marseille ne possède pas. C'est pourquoi il ne faut point faire en sorte que les conditions économiques, nullement libérales, imposées à son commerce, viennent encore s'ajouter à des inconvénients naturels. En somme, Marseille peut garder sa prééminence dans la Méditerranée et ne la perdre ni contre Gênes ou Trieste, reines du golfe génois et de l'Adriatique, ni contre Odessa, cette métropole de la mer Noire, encore moins contre Alexandrie ou Port-Saïd, qui commandent le canal de Suez; mais pour cela il faut que Marseille et la France tout entière se liguent, luttent ensemble d'énergie et de volonté. Il faut en un mot empêcher à tout prix que l'évolution déjà provoquée et favorisée par la dernière guerre ait un cours fatal et s'achève au détriment de notre pays. Cette évolution, dont on trouverait si facilement des analogies dans l'histoire, tend aujourd'hui à détourner le commerce méditerranéen de la voie de Marseille et de l'isthme français pour le reporter vers le centre de l'Europe, le déplacer même à l'Orient. *Caveant consules !* C'est ici que nos hommes d'État doivent ouvrir les yeux et prendre garde. Les faits sont éclatants, on pourrait au besoin les appuyer sur des chiffres. Il est donc temps d'aviser et de ne pas remettre à demain la solution d'un problème aussi grave.

CHAPITRE II

BORDEAUX ET LE BASSIN DE LA GIRONDE

I

Le port de Bordeaux.

Du golfe de Gascogne à l'île d'Ouessant, le littoral de la France dessine un arc de cercle qui ouvre sa concavité sur l'Océan. Au tiers à peu près de la longueur se présente une immense coupure : c'est l'embouchure de la Gironde, et ce fleuve n'est formé que par la réunion des deux rivières, la Garonne et la Dordogne. En amont du point où elles se joignent, qui porte le nom caractéristique de Bec-d'Ambez ou bouche des deux, est située, sur la rive gauche de la Garonne, à 100 kilomètres de la mer, la ville de Bordeaux. Les marées de l'Atlantique montent jusque-là et même 2 lieues plus loin, à Castets, où s'amorce le canal latéral à la Garonne.

La Garonne forme le port de Bordeaux. Ce port, fondé aux jours de la Gaule antique par une tribu ibérienne, a été de tout temps fréquenté, et déjà sous les Romains les vins de Burdigala étaient appréciés au dehors et formaient le principal élément d'exportation de cette région privilégiée. Ausone, né à Bordeaux, n'oublie pas, dans la revue des *Cités illustres*, de chanter les vins de sa ville natale, *patria insignis Baccho*. Lors de la guerre de Cent-Ans, quand les Anglais étaient maîtres de cette partie de la France, les vins de Bordeaux étaient expédiés à Londres et y acquéraient un renom que depuis ils n'ont plus perdu. Un seul jour, en 1373, s'il faut en croire Froissard, « deux cents nefs d'une voile, marchands d'Angleterre et de Galles et d'Escosse, arrivèrent au havène de Bordeaux sur la Garonne, qui là alloient aux vins. »

Au siècle passé, Bordeaux était le premier, le plus riche de nos ports. Il envoyait aux Iles, comme on disait alors, c'est-à-dire dans nos colonies des Indes, les vins chers à tout Français, et recevait en échange les produits de ces lointains comptoirs, le sucre, le tafia, les épices, le café. Aujourd'hui la meilleure part du fret de retour des navires qui fréquentent cette place est encore formée par le vin qu'on récolte principalement dans le département de la Gironde, et qui de là se répand dans tout l'univers. En barriques ou en bouteilles, le vin compose un de ces colis à la fois volumineux et d'un arrimage facile que la marine marchande, si éprouvée chez nous à la sortie, a tant de raisons de rechercher. Ce fait révèle un des motifs de la prospérité soutenue de la grande cité girondine, métropole glorieuse d'un des départements vinicoles les plus fertiles de la France.

A l'endroit où elle baigne les quais de Bordeaux, la Garonne forme un croissant, comme à la Nouvelle-Orléans le Mississipi; de là le nom de « port de la Lune » donné anciennement à Bordeaux, et celui de *Crescent-City* que porte la ville américaine; de là aussi le croissant que Bordeaux a toujours maintenu dans ses armes. Ce n'est pas le seul point de comparaison que l'on pourrait établir entre les deux cités. Les quais de Bordeaux rappellent les levées du Mississipi; son port, où se pressent les navires, a quelque ressemblance avec celui que fondèrent les Français, il y a un siècle et demi, à la Nouvelle-Orléans; mais les quais de Crescent-City, où s'entrepose tout le coton de la Louisiane et de l'Arkansas, où ancre toute une flotte de *steamboat*s de rivière qui remontent jusqu'à Saint-Louis, Cincinnati et Pittsburg (la distance de Marseille à Alexandrie), les quais de Crescent-City sont incomparablement plus animés, plus pittoresques que ceux de Bordeaux, s'ils sont moins grandioses. Le fleuve aussi y est plus large et plus profond. C'est le père des eaux, le Meschacébé des Indiens Chactas, dont un ingénieur de talent, M. Eads, vient enfin de discipliner les capricieuses embouchures.

La Garonne, le long des quais de Bordeaux, offre une largeur moyenne de 550 mètres, avec des profondeurs d'eau de 4 à 6 mètres. Le port sur la rive gauche a un développement linéaire de 7 kilomètres, entre la gare maritime, annexe de la gare du chemin de fer du Midi (Bordeaux à Cette) et la cale de Bacalan, où ancrent les grands paquebots à vapeur de la Compagnie des messageries maritimes. Il y a 1200 mètres de quais et près de 4000 mètres de cales. Sur la rive droite se dessinent la gare du chemin de fer de Paris et les magasins généraux en relation avec elle. Les bords de cette partie de la Garonne sont loin d'avoir l'importance de ceux de la rive gauche ; c'est la portion convexe du croissant. Ils n'ont qu'une étendue limitée, ne sont pas sillonnés par le rail, ne présentent pour ainsi dire aucune défense contre la rivière, car ils n'ont que 900 mètres de cales et point de quais. On n'y voit que quelques chantiers de construction maritime, quelques fabriques et les points où viennent toucher les bacs à vapeur qui à chaque instant vont et viennent d'une rive à l'autre de la Garonne. Là est le village de la Bastide, une commune suburbaine récemment annexée; là court aussi l'avenue de Paris, qui mène d'une part au pont de pierre de Bordeaux, un magnifique ouvrage qui date du commencement de ce siècle, et de l'autre à des coteaux boisés, plantés de vignes, d'où l'on a une vue superbe, embrassant à la fois la rivière avec sa forêt de mâts et la ville monumentale qu'elle baigne. Maintes fois la peinture s'est plu à représenter ce paysage, qui toujours enchante l'œil, quel que soit le point d'où on le regarde.

Après Paris, il n'est en France aucune ville aussi belle, aussi largement ouverte que Bordeaux. Du milieu des quais du commerce se détache la grande place des Quinconces, à laquelle se relient des allées et des boulevards qui portent, comme dans tout le midi, le nom de cours (en espagnol *curso* et *corso* en italien). Grâce à ces avenues ombragées, à des maisons d'une élégante et solide architecture, la ville a gardé un air de capitale qui frappe immédiatement le visiteur. Elle offre aux regards des monuments qui méritent d'être rappelés. Au siècle dernier, les architectes Gabriel et Louis, l'intendant de Guyenne Tourny, l'ont à l'envi ornée. Sa cathédrale gothique, avec sa haute tour isolée à la façon des campaniles italiens, ses vieilles églises, dont une est de style roman, ses anciennes portes du moyen âge ou de la renaissance, son théâtre, le plus beau d'Europe par l'architecture extérieure, et dont on peut dire que c'est un monument grec retrouvé en plein dix-huitième siècle, un magnifique jardin public au centre même de la ville, enfin les restes d'un cirque romain, improprement nommé le palais Galien, — nous avons déjà cité le pont de pierre et la longue ligne des quais en forme de croissant, — tout concourt à faire de Bordeaux une des plus belles villes qu'il y ait.

Les habitants ont un air aimable, familier, entraînant, et une certaine faconde qui ne leur messied point, celle qui fait du Gascon un type si original. L'accent est caractéristique, surtout chez les filles du peuple, vives, alertes, le teint frais, l'œil et les cheveux noirs, le madras ou foulard des Indes coquettement jeté sur la tête autour du chignon, la taille fine et les hanches bien prises. Le Basque, au béret de couleur, la ceinture de laine rouge à la taille, les culottes serrées au genou, l'Espagnol, le Portugais, à la peau bronzée, à l'air sérieux, peu communicatif, tranchent sur le type girondin. Ce type est celui des négociants de la place. On trouve en eux comme un reflet des idées généreuses, libérales, auxquelles les députés de la Gironde, en 1793, sacrifièrent tout, même leur vie. C'est ici que le libre échange pour la première fois a pris corps de doctrine en France ; c'est ici que Bastiat, sorti de Bayonne, l'a défendu par des écrits qui ne passeront point. Les idées britanniques en matière commerciale sont d'ailleurs depuis longtemps familières au Girondin ; il les a comme épousées d'avance, à l'époque où l'Anglais dominait dans la Gascogne et la Guyenne et respectait les franchises de Bordeaux, et plus tard par une sorte d'agrégation naturelle, qui, à diverses reprises, a mêlé le sang anglais au sang gascon.

Une des premières maisons de commerce de la place, celle des Johnston, compte près d'un siècle et demi d'illustration commerciale. Elle a été créée, vers le milieu du dix-huitième siècle, par un Anglais qui est venu s'établir à Bordeaux pour y faire le commerce des vins. Les Anglais sortis de cette souche sont insensiblement devenus Français, mais ont conservé des relations suivies avec leur pays d'origine, ne fût-ce que par besoin d'échange. Ce n'est pas sans une certaine émotion que, dans les bureaux du chef actuel de cette maison importante, nous avons salué les différents portraits de ses aïeux. Ils étaient là tous, depuis le chef de la dynastie bordelaise jusqu'au prédécesseur du titulaire actuel, comme pour lui rappeler, ce dont il n'avait pas besoin du reste, que l'assiduité au travail et la loyauté dans les affaires sont les plus sûrs garants de réussite et le meilleur moyen de consolider une maison. Aujourd'hui où tout change si souvent et si vite, et où l'ancienne stabilité a fait place à une mobilité parfois dangereuse, cet exemple est bien rare en France d'une maison de commerce qui existe depuis cent cinquante ans dans la même famille, avec le même nom.

Cette honorable maison des Johnston n'est pas la seule d'origine étrangère qu'on pourrait citer à Bordeaux. Par la nature même du commerce de ce comptoir, des Américains, des Allemands, des Belges, des Hollandais, sont venus tour à tour s'y établir. Des Portugais, des Espagnols, ont été aussi de tout temps attirés par la proximité où est ce port de la péninsule ibérique, et par le besoin d'échapper aux persécutions religieuses. En général, la plupart de tous ces émigrés, partis d'assez bas, sont passés bientôt au premier rang des maisons bordelaises; mais ces cas sont encore assez rares, et Bordeaux est loin d'avoir le caractère cosmopolite qui est si frappant à Marseille. Il n'a pas non plus l'animation, le mouvement, la turbulence de la grande cité méditerranéenne; il est calme, même sur ses quais, et en beaucoup d'endroits la ville semble beaucoup trop grande pour le nombre de ses habitants, qui a cependant doublé depuis le commencement du siècle, et dépasse aujourd'hui le chiffre de 215 000 âmes.

Un viaduc métallique, aux piles tubulaires, rappelant les plus beaux ouvrages qu'on rencontre en ce genre en Angleterre et aux États-Unis, a été jeté sur la Garonne en amont du pont de pierre de Bordeaux. Il porte deux voies ferrées et fait communiquer la gare de Paris ou de la Bastide avec celle du chemin de fer du Midi ou de Saint-Jean. Il est à jour, élégant, léger, et muni sur un de ses côtés d'une passerelle pour les piétons. La gare maritime dépend de la gare de Saint-Jean. C'est de là que part le *railway* qui court le long des quais jusqu'au bassin de Bacalan. La présence de ce chemin de fer littoral donne à la rive gauche de la Garonne un peu d'agitation. C'est le seul point de la cité où il y ait véritablement de la vie. Les navires sont ancrés sur la rive ou au milieu de l'eau. Les colis débarqués sont amenés dans les wagons. Ce sont aussi les wagons qui apportent aux navires le chargement que ceux-ci attendent. De loin en loin sont installés des ponts volants, des grues mécaniques pour élever et mouvoir les ballots les plus lourds. La profondeur de l'eau au bord des rives n'est pas toujours suffisante pour que tous les navires puissent accoster. De là la nécessité où sont quelques-uns d'ancrer au milieu de la rivière et de décharger sur des chalands.

Le port peut contenir dans sa partie rentrante un millier de navires, et il est accessible aux bâtiments de 2000 tonneaux. Ceux d'un tonnage plus considérable, comme les paquebots des Messageries maritimes, sont obligés de s'amarrer en aval, là où la rivière est à la fois plus profonde et plus large. Quelquefois même il leur faut s'alléger d'une partie de leur fret, ou, au départ, aller compléter leur chargement à Pauillac, port très-fréquenté du Médoc, sur la rive gauche de la Gironde, à 60 kilomètres de Bordeaux. Les grands paquebots de la Compagnie générale transatlantique, qui font le service de la mer des Antilles, ne peuvent même toucher que là. Pauillac est l'avant-Port de Bordeaux, comme Saint-Nazaire est celui de Nantes; mais Pauillac ne menace pas encore de détruire son voisin comme le port à l'embouchure de la Loire. Quoi qu'il en soit, il a été souvent question de compléter le port de Bordeaux, non-seulement par un bassin à flot, comme celui qu'on achève de creuser à Bacalan, mais encore par un port sur l'Océan ou à l'embouchure de la Gironde. On a même parlé pour cela d'Arcachon, dont la baie ou étang se prêterait peut-être à cette transformation radicale. Bordeaux manque aussi de docks et de moyens rapides de chargement et de déchargement. Comme à Marseille, ce sont des portefaix et des coureurs de quai qui font presque toute la besogne. C'était bon autrefois; aujourd'hui, avec toutes les conquêtes de la mécanique moderne et avec toutes les améliorations adoptées par les ports étrangers, notamment ceux d'Angleterre, de Hollande, de Belgique, ces méthodes surannées ne sont plus de mise. Il faut être de son temps, comme on dit, aller du même pas que ses concurrents, perfectionner et compléter son outillage à mesure qu'ils modifient utilement le leur.

Malgré tous les désavantages qu'on vient de signaler, le port de Bordeaux n'en a pas moins une importance capitale, et vient en troisième ligne dans la liste des grands ports de commerce français, c'est-à-dire après Marseille et le Havre. Les relations de Bordeaux s'étendent sur toutes les parties du monde. C'est de là que partent les paquebots des Messageries maritimes pour le Brésil et La Plata, touchant à La Corogne, Vigo, Lisbonne, Dakar (Sénégal), Pernambuco, Bahia, Rio-Janeiro, Montevideo et Buenos-Ayres. Les navires de la Compagnie transatlantique partant du Havre jettent l'ancre à Paulliac, de là gagnent la mer des Antilles, mouillant à Saint-Thomas, Porto-Rico, Cap-Haïtien et Port-au-Prince en Haïti, Santiago de Cuba, Kingston de la Jamaïque, enfin Colon-Aspinwall sur l'isthme de Panama. D'autres lignes de steamers moins importantes, directement attachées au port de Bordeaux, fréquentent la mer du Nord et la Baltique, touchant à Rotterdam, Hambourg, Saint-Pétersbourg, ou abordent de préférence les places britanniques, Londres, Glascow, Liverpool, Dublin, ou bien encore font un cabotage à vapeur sur les ports français de l'Atlantique et de la Manche, La Rochelle, Nantes, Brest, le Havre. Enfin diverses compagnies de bateaux de rivière font un service quotidien de navigation fluviale pour les marchandises et les voyageurs, en aval, sur la Gironde, jusqu'à Blaye, Pauillac et Royan, en amont sur la Garonne jusqu'à Langon, La Réole, Agen. Pendant l'été, ces sortes d'excursions sont très-suivies. C'est un genre de promenade dont on use volontiers, et que les rives pittoresques de la Gironde et surtout celles de la Garonne, aux coteaux doucement ondulés, parsemés de vignobles, rendent des plus attrayants. Les ports de la Dordogne, Bourg, Fronsac, Libourne, sont aussi en relation constante avec Bordeaux, lui envoient d'excellentes pierres à bâtir et des vins estimés, entre autres le saint-émilion, ce bourgogne de la Gironde. La portion du département comprise entre les deux rivières porte le nom quelque peu prétentieux d'Entre-deux-Mers, sans doute, parce que le flot de la marée vient baigner l'un et l'autre bord. Elle se termine au Bec-d'Ambez et renferme aussi des vignobles assez réputés. Dans tout le bassin de la Gironde, la vigne règne en maîtresse, et ses produits y sont ordinairement de qualité supérieure.

Le mouvement général du port de Bordeaux en 1876 a été d'environ 24 800 navires, jaugeant plus de 2 millions de tonneaux. Ces chiffres se partagent à peu près également à l'entrée et à la sortie, comprennent tous les pavillons, la navigation maritime et fluviale; celle-ci compose le cinquième environ du tonnage total. Depuis dix ans, le tonnage du port de Bordeaux a augmenté d'un tiers : il n'était que de 1 500 000 tonnes en 1867. L'article d'exportation par excellence est le vin. Bordeaux en expédie, selon l'état des récoltes, jusqu'à 2 millions d'hectolitres par an ; les deux cinquièmes de tout ce que produit la Gironde, le trentième de ce que fournit en une bonne année la France entière. Sur les 2 millions d'hectolitres exportés, le vingtième, soit 100 000 hectolitres, est généralement en bouteilles et le reste en futailles. La Plata et l'Uruguay, l'Allemagne, l'Angleterre, la Hollande, la Belgique, les États-Unis, la Russie, le Brésil, les républiques hispano-américaines du Pacifique, les îles Maurice, de la Réunion et les autres colonies françaises, enfin les différents ports de l'Inde, sont par ordre d'importance les principaux pays qui reçoivent le vin de Bordeaux. On sait que ce vin gagne singulièrement au voyage en mer, qu'il soit en fût ou en bouteille, tant par suite des mouvements cadencés du navire qui lui permettent de se dépouiller, de s'améliorer, qu'à cause de la traversée des tropiques, dont les chaleurs sont particulièrement favorables à l'entier développement, à ce qu'on appelle le travail du vin. On connaît la renommée des vins « retour de l'Inde. » Par contre, les vins de Bourgogne, plus capiteux, plus chauds que les vins girondins, ne voyagent pas impunément en mer, et s'y déprécient même étonnamment.

En échange du vin reçu de Bordeaux, La Plata et l'Uruguay expédient surtout leurs cuirs, leurs peaux, leurs laines ; l'Angleterre ses fontes, son fer, sa houille ; le Chili ses cuivres ; le Pérou son guano, son salpêtre ; l'Inde son riz, ses épices, le jute, l'indigo, le thé ; le Brésil son café, ses bois de teinture ; Venezuela son cacao ; le Mexique sa cochenille ; le Sénégal ses arachides, ses huiles de palme, sa gomme ; Maurice et la Réunion leur sucre, leur vanille ; les États-Unis leur tabac, leur coton, leur pétrole ; la Russie son chanvre, son suif, ses bois. Ce n'est pas tout : Terre-Neuve envoie ses morues ; la Hollande ses fromages ; l'Autriche, l'Allemagne, leurs douelles ou merrains de chêne, dont on fait les barriques : les meilleures sont celles qui viennent de Fiume ou de Trieste, de Dantzick ou de Lubeck. L'Espagne expédie son riche minerai de fer, mais surtout ses vins ordinaires, que l'on coupe ou mélange dans les chais bordelais et dont on fait, en les bonifiant, des vins de Gironde ; le Portugal envoie ses oranges ; l'Italie enfin son huile d'olive, ses marbres, ses fruits secs. On peut dire que tous les pays qui consomment une bouteille de vin de Bordeaux, — et quel est le pays qui n'en boit point? — expédient en retour quelque chose à la métropole de la Gironde. La valeur totale des marchandises importées et exportées a atteint à Bordeaux en 1876 la somme de 554 millions de francs. Dans cette somme, les vins girondins entrent pour le cinquième ou 104 millions[1].

Voici, eu égard à la quantité, comment se distribuent les principales matières introduites dans le port de Bordeaux en 1876 :

Bois communs. . . . . 429.000 tonnes.
Houille. . . . . 287.000 —
Céréales. . . . . 17.600 —
Peaux. . . . . 15.000 —
Engrais. . . . .?00 —
Sucre brut. . . . . ?.?00 —
Poisson. . . . . 14.000 —
Café. . . . . 12.600 —
Arachides. . . . . 10.700 —
Fonte, fer, acier. . . . . 10.400 —
Riz. . . . . 10.000 —
Pétrole, bitumes. . . . . 10.000 —
Cacao. . . . . 8.600 —
Tabac. . . . . 8.600 —
Mélasse. . . . . 7.400 —
Laines . . . . 6.000 —

1. Voyez le *Tableau général du commerce de la France en* 1876,

Ensuite viennent la morue, les graines oléagineuses, les eaux-de-vie, esprits et liqueurs, les pierres à bâtir, le tabac, les fromages, les huiles, les gommes, le chanvre, les vins, le nitrate de soude, etc.

Au point de vue de la valeur des marchandises, les bois communs viennent également en tête pour une somme de 42 millions de francs, les peaux viennent ensuite pour 28 millions et au troisième rang les laines pour 13 millions 500 000 francs.

Le vin compose, avons-nous dit, la principale marchandise d'exportation du port de Bordeaux. En 1876, il a atteint comme tonnage le chiffre de 140 000 tonnes de 1000 kilogrammes, non compris les eaux-de-vie, esprits et liqueurs, figurant ensemble pour 15 000 tonnes. Le vin n'est précédé que par les bois et douelles qui figurent ensemble pour 227 000 tonnes.

Ensuite viennent par ordre d'importance, eu égard au poids :

La houille..................	39.500 tonnes.
Les poteries et verreries........	12.000 —
Les fruits de table............	9.000 —
Les sucres raffinés............	8.000 —
Les poissons marinés..........	6.000 —
Les céréales................	6.000 —
Les résines.................	6.000 —

publié par la direction générale des douanes. Paris, Imprimerie nationale, 1877.

et enfin les phosphorites ou amendements fossiles de phosphate de chaux, les machines, le tartrate de potasse, les fruits secs, les légumes, les truffes et nombre d'autres articles.

Bordeaux n'est pas seulement un port de commerce proprement dit, c'est aussi un port d'entrepôt, qui dessert la plus grande partie des départements pyrénéens et tous ceux qui sont compris dans le bassin de la Gironde. C'est par Bordeaux que toutes ces localités reçoivent les denrées coloniales, le café, le sucre, les épices, le thé. Les produits comestibles, le poisson, les huîtres, les conserves alimentaires, leur arrivent aussi de là; mais Bordeaux n'a pas su devenir, comme Marseille, une ville éminemment industrielle. Elle a jugé à tort qu'il était suffisant de recourir aux produits du sol et de la mer pour alimenter son commerce, et elle s'est contentée d'être une place maritime. Elle a bien une manufacture de porcelaine, créée jadis par les Johnston sur le modèle des manufactures anglaises; elle a quelques fonderies et ateliers de construction de machines, quelques raffineries de sucre, quelques filatures et ateliers de tissage, des moulins à farine à vapeur, des distilleries d'alcool, de pétrole, des huileries de graines, voire une fabrique de savon, enfin diverses fabriques de liqueurs, de conserves alimentaires, celles-ci très-réputées;

mais tout cela, sauf une ou deux exceptions, n'est que pour la consommation locale ou indigène, tout cela ne fournit par an qu'une valeur de 300 millions de francs au plus de produits manufacturés, et ne donne pas à l'exportation un fret considérable comme les fabriques que Marseille a su élever en si grand nombre dans sa banlieue et jusque dans ses murs.

Tout le commerce de Bordeaux est dans son vin, dans les chais où on le manipule, dans les caves où on l'entrepose et le conserve. On peut dire à Bordeaux du vin ce qu'on dit à Marseille du blé et à Paris de l'industrie du bâtiment : « Quand le vin va, tout va. » A Bordeaux, tout le monde parle de ce commerce, s'y intéresse, en vit; tout le monde est quelque peu propriétaire « d'un château » qui produit des « crus classés » ou que soi-même on classe. Agriculteurs, vignerons, courtiers, commissionnaires, négociants, tonneliers, armateurs, chacun se connaît en vin, sait le déguster, en dire l'âge, la provenance, en fixer le prix, et n'a pas assez de plaisanteries pour ces pauvres Parisiens, ces « Franciots » du nord, qui s'y entendent si peu et qu'on dupe si facilement en matière d'œnologie. Malheureusement des parasites destructeurs, ennemis cachés, implacables, reproduisant leur espèce par milliers sur chaque point, l'oïdium, une mousse invisible que le soufre seul repousse, et depuis quelque temps le phylloxera, un insecte microscopique contre lequel on ne connaît encore aucun remède absolument efficace, sont venus à diverses reprises s'attaquer en masse à la vigne. Le bassin de la Gironde, bien qu'éprouvé des derniers par le phylloxera, n'en est pas moins sérieusement atteint : c'est une menace incessante de ruine suspendue comme une épée de Damoclès sur tout le Bordelais, sans en excepter le Médoc, où se récoltent les meilleurs vins du département de la Gironde, du monde entier.

II

Les vignobles du Bordelais et le commerce des vins.

Le département de la Gironde occupe une superficie de plus d'un million d'hectares dont les deux dixièmes environ sont plantés en vigne. Ces vignobles s'étendent le long des rives de la Gironde, de la Garonne et de la Gascogne, et entre ces deux rivières sur des plateaux, des coteaux légèrement ondulés et les terrains d'alluvions graveleuses qu'ils dominent. De là les noms génériques de vins de Côtes, de Graves, de Palus, d'Entre-Deux-Mers, que l'on donne aux vins du

Bordelais. Le haut-brion est le roi des vins de Graves rouges. Montesquieu récoltait les siens au château de la Brède, et en vendait une partie aux Anglais. Clément V, évêque de Bordeaux, le même qui fut pape, transféra le saint-siége à Avignon et supprima les templiers; après lui, les évêques de Bordeaux, jusqu'à la Révolution, eurent dans la même région un « château » fameux et qui l'est encore. Le sauterne est le roi des vins de Graves blancs, et dans les sauterne le barsac, et au-dessus le château-yquem, qui est hors de pair et souvent hors de prix. Le saint-émilion est à la tête des vins de Côtes dans le Libournais. On réserve pour les vins du Médoc une mention spéciale : ils sont toujours classés à part, ce sont les crus par excellence, ceux qu'il convient de décrire particulièrement.

Le Médoc est cette partie du département de la Gironde qui s'étend entre Bordeaux et la mer d'une part, entre les rives du fleuve et les landes de l'autre. Cette petite langue de terre, cette espèce de presqu'île, dont le nom, suivant quelques étymologistes, veut dire les eaux des Médules, *Medulorum aquæ*, d'où l'on a fait par contraction Médoc, est toute plantée de vignes. Sur le côté qui borde le fleuve, sur une longueur totale de 60 kilomètres, et une largeur moyenne de 8, on ne rencontre que vignobles. Là, chaque commune porte un nom célèbre. C'est Margaux, c'est Cantenac, c'est Saint-Jullien ou Saint-Estèphe; là sont les crus les plus fameux, le château-lafite (la *hite*, la *fite*, la hauteur), qui était déjà fort apprécié au xive siècle, le château-margaux, qui appartint un moment à Édouard III d'Angleterre, le château-latour, qui est resté pendant deux siècles la propriété des Ségur. Tous les trois sont hors de concours, et avec le château-haut-brion, connu dès le temps du pape Clément V, qui cite ce vin avec le sien dans ses bulles, composent les quatre premiers grands crus des grands vins rouges de la Gironde. Cette classification est officielle, elle fait loi sur le marché. Il faut être un des riches de ce monde pour posséder de pareils crus. Le château-lafite appartient aux Rothschild, le château-margaux aux Aguado, le château-latour à quatre grands propriétaires, le château-haut-brion aux Larrieu.

A une distance respectueuse des premiers viennent les deuxièmes, troisièmes, quatrièmes et cinquièmes grands crus, non moins méticuleusement classés, mais beaucoup plus nombreux dans chaque catégorie. Le branne-mouton (*motton*, motte de terre, éminence), les rausan, les léoville, les gruau-larose, les pichon-longueville, le ducru-beaucaillou, le montrose, le cos-d'estournel (*cos*, clos), sont des deuxièmes crus; le château d'issan, le palmer, le lagrange, le château-la-lagune, des troisièmes; le château-beychevelle[1], le talbot, le pouget, le prieuré, des quatrièmes; le pontet-canet, le dauzac, le cos-labory, le cantemerle, des cinquièmes. Nous les avons cités au hasard, il n'y en a pas moins de 55 en tout, et ils sont respectivement au nombre de 15, 13, 10 et 17, en allant des deuxièmes aux cinquièmes crus. Quant aux prix, l'augmentation va généralement du simple au double, en passant de la seconde à la cinquième classe, la première étant d'ordinaire hors de comparaison avec les autres. Ici encore il faut des millionnaires, nobles rentiers, banquiers ou négociants, pour posséder, pour exploiter de tels vignobles. Les Rothschild y apparaissent de nouveau, puis les marquis de Las-Cases, les baron Sarget, les comte Duchâtel, les Johnston, les Errazu, les Guestier, les Piston d'Eau-Bonne, les Cruse, les Halphen et tant d'autres.

Les cinq classes de crus dont il vient d'être parlé composent ce qu'on nomme officiellement les grands vins, les vins classés; hors de ceux-là, il n'en est pas d'autres. Suivant les années, ces vins

---

[1]. Appartint jadis au grand amiral de France, le duc d'Épernon, qui forçait tous les navires entrant en Gironde à baisser leurs voiles pour saluer son château, d'où le nom de Beyche-Velle donné à celui-ci.

se vendent, pris au château, pour les premiers crus, jusqu'à 6000 francs le tonneau bordelais de quatre barriques ou 9 hectolitres. Le tonneau se nomme aussi fût ou futaille, et la barrique une pièce. La contenance moyenne de la barrique est de 225 litres et fournit environ 350 bouteilles bordelaises [1].

Le lafite et le margaux ont quelquefois dépassé le chiffre de 6000 francs le tonneau. Il faut doubler ce chiffre quand le vin arrive à la consommation, à cause du coût de la mise en bouteilles, du déchet, de l'intérêt de l'argent, des frais de tout genre. Entre deux années, les prix varient eux-mêmes quelquefois du simple au double, et il est tel vin de telle récolte qui monte à un taux excessif; c'est pourquoi les connaisseurs tiennent toujours compte non-seulement de l'âge absolu du vin, mais encore de son âge relatif, de l'année où il a été vendangé. Le vin de 1811 ou celui de la comète, celui de 1815, sont restés célèbres entre tous. Plus près de nous, les années 1868 et 1869 ont été deux années exceptionnellement bonnes; par contre, 1867 a été une année ordinaire, et 1866 une de ces années inférieures « dont on ne fait pas de bouteilles. »

---

1. Il a été écrit nombre d'ouvrages sur les vins de Bordeaux. Parmi les plus récents, on peut citer *Bordeaux et ses vins*, par E. Féret; *les vins de Bordeaux*, par Lorbac et Lallemand; *le Médoc et ses vins*, par Malvezin et Féret, etc.

Le vin des grands crus ne se met en bouteilles qu'au bout de trois à quatre ans. C'est un axiome connu que, plus le vin vieillit, même en bouteilles, plus il gagne en qualité, et, naturellement, plus il renchérit. Il y a dix ans, on a payé 120 francs les dernières bouteilles de lafite de 1811. Il en restait une en 1877, elle a été payée, en vente publique, 310 francs par un cafetier renommé de Paris. A ces prix, ce n'est plus le vin que l'on paye, c'est la *réclame* qui résulte de l'achat, le bruit qui se fait autour de cette acquisition. Il n'est pas sûr, du reste, que ces bouteilles de lafite fussent aussi bonnes qu'au premier jour ; mais on a bu de certains crus, le château-la-lagune par exemple, qui se sont conservés intacts, même après quarante ans. Tous les vins du Médoc n'atteignent pas impunément cet âge. Dans tous les cas, il faut alors les décanter soigneusement. Les Anglais, les Belges, font usage pour cela de petits appareils fort ingénieux, sortes de chariots d'argent manœuvrés par une manivelle et un engrenage à main. Le panier en osier tressé où l'on couche la bouteille, et qui est employé dans les restaurants, est inconnu des véritables dégustateurs ; mais ils apportent la plus grande attention à la mise en bouteilles, au bouchage et au choix du verre lui-même. Le liége doit être recouvert d'une capsule métallique ou d'un chapeau de cire d'Espagne pour que l'air et les insectes ne l'attaquent pas. Les soins donnés à la cave sont les mêmes que pour tous les autres vins.

Après les cinq classes des grands crus viennent ceux qu'on nomme respectivement les *bourgeois* et les *paysans*. Ici l'ordre de la classification est un peu arbitraire; entre les deux, quelques-uns intercalent même ce qu'ils nomment les *artisans*. Dans chaque catégorie, il y a du reste les supérieurs, les bons, les ordinaires. Quelques-uns des bourgeois supérieurs mériteraient peut-être de monter au rang des grands crus. Parmi eux, on peut citer le château-sénéjac appartenant à M. de Guigné. Dans les bourgeois, chaque vin encore a son nom, soit celui de la localité ou du château, soit celui du propriétaire ou de la nature du sol. Les noms génériques de Bordeaux, de Médoc, de Saint-Jullien, de Saint-Estèphe, dont on use si volontiers ailleurs, ne sont pas reconnus comme noms catégoriques de vins dans toute la Gironde. On y dit d'un vin ordinaire : c'est un vin du Fronsadais, du Blayais, du Bourgeais, du Libournais, ou encore c'est un vin de Graves, de Côtes, de Palus, d'Entre-Deux-Mers, en réservant toujours aux vins du Médoc le premier rang et même une place exceptionnelle, et en ne les citant jamais qu'avec le nom spécial du château et l'année de la récolte.

C'est à l'Exposition internationale de 1855 que

remonte la classification écrite officielle des grands crus de Médoc. Jusque-là les courtiers prononçaient seuls par une sorte de tradition séculaire. En 1855, on a pour ainsi dire gravé sur les tables la loi dictée par la coutume ; mais les lois changent avec le temps, et l'on comprend que depuis 1855 certains châteaux qu'on pourrait citer ont fait de tels progrès, introduit de telles améliorations dans la culture de la vigne et la fabrication du vin, que leurs produits mériteraient de monter d'un rang. Cela est vrai même pour quelques-uns des vins compris dans les cinq classes des grands crus. Ainsi le branne-mouton se réclame volontiers de la première catégorie, le château-la-lagune de la deuxième. Le commerce d'ailleurs ne s'y trompe pas et paye d'ordinaire un vin ce qu'il vaut ; mais il est bon que chacun ait sa place nettement marquée, et il est à désirer que les viticulteurs du Bordelais profitent de l'Exposition universelle de 1878 pour remanier enfin la classification de leurs crus. Quelle meilleure occasion pourraient-ils trouver que celle de ce pacifique tournoi international, qui donne en ce moment à chacun d'eux l'occasion de dire ce qu'il a fait depuis vingt ans, de montrer tout ce qu'il vaut aujourd'hui ?

Le nom de château donné à la plupart des crus n'implique pas l'idée d'une habitation seigneuriale, remontant ou non aux temps de la féodalité, bien que beaucoup de châteaux soient dignes de porter ce nom, tant par l'antiquité des constructions, comme le château Lafite, que par l'élégance architecturale, comme le château Margaux ou celui de Pichon-Longueville, construits dans le style moderne. La plupart des châteaux ne sont que des demeures campagnardes, des espèces de villas d'apparence souvent rustiques d'où le propriétaire surveille volontiers lui-même l'exploitation de son vignoble et préside patriarcalement à ses vendanges.

Devant le château s'étendent les champs de vignes, où l'arbuste est aligné en règes (*riga*, ligne droite) et disposé en espaliers très-bas, soutenus par des échalas en bois de pin et des fils de fer ou des tiges d'osier, qui courent d'un échalas à l'autre. La vigne étend ses sarments sur ce tuteur, ses feuilles, ses grappes, s'y développent et s'y baignent à l'aise de lumière et de soleil, d'air et d'humidité. Le terrain caillouteux reflète sur la vigne les rayons solaires, la réchauffe, pendant que les racines, s'enfonçant dans le sol sableux, siliceux, un peu calcaire, ferrugineux, et toujours perméable, vont y chercher leur nourriture favorite, que complètent des amendements de nature végétale ou minérale à propos employés. Le labour est fait soigneusement entre les règles, quatre fois par an, au moyen de charrues spéciales, menées par des bœufs. Des femmes, les sarmenteuses, les plieuses, portant une blouse de toile blanche qui leur dessine la taille et une capeline sur la tête, sont chargées de toutes les attentions délicates que réclame la vigne à certains moments de l'année. Tout ce monde, bouviers, laboureurs, vignerons et vigneronnes, est attaché au château et vit dans la ferme qui en dépend.

A côté du château est le pressoir ou cuvier, où l'on foule le raisin au moment de la vendange, et le chai ou cellier où le vin est transvasé en barriques. On cite quelques chais remarquables, ceux du château Latour, de Léoville-Barton, du château Sénéjac. La longue file de barriques, les lourdes charpentes en bois du plafond y présentent un coup d'œil imposant. Finalement le vin est mis en bouteilles avec l'*étampe*, l'estampille sacramentelle du château, sur le bouchon et la feuille d'étain qui recouvre celui-ci. C'est, avec l'étiquette et la signature du propriétaire, quand il la donne, une garantie pour l'acheteur. La plupart du temps, le vin est ainsi vendu en bouteilles au château même ; mais la fraude est ingénieuse et experte, elle imite tout, le bouchon, l'étampe, l'étiquette, la signature, et plus d'un vin qui porte les armes d'un château n'est jamais sorti des celliers ni des vignobles de ce castel, voire de la localité voisine.

C'est au cellier que veille le maître de chai, un

grand personnage qui a conscience de ses hautes fonctions. Il vous ouvre solennellement la porte du temple, si vous arrivez accompagné d'un courtier connu ou avec une lettre du propriétaire de céans, vous fait même goûter le vin de la dernière vendange. Le maître de chai du château Lafite est guindé, empesé, ne parle pas, un très-bel homme, une taille, une tenue de gendarme ou de suisse de cathédrale. Il était au château avant que le baron, M. de Rothschild, en fît l'acquisition ; sa charge se transmet de père en fils ; il est plus que vous, il est plus que le maître du lieu : c'est le maître de chai. On dirait que le raisin ne peut mûrir sans son agrément, et que le vin n'arriverait pas à perfection s'il n'était là pour y veiller.

L'époque des vendanges en Médoc varie de la mi-septembre au commencement d'octobre ; elle s'ouvre quand on juge que le raisin est suffisamment mûr. Il n'y a pas de ban, chacun vendange à son jour. On appelle à ce moment des ouvriers supplémentaires qu'on loue au dehors. La vendange se fait avec discipline. Les coupeurs et les coupeuses, surveillés par un *brigadier*, s'avancent régulièrement le long des règes, en rangs de huit à la fois, détachent les grappes, les visitent soigneusement, les vident dans des paniers que des porteurs remettent à un char traîné par des bœufs. Le char contient deux cuves ou douils (*dolium*, tonneau). Une fois qu'ils sont pleins, le bouvier conduit son attelage vers le pressoir. Un *commandant* dirige tous les ouvriers, ce qu'on nomme la *manœuvre*. Au pressoir, le raisin est ordinairement égrappé soit avec un râteau ou trident, ou avec une trémie dans laquelle se meut un rouleau cylindrique, soit sur une grille horizontale; puis le raisin est foulé sous les pieds des vendangeurs, au son du violon qui les excite et les fait aller en cadence. On préfère cette manière antique, datant de Bacchus ou de Thespis « barbouillé de lie, » à tout autre mode de foulage mécanique, artificiel. Le travail intelligent de l'homme fait mieux ici que le travail inconscient de l'engin. Celui-ci est brutal, écrase le pepin, ce qu'il ne faut pas ; les pieds de l'homme sont souples, élastiques, ne compriment que le grain.

Le liquide obtenu du raisin, le moût, est vidé dans de vastes cuves et abandonné à la fermentation. Le cuvage fini, ce qui dure plus ou moins de jours, selon la nature, le degré de maturité du raisin, le temps qui règne, le caprice du propriétaire, le vin est fait et prêt à mettre en barriques. Un dégustateur exercé prononce sur le moment précis. Nous passons sur une foule de détails qui intéresseraient peut-être les vignerons des autres pays, mais ne seraient pas ici à leur place ; ils sont néanmoins d'une importance capitale, car sans cela pas de bon vin. Le moment des vendanges est pour les châteaux l'époque préférée des visites, des réceptions. Le soir, les voisins, les amis, les invités venus de loin se réunissent à table, où les dames font assaut de toilettes. On goûte longuement le vin des années précédentes, on parle de la vendange, des espérances ou des craintes qu'elle fait naître; on suppute quel sera le prix du vin. Après le dîner, c'est l'instant des sauteries; on danse très avant dans la soirée, et le lendemain on se lève tard pour aller voir les vendangeurs le long des règes, leur parler, les déranger; chaque jour on recommence ainsi la même vie jusqu'à ce que tout le raisin soit coupé.

Les précautions les plus minutieuses sont prises dans la culture de la vigne, non-seulement dans tout le Médoc, mais encore dans tout le Bordelais. On veille attentivement au choix des cépages, dont chaque variété est connue, a son histoire; on conduit le labour, la taille, l'égrappage, sur des principes depuis longtemps étudiés et vérifiés par l'expérience. Cela confine à la manie, mais cette manie est respectable, puisque c'est par elle qu'on arrive à produire de tels vins. Dans le pays de Sauterne, pour obtenir le château-yquem, on va jusqu'à attendre l'entière maturité du raisin, puis on trie les grains un à un, en séparant ceux qui sont gâtés ou trop secs, et l'on fait avec le choix de ceux qui restent ce qu'on nomme la *crème de tête*. Le vin de *queue*, qui vient ensuite, ne saurait être comparé au premier. C'est ainsi qu'on produit ce vin blanc qui joint à une limpidité et une couleur ambrée caractéristiques une douceur, une densité, un goût, un arome, qui lui sont également particuliers, et qui en font un vin sans rival, auquel on ne saurait même opposer le tokai de Hongrie et encore moins le johannisberg des bords du Rhin, au renom usurpé. C'est pourquoi on a payé jusqu'à 10 000 fr. le tonneau de château-yquem crème de tête. Cela met la bouteille prise au château à plus de 10 francs, et doit donner à réfléchir à ceux à qui l'on fait boire de ce vin pour un prix inférieur de moitié.

Le château-yquem à la couleur dorée est comparé par les amateurs à la topaze, les plus lyriques disent à des rayons de soleil mis en bouteilles ; par opposition, ils comparent le médoc à du rubis. Une couleur rouge pourpre, une transparence spéciale, un goût très-reconnaissable de tannin qui disparaît avec l'âge, une odeur de violette assez prononcée, sont particuliers au médoc. C'est le vin le moins alcoolique et le plus bienfaisant qu'on connaisse. On peut le boire impunément par grande quantité, sans eau. On n'en éprouve que du bien-être, les idées restent claires, la tête libre. Il ne laisse dans la bouche aucun arrière-goût, aucune odeur d'alcool; il est d'une digestion aisée. Il doit à son tannin, à son crénate, à son tartrate de fer réconfortant, intimement combinés dans la masse, des propriétés hygiéniques exceptionnelles qui le font recommander aux malades, aux convalescents, aux vieillards. C'est le vin tonique entre tous, qui guérit l'anémie, la chlorose, le scorbut, et qui rend des forces aux faibles. Le médoc est de la classe des vins que les chimistes, M. Bouchardat entre autres, appellent mixtes ou mieux parfaits, ni sucré, ni alcoolique, ni acide. Par la nature des substances qu'il contient, il participe de certaines eaux minérales et, comme elles, on peut dire qu'il est animé, vivant. Il jouit à un degré beaucoup plus certain que ces eaux de propriétés curatives; c'est le liquide minéralisé par excellence. Tous les médecins se sont hautement prononcés là-dessus à diverses reprises. Quoi de plus? Le mélange ou mieux la combinaison de tous les éléments qui constituent ce vin est si heureuse, si intime, les proportions de tous ces corps ont été si bien fixés par la nature, que le vin ne se dépouille presque pas et peut impunément vieillir au delà de tous les autres; nous savons que même il y gagne étonnamment en qualité. Seul le vin de Saint-Émilion recouvre la bouteille d'une robe intérieure comme les vins de Bourgogne et de Beaujolais, auxquels il est volontiers comparé.

Le croirait-on? le vin de Médoc a été très-longtemps méconnu en France. Il était depuis des siècles admis sur les tables étrangères, alors qu'on le dédaignait encore chez nous. C'est sans doute à cause de la faible quantité d'alcool qu'il contient qu'il a été si tard apprécié. Il ne renferme que 8 ou 9 pour 100 d'alcool, et le vin de Graves 12, quand le bourgogne en renferme 15, le champagne naturel 14, l'ermitage 16, le roussillon 18. Aussi le Bourguignon plaisante-t-il volontiers le Bordelais et fait-il fi de ses vins; il est vrai que celui-ci le lui rend bien. Depuis le douzième siècle, les Anglais connaissent et apprécient le médoc; c'est encore aujourd'hui en Angleterre que ce vin est le plus estimé, c'est là que vont une partie des plus grands crus; puis viennent la Belgique et la Hollande, qui s'y connaissent aussi bien que l'Angleterre, ont plus qu'elle encore le culte de leurs caves et y consacrent des sommes considérables. Telle cave particulière de Belgique renferme pour une valeur de 100 000 francs de vins. Avec quelle religion on le déguste, on le sert à l'hôte qu'on veut honorer, c'est ce dont témoignent tous ceux qui ont rendu visite à nos voisins. En France, il faut remonter au siècle dernier pour voir le vin de Médoc apparaître sur la table des grands et y tenir enfin la place que depuis il n'a cessé d'occuper. Ce n'est d'ailleurs qu'à partir de Louis XIV que le bourgogne commença d'être apprécié, et l'on sait que le champagne, si recherché aujourd'hui, est redevable de l'origine de sa fortune à l'invasion des alliés en 1815. Les uns font remonter au duc de Richelieu, le vainqueur de Mahon, les autres aux favorites de Louis XV, surtout la Pompadour, le mérite d'avoir mis le médoc à la mode. C'était un vin aimable, le mieux adapté pour tous leurs petits soupers. De là il passe à la table des seigneurs de la cour, ces singes du maître, et à celle des riches financiers, ces imitateurs des grands ; enfin tous les gourmets, les médecins eux-mêmes se mettent de la partie, et le médoc conquiert la place qu'il mérite. Que de temps il a fallu pour cela! Aujourd'hui encore, les meilleurs crus ne se consomment pas en France, à part quelques exceptions, mais en Angleterre, en Belgique, en Hollande, aux États-Unis, où on les paye souvent au delà de ce qu'ils valent. Une récolte est achetée en bloc, quelquefois sur pied, à tant le tonneau, il ne reste pas une bouteille pour nous. Il est même certains crus, dont le nom est ignoré en France, qui jouissent à l'étranger d'un renom justifié ; tel est aux États-Unis le château-pape-clément, petit cousin du haut-brion ; tel est encore le châteaudillon, un bon bourgeois des premières marques, et d'autres encore.

Celui qui parcourt le Médoc se demande à quelles propriétés mystérieuses ce petit coin de la Gironde doit de produire de pareils vins. Sans doute le choix des cépages, pour lesquels on est très-sévère, le mode de plantation et de culture adopté, les soins assidus que l'on donne à la vigne, entrent pour beaucoup dans la qualité du vin obtenu. Nous sommes dans le pays où l'hygiène de la vigne, où la viticulture et la vinification ont été le plus scrupuleusement étudiées, sont le mieux connues. Il faut aussi tenir grand compte de la nature minéralogique du sol et du sous-sol, caillouteux, siliceux, sablonneux, légèrement ferrugineux et calcaire, point argileux, de ce terrain de pierre à fusil qu'affectionne particulièrement la vigne. Quelques-uns de ces cailloux de silex, formés de cristal de roche, sont transparents, se taillent comme du diamant, ce qui faisait dire à Louis XV de l'un des grands de sa cour, un Ségur, propriétaire en Médoc et qui avait orné son habit de quelques-uns de ces boutons de strass : « Voilà l'homme le plus riche de mon royaume, il récolte du nectar et des diamants ». Cet autre, cité par un ampélographe distingué, M. Odard, avait cru bien faire d'enlever tous les cailloux de son vignoble. La terre se tassant, les pluies ne passaient plus ;

il fallut rapporter les cailloux par charretées. Pour expliquer toutes les qualités du vin de Médoc, il faut faire aussi la part du climat, très-tempéré, un peu humide, sujet au vent marin de l'ouest, à l'abri des gelées. C'est le climat moyen de la France, don la température annuelle est de 13 degrés, celui que M. Charles Martin a nommé le climat girondin. Le terrain est bien exposé, doucement incliné; la latitude astronomique est de 44 à 45 degrés, c'est la meilleure pour l'Europe, où la vigne pousse entre le 35ᵉ et le 50ᵉ parallèle; mais au delà du 48ᵉ, la température devient trop froide, on a des vins acides; en deçà du 32ᵉ, elle est trop chaude, on a le plus souvent des vins de liqueur, épais, alcooliques, très-sucrés. Peut-être enfin faut-il tenir compte du fleuve lui-même, dans lequel se mirent les vignobles, qui regardent ici la Gironde, comme ceux de l'Ermitage le Rhône, ceux du Beaujolais la Saône, ceux de Vouvray la Loire, ceux de Tokai la Theiss, et ceux du Rhin le grand fleuve germanique. C'est sans doute à toutes ces conditions réunies que le vin de Médoc en particulier et ceux de la Gironde en général doivent leurs propriétés exceptionnelles.

Aux États-Unis, dans les États de Missouri, d'Ohio, de Californie, on a planté des vignes sur des coteaux bien exposés, le long des rivières, on a essayé de faire du vin ; en Australie également. Ces vins, nous ne craignons pas de le dire, sont pour la plupart détestables, chargés d'alcool, ont une vilaine couleur, un mauvais goût, sont dangereux à boire. Il n'y a d'exception que pour quelques vins de liqueur qui rappellent à s'y méprendre les moscatelles de Corse et d'Italie, le xérès d'Espagne, le constance du Cap, ce cousin du fameux vin persan de Chiraz. Pourquoi cet insuccès partiel? Sans doute parce que toutes les conditions nécessaires ne sont pas à la fois remplies. Le climat, du moins aux États-Unis dans la région atlantique, est extrême, va du froid de Sibérie aux chaleurs du Sénégal; en outre, les soins méticuleux qu'en France et surtout dans le Médoc on apporte à la culture et à la vendange ne sont pas dans les habitudes des colons américains ou anglais. La vigne est cependant indigène dans l'Amérique du Nord, si bien que les premiers découvreurs normands ou scandinaves qui abordèrent dans la contrée quelques siècles avant Colomb, avaient, dit-on, appelé l'Amérique *Vinland*, le pays de la vigne. Quoi qu'il en soit, il n'en reste pas moins démontré que la France est le pays par excellence du vin, comme les États-Unis sont le pays du coton, Cuba celui du tabac, l'Arabie celui du café, et cependant la vigne a été importée en France par les Phéniciens et les Grecs d'abord, puis par les Romains ; elle n'y est pas indigène, pas plus que le coton ne l'est aux États-Unis, le tabac à la Havane, le café à Moka, où il fut transplanté d'Éthiopie. Sans aller jusqu'à préconiser, comme certains Bordelais, l'influence du vin sur la civilisation, on ne peut s'empêcher de reconnaître que c'est à la qualité exceptionnelle de leurs vins et à la consommation modérée, mais journalière qu'ils en font, que les Français doivent sans doute quelques-unes de leurs qualités aimables, l'esprit, la verve, la pétulance, la franchise, la sociabilité, la familiarité qui les distinguent et qui en font un peuple à part, changeant, quelquefois indisciplinable, mais qui plaît à tous.

L'habitant de Bordeaux a conscience de la valeur de son vin. Il le verse avec componction, doucement, s'assure de la transparence du liquide à travers le cristal, réchauffe le verre en l'entourant de sa main, puis fait tourner le liquide d'un mouvement giratoire de droite à gauche pour en développer le bouquet qu'il aspire à pleines narines, lève les yeux au ciel dans une sorte d'extase béate ; alors seulement il boit, sans se presser, à petites gorgées, et quelquefois, quand le liquide a passé, fait sonner la langue au palais. Si vous ne remplissez pas ces formalités voulues, vous êtes un barbare, indigne de goûter ce nectar ; allez vous désaltérer ailleurs. Lui, le Bordelais, est fou de son vin, en apprécie les merveilleux mérites par-dessus tout, et donne au liquide cher à Bacchus les qualités d'une personne vivante, animée. Il dit qu'il se présente bien, qu'il a une robe, du corps, de la franchise, du moelleux, de la séve, de la distinction, de la finesse; qu'il est léger, savoureux, délicat, suave, que sais-je encore? il épuise pour lui tout un vocabulaire. N'est-ce pas, comme l'annonce une inscription latine gravée à la porte d'un château médocain, le vin qu'on sert à la table des rois et à celle des dieux, *regum mensis arisque deorum?*

Le vin, mis en barriques ou en bouteilles, n'est pas d'ordinaire immédiatement livré au commerce. Il est entreposé dans des caves spacieuses, à Bordeaux. Celles de quelques négociants, tels que MM. Johnston ou Barton et Guestier, méritent d'être parcourues. C'est un dédale de galeries souterraines, où l'on descend par des escaliers ou un plan incliné creusé dans le roc, hautes, longues, s'enchevêtrant comme celles d'une mine, et où des bouteilles et des barriques sont entassées pour des valeurs de plusieurs millions de francs. Chaque galerie forme un département séparé, chaque catégorie de vin a son état civil où sont inscrits son nom et la date de sa naissance. Ici, quand on peut en avoir, sont les lafite, les margaux, les latour, les haut-brion; là, les mouton, les léoville, les giscours; plus loin, les château-yquem, les latour-blanche, les barsac: ou bien la file des barriques, chacune avec son inscription, où les bouteilles superposées, poussiéreuses, dont quelques-unes de la capacité de plusieurs litres, de véritables petites dames-jeannes, sont réservées à l'Angleterre. Les officiers britanniques, dans leurs *mess* où l'on sait boire, les font circuler à la ronde et les vident dans un seul repas.

Le courtier en vins est à Bordeaux l'intermédiaire obligé entre le viticulteur et le négociant. C'est un homme de confiance, rompu au métier difficile qu'il exerce. Il lui faut bon jarret, bon œil, bon estomac, un palais et un odorat spéciaux. Muni de son petit siphon et de sa petite tasse d'argent, il puise le vin au tonneau, le verse dans la coupe, en étudie la couleur, l'arome, comme le ferait un chimiste légal, puis le goûte en s'en gargarisant la bouche et le rejetant tout de suite; les novices seuls le boiraient. Le courtier prononce immédiatement sur la qualité et le prix du vin. Quelquefois, à la suite de cet examen préliminaire, il en indique l'âge et la provenance. La légende prétend qu'il est à Bordeaux des courtiers qui, sur ce point délicat, ne se trompent jamais; mais nous ne les avons pas rencontrés. La dégustation se fait le matin, et souvent tel courtier déguste ainsi jusqu'à vingt et trente qualités. Une amande, une noix, un peu de fromage, sont les adjuvants nécessaires de cette opération, qui ne tarde pas à devenir écœurante. Les courtiers sont faits de longue date à ces fonctions, qui exigent une pratique suivie. Ce sont eux qui expertisent et prononcent en dernier ressort sur la plupart des crus, sauf les premiers, qui sont souvent achetés d'avance, sur pied, par des consommateurs spéciaux.

Tout vin vendu à Bordeaux n'est pas pour cela du vin de Bordeaux. La plupart des gros vins du midi qui ne vont pas se faire manufacturer à Cette, gagnent la métropole de la Gironde. Le vin dit de Cahors, épais, lourd, violacé, alcoolique, se rend ainsi à Bordeaux, où on le dédouble, le bonifie, et, avec quelque drogue, lui donne le bouquet voulu. Ensuite on le met en bouteilles, en disposant celles-ci par caisses de douze, et on l'expédie avec une étiquette pompeuse vers les pays lointains, qui, religieusement, le reçoivent et le consomment. Le prix de revient de ces bouteilles est d'habitude au-dessous du prix moyen du vin de la récolte. Il est inutile de faire observer que ces habitudes sont préjudiciables au commerce girondin, et que les principaux négociants de Bordeaux ne se prêtent pas à ces manipulations qui ne sont rien moins qu'innocentes. Le menu bataillon des marchands de vin de la place, ceux qui font des affaires à tout prix, s'y adonnent volontiers, bien qu'ils s'en défendent, et ils appellent ce liquide, impudemment fabriqué « du vin de propriétaire ». Beaucoup de vins naturels de mauvaise qualité partent aussi de ce port; mais tant est propice pour eux l'effet de la mer, qu'ils s'améliorent sur l'Océan et arrivent à destination tout à fait buvables. On n'en saurait dire de même de ces produits factices que nous venons de signaler, dont une grande partie gagne les républiques hispano-américaines et les État-Unis. Le palais des *Yankees*, qui mâchent presque tous du tabac, n'est pas fait d'ailleurs pour goûter et apprécier le bon vin, bien qu'ils aient cette prétention. La Grande-Bretagne, la Hollande, la Belgique, nous l'avons vu, ne consomment généralement que des bordeaux de qualité supérieure. On peut même dire que les dégustateurs de ces pays, quelque étonnante que cette assertion paraisse, l'emportent sur les nôtres. Anciennement quelques-uns des vignerons du Médoc allaient eux-mêmes à Londres vendre leur récolte. Ils attendaient l'amateur en Tamise. Un de ces propriétaires voyageurs avait un jour fixé la somme à laquelle il voulait vendre son vin, pris en une fois. On marchande. Il vide un tonneau dans le fleuve, demande la même somme pour ce qui reste. Nouveau refus. Il vide encore un tonneau et maintient son chiffre. Il fallut bien à la fin que l'Anglais se soumît.

Les vignobles du Médoc couvrent une étendue qu'on peut estimer à 80 000 hectares en moyenne. On évalue à 8 barriques ou 2 tonneaux par hectare, en tout 60 000 tonneaux ou 540 000 hectolitres, la quantité de vin récolté annuellement en Médoc. Le dixième de ce chiffre peut être attribué aux crus classés, et le reste à peu près par moitié aux crus bourgeois et aux paysans. L'invasion du phylloxera a bouleversé en partie cette statistique.

En 1875, la récolte totale des vins de la Gironde a été de 5 280 000 hectolitres, ou dix fois ce que le Médoc seul produit moyennement. La valeur de la récolte était estimée sur place, dans l'ensemble, à 90 millions de francs, ce qui mettait le vin à moins de 20 centimes le litre. La récolte de la France entière a été pour cette même année 1875 de 84 millions d'hectolitres, plus que la France n'avait jamais produit. En 1876, la récolte est descendue à 42 millions, et celle de la Gironde à 2 millions, surtout par suite des ravages du phylloxera. En 1873, la récolte de la France n'avait été du reste que de 36 millions. La plus faible récolte du siècle correspond à l'année 1854, et n'a pas dépassé 11 millions, sous l'influence de l'oïdium. En 1868, un seul département, l'Hérault, aujourd'hui si rudement éprouvé, atteignait 15 millions.

Les principaux départements vinicoles sont par ordre d'importance, quant à la production, l'Hérault, la Charente-Inférieure, l'Aude, la Gironde, la Charente, l'Yonne, la Saône-et-Loire, la Loire-Inférieure, le Puy-de-Dôme, la Vienne, les Pyrénées-Orientales, la Côte-d'Or. La production de chacun de ces départements, en 1876, a varié de 6 millions et demi d'hectolitres à 1 million.

On a dit que l'exportation des vins de la Gironde était à peu près les deux cinquièmes de ce que produit ce département. Tous les autres ports français réunis n'exportent guère plus de vin que Bordeaux. Cette exportation est toujours allée en augmentant, et, pour cette dernière place, a plus que triplé depuis 1860. Le terrible fléau du phylloxera menace, si on ne l'arrête à temps, de déranger cet ordre de choses. Un autre élément de trouble contre le commerce de Bordeaux, ce sont les droits protecteurs très-élevés dont quelques pays, comme les États-Unis, frappent à l'entrée les vins de France. L'exportation de nos vins vers ce pays est restée stationnaire, a même sensiblement décru. C'est pourquoi la chambre de commerce de Bordeaux est si fermement attachée aux principes du libre échange et n'a cessé de faire des vœux pour que le nouveau traité que la France va signer avec l'Angleterre fixe l'abaissement des droits mis en Angleterre sur les vins français. Les

Anglais qui ne produisent pas de vin et en consomment, ne demandent pas mieux que d'abaisser les droits sur nos vins ; mais ils demandent en retour que nous abaissions les droits sur leurs fers. La demande semble équitable, bien qu'elle provoque à cette heure les réclamations de nos maîtres de forges, qui se déclarent opposés aux prétentions de l'Angleterre.

III

La Gironde, Arcachon, les Landes, le golfe de Gascogne.

Si l'on coupe la région médocaine suivant une ligne transversale allant de la mer à la Gironde, on rencontre au bord de l'Océan des dunes, derrière celles-ci des plaines de sable ou landes parsemées d'étangs, puis des bois disséminés, la région des vignobles, enfin, au bord du fleuve, des terres argileuses, basses, prairies, palus ou marécages. Les dunes, qui bordent l'Océan de l'embouchure de la Gironde à celle de l'Adour, forment, sur toute cette longueur, comme une digue, un barrage littoral, qu'on dirait tiré au cordeau. Derrière s'amassent les eaux de la mer ou les eaux douces, et ces sortes de bassins intérieurs sont ce qu'on nomme les étangs. L'étang d'Arcachon, ouvert sur l'Atlantique, l'étang de Cazau, au sud du premier et communiquant avec celui-ci par un canal fait de main d'homme, sont les plus importants. Les landes entourent les étangs, occupent en longueur la même étendue que les dunes et s'avancent fort loin dans l'intérieur ; elles ont donné leur nom à tout un département.

L'embouchure de la Gironde forme un véritable golfe sur l'Océan. Nous savons que le flot de la marée monte jusqu'à douze lieues au delà de Bordeaux, à Castets, au confluent du canal latéral avec la Garonne. Sur la Dordogne, il s'étend au delà de Libourne, qui reçoit des navires de mer. Le jusant, ou retour de la marée, balaye tout cet espace, et le volume des eaux marines est hors de comparaison avec celui des fluviales. C'est ainsi que semble se justifier le nom d'Entre-Deux-Mers que les Bordelais ont donné à la portion de terre terre comprise entre le confluent de la Garonne et de la Dordogne.

Embarquons-nous sur un de ces élégants bateaux à vapeur qui descendent la Garonne et la Gironde. Nous quittons d'abord le magnifique port en croissant de Bordeaux, puis nous saluons le Bec-d'Ambez, et là nous entrons, comme dit le marin, en Gironde. Pour un hydrographe, nous sommes toujours dans les mêmes eaux, et la Gironde n'est que le prolongement de la Garonne ; les étymologistes vont jusqu'à dire que les deux mots ont la même racine, et que le premier n'est que la corruption du second, *Garumna, Garunda.* Laissons-les discuter et avançons toujours. Le fleuve s'élargit considérablement ; sur la rive gauche sont les vignobles du Médoc, sur la droite les côtes de Bourg, également plantées de vignes. Il y a aussi dans toute cette région de belles carrières de pierres de taille, qui envoient leurs produits à Bordeaux. Un peu plus bas est Blaye, jadis une place forte des protestants et dont la citadelle reçut en 1832 la duchesse de Berry ; sur l'autre rive, en descendant encore, est Pauillac, qu'on peut nommer l'avant-port de Bordeaux ; c'est là que les grands steamers de la Compagnie des messageries maritimes complètent leurs chargements au départ ou s'allègent à l'arrivée ; c'est là que mouillent ceux d'un plus fort tonnage de la Compagnie transatlantique, pour laquelle Bordeaux n'est qu'un port d'attache et qui ne touchent qu'à Pauillac. Jusqu'ici le fleuve était semé d'ilots sur son milieu, à présent on n'aperçoit plus les deux rives à la fois et l'on est véritablement en mer. Il faut veiller assidûment pour éviter les abordages, encore assez fréquents, puisqu'en décembre 1875 une collision terrible a eu lieu la nuit dans ces parages entre deux paquebots à vapeur, l'un des Messageries maritimes, l'autre de la Compagnie transatlantique.

A l'embouchure de la Gironde est Royan, sur la rive droite, Royan qui a donné son nom à une variété de sardines recherchée des gourmets, et qui est non moins connue maintenant par ses bains de mer, qui en ont fait comme une ville nouvelle. En été, c'est le rendez-vous des riches oisifs des Charentes et de la Gironde. La plage où la mer, avec le reflux, dépose une partie de ses habitants, poissons, mollusques ou rayonnés, est chère au naturaliste. Le phare élevé et grandiose de Cordouan se dresse sur un écueil au milieu des flots, et divise nettement sur l'Océan l'une et l'autre passe par où les navires peuvent entrer en Gironde. Ces passes, qui ont jusqu'à 25 mètres de profondeur, font de ces embouchures une des plus remarquables des fleuves d'Europe. Il faut aller jusqu'en Amérique pour en trouver de plus profondes. Le courant marin laboure la partie droite du golfe de Gironde, dont d'anciens villages ont ainsi disparu peu à peu ; sur la rive gauche se dessine ce qu'on nomme la pointe de Graves. Le chenal navigable est indiqué par des phares, des balises, des bouées, et l'entrée du fleuve est assurée en tout temps et accessible aux plus forts navires.

C'est à la pointe de Graves que commencent les

dunes. Derrière elles viennent les landes et bientôt la chaîne des étangs ; l'étang d'Hourtin, celui de la Canau, qui communique avec l'étang d'Arcachon, celui-ci avec l'étang de Cazau, auquel pareillement se lient les étangs de Parentis et d'Aureilhan. Ceux-ci sont dans le département des Landes, et suivis d'autres étangs indépendants les uns des autres, jusque vers l'embouchure de l'Adour.

De tous ces étangs, celui d'Arcachon est le plus connu, a été le mieux utilisé. C'est le seul qui communique directement avec l'Océan. Il présente sur les flots une passe étroite, souvent dangereuse. Naguère on ne voulait rien moins que faire de cet étang le grand port de Bordeaux, une sorte de port fermé, comme quelques-uns entendent faire pour Marseille de l'étang de Berre. L'un des projets ne réussira pas plus que l'autre, car les villes, les ports de mer ne se déplacent pas, ne se remplacent pas ainsi au gré des caprices d'un cartographe. Ce qu'il fallait faire à Arcachon, on l'a fait ; ce qui reste à faire, améliorer la passe, préserver entièrement la ville des envahissements de la mer, on le fera. On a fait d'Arcachon, par suite du voisinage de l'Océan, par la pêche à vapeur et l'ostréiculture, une fabrique d'aliments marins ; on en a fait, tirant parti d'un climat exceptionnellement uniforme et doux, une station balnéaire pour l'été et une ville d'hiver pour les débiles et les convalescents. Là où le terrain sableux ne valait absolument rien, il vaut aujourd'hui aussi cher qu'à Bordeaux. La mode a adopté cette localité. Tous les riches Bordelais, une partie des riches Parisiens, même des Espagnols, s'y rendent, et ni Royan dans la Charente-Inférieure, ni Biarritz dans les Basses-Pyrénées, n'arriveront à faire oublier Arcachon.

Comme ville d'hiver Arcachon le dispute également à Pau ; l'air y est aussi calme, la température aussi douce, et de plus l'atmosphère est imprégnée des émanations balsamiques des pins, si favorables aux poitrinaires. On rencontre à Arcachon l'hiver presque autant d'Anglais et d'Américains qu'à Pau. La vie y est alors paisible ; mais en été c'est une place animée, bruyante, joyeuse. Le Bordelais s'y rend avec toute sa famille, et chacun entend y passer au moins le dimanche, car l'endroit n'est distant, en chemin de fer, que d'une heure à peine de la métropole de la Gironde. Le long d'avenues bien tracées s'étendent de gracieuses villas, entourées d'arbres. Chacun s'est fait construire un chalet à sa guise, selon son caprice. Tous les styles y sont, depuis le corinthien jusqu'au moresque et au chinois. On dirait une de ces jolies villes américaines, élégante, capricieuse, proprette, comme on en voit tant aux

États-Unis. Le modeste conducteur des ponts et chaussées qui, pour un morceau de pain, acheta il y a trente ans toute cette région des landes, y est devenu plusieurs fois millionnaire.

La plage est basse, sableuse, doucement inclinée, sans danger pour le nageur. Çà et là sur l'étang sont des bas-fonds où l'on a établi des parcs d'huîtres. Celles-ci sont en partie expédiées directement à Bordeaux, à Paris, en partie envoyées dans les parcs de Marennes, près Rochefort, où elles deviennent, à la suite d'une évolution curieuse, due à ce milieu nouveau, les huîtres vertes si vantées. Aux Sables-d'Olonne, à l'île de Ré, à l'île d'Oléron, on cultive l'huître comme à Marennes, mais non plus la variété verte. Les gourmets de Rome connaissaient celle-ci, et l'un d'eux, Ausone, l'a célébrée, dans une lettre à son ami Paulus, à l'égal du vin de sa chère Burdigala :

Non laudata minus nostri quam gloria vini.

Ce n'est pas tout. Les bateaux-pêcheurs, franchissant la passe de l'étang, vont au large et rentrent chargés de poisson. La maison Johnston de Bordeaux a fait même construire en Angleterre quatre navires à vapeur pour la grande pêche, et elle expédie chaque jour ses récoltes sous-marines sur toute la France. Les pêcheurs, ancrés sur l'étang, débarquent le poisson dans des corbeilles que des rameurs apportent à la plage. Des femmes le séparent : ici les raies, les anguilles, les soles, les pageaux ou les merlus ; plus loin les maquereaux, les turbots, les barbues, les grondins, les rougets. On met tout cela à part dans des paniers que l'on pèse et qui portent sur une carte le nom d'une marchande de Toulouse, de Nîmes, de Tours, de Paris et même de Marseille ou de Madrid. Les wagons du chemin de fer, qui s'avancent jusqu'au port du débarquement, emportent tous ces colis rapidement aux plus lointaines distances. N'est-ce pas là la meilleure manière de tirer profit de l'étang d'Arcachon, et n'est-il pas ainsi devenu, comme nous le disions tout à l'heure, une véritable fabrique d'aliments de mer? Pour les huîtres seules, on calcule qu'en 1875-76 tous les parcs réunis ont produit 200 millions de ces mollusques ayant une valeur de 4 millions de francs, ce qui met à 2 francs le cent d'huîtres pris sur place.

Le pays d'Arcachon n'est pas seulement fertile par ses pêcheries, ses parcs d'huîtres ; il est parsemé de bois de pins qui ont d'abord servi à fixer les dunes et à arrêter leur marche envahissante, ainsi que le démontra victorieusement au siècle dernier l'ingénieur Brémontier, dont le nom est répété ici comme celui d'un bienfaiteur. Ces bois de pin maritime sont ceux dont les émanations résineuses soulagent si aisément les malades qu'on envoie l'hiver à Arcachon ; mais comme ils n'avaient pas été précisément plantés pour eux, l'industrie s'est aussi emparée de ces bois. Par des incisions habilement faites, on amène la sève au dehors ; on recueille, dans de petits pots attachés à l'arbre, la résine qui suinte de la blessure, puis on distille cette résine pour obtenir l'essence de térébenthine et le goudron, la colophane et le noir de fumée. Lors de la guerre de sécession américaine, quand l'essence de térébenthine n'arrivait plus des États-Unis, tous les résiniers d'Arcachon ont fait fortune. Rien, du reste, ne se perd. Le bois de pin lui-même, quand il est épuisé par les saignées, est abattu. On en fait des traverses très-estimées pour les chemins de fer, des poteaux de soutènement pour les galeries de mines, lesquels s'exportent en Angleterre, des poteaux télégraphiques, des échalas pour les vignes, des planches, et avec les brindilles, les branchages, des fascines pour les fours de boulanger, de chaufournier et de briquetier. On en retire aussi un excellent charbon de bois. Le bois de pin doit à la résine qu'il renferme de pouvoir résister longtemps aux intempéries et de se conserver très-bien. C'est un excellent bois de charpente ; injecté d'un sel de cuivre et de fer, ou de créosote, ou bien encore carbonisé, flambé à la surface, il peut même durer éternellement.

C'est par ses racines, qu'il étend de tous côtés dans les sables, que le pin fixe les dunes. Comment celles-ci se forment-elles ? Le phénomène est le même partout. Le vent dominant de ces régions souffle de la mer, de l'ouest ; il soulève le sable du rivage. Chaque grain monte séparément, doucement, le long du cordon littoral, du petit monticule sableux déjà formé. Porté par le vent, il s'élève le long de ce petit plan incliné et tombe de l'autre côté qui est presque à pic. Cela dure de toute éternité et explique à la fois la formation des dunes et leur marche progressive. Elles s'avancent peu à peu, ont englouti insensiblement des villages tout entiers. Brémontier, en conseillant des plantations de pins, a mis un terme à une invasion toujours plus menaçante. Quand le vent souffle avec violence, le sable tourbillonne, est projeté au loin ; de là ces plaines sablonneuses, ces landes, qui s'étendent derrière les dunes, et dont l'horizon ne fixe pas même les limites. C'est là, sur ces sables mouvants coupés de flaques d'eau, que se promène toute l'année le berger monté sur des échasses, avec lesquelles il marche, il court, mieux et plus vite qu'avec ses jambes. Appuyé sur son long bâton, qui lui sert aussi de balancier, il se repose. Pour se distraire, il tricote, même en marchant. Jamais il ne perd de vue son maigre troupeau. De loin en loin, une cabute, un bois de pin, puis plus rien, le désert, toujours le désert. La culture du pin a seule vivifié ces régions, et c'est ainsi que ce conifère est devenu à la fois une défense contre l'envahissement périlleux des dunes, un objet de culture industrielle, et, comme on l'a dit plus haut, un mode de traitement et même de guérison pour certaines maladies. Quelques domaines autour de l'étang d'Arcachon, entre autres celui d'Arès, fondé par feu M. Léopold Javal, doivent à une exploitation intelligente du pin la meilleure partie de leur prospérité.

Les landes finissent à l'Adour. Sur ce fleuve, vers l'embouchure, est Bayonne, un port jadis plus fréquenté. Les Basques, marins audacieux, partaient de là pour la pêche de la baleine et de la morue. Ils découvrirent l'Amérique avec Colomb, touchèrent les premiers à Terre-Neuve et à la Nouvelle-Écosse, où est la terre appelée par eux le Cap-Breton, en souvenir d'un mouillage du même nom au nord de Bayonne. Ces Basques sont contemporains des Dieppois qui naviguaient vers d'autres parages, vers la Guinée, et ils n'ont été précédés en Amérique que par les Normands ; mais ceux-ci ont fait des excursions qui sont restées quelque peu mythologiques, et non pas les

Basques. Aujourd'hui les Basques ont en partie renoncé à la mer, où leurs aïeux se couvrirent de tant de gloire. Ils émigrent pour aller chercher fortune au loin, et les navires du port de Bordeaux en emmènent ainsi jusqu'à 10 000 chaque année, qui vont s'établir principalement dans l'Amérique du Sud, à Buenos-Ayres, à Montevideo. Les Basques de France, comme leurs cousins d'Espagne, ceux de Biscaye et de Navarre, sont réfractaires à la conscription, et en ce sens leur émigration doit être empêchée par l'État, qui aujourd'hui plus que jamais a besoin que tous ses enfants se plient au service militaire.

A un autre point de vue et dussent quelques-uns des villages pyrénéens en être entièrement dépeuplés, il ne faut pas regretter cet exode. N'oublions pas que cette émigration des Basques a contribué grandement à la fortune de la place de Bordeaux. Ce sont eux qui consomment ce vin que le port de la Gironde envoie en quantité si considérable vers l'Uruguay et La Plata. En retour, La Plata et l'Uruguay expédient des laines, des peaux de mouton, des cuirs de bœuf, toute la production des pampas. Ces articles, comme valeur, tiennent avec les bois le premier rang dans le commerce d'importation de Bordeaux, et interviennent à eux deux pour une somme qui dépasse 40 millions. Voici maintenant que vont arriver aussi les viandes fraîches des pampas, conservées par les moyens frigorifiques que l'on expérimente depuis quelque temps. Il s'établit ainsi un courant commercial incessant, des plus avantageux, comme celui que les Chinois hors de la Chine ont fait naître avec la Californie ou l'Australie. N'oublions pas d'ailleurs que les Basques, comme les Chinois, n'émigrent pas sans esprit de retour. Ils n'emportent pas, comme les pauvres Irlandais, leur patrie à la semelle de leurs bottes. Quand ils ont fait fortune, ils reviennent s'établir au pays natal, ils y achètent une propriété. Là, sous le nom populaire d'Indiens ou d'Américains, sous lequel on se plaît à les désigner comme leurs congénères d'Espagne, ils dépensent généreusement les écus qu'ils ont amassés au loin.

On peut dire que Bordeaux règne sur tout le golfe de Gascogne comme Marseille sur le golfe de Lyon ; c'est la métropole commerciale et maritime de ces parages, et même de toute la partie de l'Océan-Atlantique qui baigne les côtes de France. De Brest à Bayonne, aucun port de mer, fût-ce Nantes, ne saurait être comparé à Bordeaux ; c'est le grand marché de la France sur l'Atlantique comme Marseille sur la Méditerranée. Toutefois, plus encore que celui de Marseille, le port de Bordeaux appelle toute la sollicitude des particuliers et du gouvernement. Il est bon certainement d'avoir pour la réparation des navires des cales d'échouage et de halage, un gril de carénage, un bassin de radoub, et, en pleine rivière, pour l'ancrage des plus gros navires, une fosse de 20 hectares où la profondeur d'eau est de 6 mètres; mais tout cela ne suffit pas. Malheureusement le Bordelais, comme le Marseillais, aime à s'endormir dans la quiétude, ne se préoccupe pas assez de ce que font ses concurrents étrangers. Il voyage peu, moins encore que le Marseillais, qui a gardé quelque chose de la mobilité des Phocéens ses ancêtres; il ignore presque tout ce qui se fait hors de chez lui, il est rivé au pays natal. Ses portefaix, ses coureurs de quais pour le chargement et déchargement des navires, lui paraissent le comble du progrès. Il admire le long de ses quais ses grues, ses machines à mâter, et il ne sait pas qu'il y a mieux. Certains de nos négociants ne veulent point qu'on leur parle de la concurrence qui toujours davantage nous menace du côté de l'étranger. Nos ports faiblissent, c'est possible, mais il ne faut pas le dire trop haut. Braves gens, vous nous rappelez l'autruche qui cache, d'après la légende, sa tête sous ses ailes à l'approche du péril, et qui croit y échapper pour ne pas le voir. Le péril, il faut le regarder en face, l'affronter, le conjurer.

Le Bordelais ne se doute pas peut-être qu'à

Liverpool, à New-York, à Chicago, on peut charger et décharger un navire en vingt-quatre heures par des moyens mécaniques puissants et ingénieux. Il ignore sans doute qu'à Amsterdam un canal direct vient d'être établi pour communiquer par le plus court chemin avec la mer du Nord, qu'à Anvers on a créé, on crée tous les jours des bassins à flot intérieurs au moyen de l'Escaut, des bassins où entrent et circulent les navires du plus fort tonnage. A Bordeaux, on s'est enfin décidé à établir à Bacalan un de ces bassins. Le projet en a été fait sur le papier, préparé même sur le terrain, déclaré d'utilité publique dès 1867. Ce bassin à flot aura dix hectares de superficie et une profondeur d'eau de 7 à 9 mètres suivant la marée. L'entrée sera composée de deux écluses, l'une pour les grands paquebots à roues, l'autre pour les vapeurs à hélice et les navires à voiles; elles seront précédées d'un avant-bassin. Les quais présenteront un développement linéaire de 1800 mètres et ils pourront être accostés par 76 navires du plus fort tonnage. Les paquebots de la Compagnie des messageries, ceux de la Compagnie transatlantique, les plus grands clippers, mouilleront là. Autour du bassin s'élèveront les docks, les entrepôts. Sur un des côtés on construira aussi une forme de radoub pour la réparation des plus gros navires. La **chambre de com-**

merce de Bordeaux a fait les avances des frais de tous ces grands travaux, estimés à 14 millions et demi. Elle a eu recours pour cela à un emprunt spécial avec garantie, comme Marseille l'a fait maintes fois dans des circonstances analogues. Il ne faut pas toujours chercher où est l'État, se mettre absolument sous sa tutelle, lui demander appui et argent. Il faut déployer un peu plus de cet esprit d'initiative dont les Anglo-Saxons et les Américains nous donnent si brillamment et tous les jours l'exemple. Il faut surtout s'accoutumer à mener ses affaires soi-même, et savoir avancer à propos un capital qui produira de gros intérêts pour tous. A ce propos, le creusement du bassin à flot de Bacalan mérite d'être porté à l'actif de la chambre de commerce de Bordeaux, tout en reconnaissant qu'il fait le plus grand honneur à l'habile ingénieur qui l'a conçu et le mène à bien.

De Bordeaux à Cette, la communication intérieure existe hydrauliquement et par le rail ; mais le canal latéral à la Garonne, qui relie Toulouse à Castets et de là à Bordeaux, et le canal du Languedoc, qui fait communiquer Toulouse avec Cette, et de là avec le Rhône par le canal des Étangs et celui d'Aigues-Mortes à Beaucaire, le canal latéral et celui du Languedoc sont aux mains de la Compagnie du chemin de fer du Midi.

Ainsi dominé, le canal n'est plus le correcteur naturel du railway, le modérateur normal de ses tarifs, comme il devait l'être ; c'est la voie lige dont on peut arrêter à volonté le trafic. Arrêter ce trafic, c'est léser la nation, car si le canal peut transporter à moitié prix du chemin de fer, il peut par conséquent porter la marchandise deux fois plus loin pour le même prix que le rail. Aussi quelques bons esprits rêvent-ils la construction d'un canal à grande section, voire un canal maritime entre Cette et Bordeaux, pour donner plus de vie à ces contrées et en même temps éviter le passage par le détroit de Gibraltar. Les marins iraient ainsi de la Méditerranée dans l'Atlantique, et réciproquement, en traversant la France. On ne saurait taxer ce projet de folie, notre époque en a vu et en verra s'exécuter bien d'autres.

Sans vouloir aborder ici les conditions techniques et économiques d'une aussi gigantesque entreprise, que dire encore des autres rivières, la Dordogne, le Lot, que l'État laisse dans un déplorable abandon ? Que dire de tous ces canaux qu'on pourrait ouvrir dans les Landes, au pied des Pyrénées, et dont M. Krantz, dans ses rapports à l'Assemblée nationale en 1873 et 1874, traçait un si remarquable projet ? En donnant une activité nouvelle à toutes ces régions, en y développant étonnamment l'agriculture et l'industrie, ces canaux seraient encore profitables à la place de Bordeaux, vers laquelle ils amèneraient un surcroît de fret; mais l'État semble ignorer l'existence de ces projets, ou du moins s'en préoccupe fort peu.

La canalisation du Lot, de la Dordogne, est une de ces grandes questions qu'il faudrait reprendre des premières. Nous avons, dans l'Aveyron, un des plus riches bassins houillers de la France, une véritable montagne de charbon, d'où l'on peut extraire annuellement un million de tonnes. Nous y avons aussi des forges, qui sont parmi les plus importantes : celles d'Aubin, de Decazeville, dont il suffit de citer le nom. Que le Lot, dont on s'occupe d'aménager les eaux depuis le XIIIe siècle, soit enfin entièrement approfondi, canalisé, car pour cela il ne reste que quelques travaux à finir, avec une dépense qui n'excédera pas 2 millions; alors le charbon et le fer de Decazeville pourront aller utilement jusqu'à Bordeaux, non-seulement pour y faire concurrence aux houilles et aux fontes anglaises et permettre aux fabrications industrielles de prendre enfin tout leur essor, mais encore pour y fournir un lest précieux et même une marchandise d'exportation aux navires qui quittent ce port. D'autre part, les forges aveyronnaises recevront à moindre prix le riche minérai de fer qu'elles vont chercher jusqu'en Espagne, à Bilbao, où sont des gîtes inépuisables, un minerai de magnifique qualité. Elles recevront aussi les minerais du Périgord, non moins utiles, bien que d'un rendement inférieur, les bois de charpente et de soutènement, les goudrons, les brais, dont elles ont besoin pour l'agglomération des charbons menus, sans parler d'une foule d'autres produits. De là naîtra tout un courant industriel et commercial qui profitera à toutes ces régions et principalement à la place de Bordeaux, qui verra croître par centaines de mille tonnes et son importation et son exportation, et diminuer en même temps les prix de transport par voie ferrée. En 1875, l'ingénieur en chef des ponts et chaussées, chargé du service de la navigation du Lot, écrivait à un député de ces régions, le regretté M. A. Desseilligny : « L'influence des améliorations que nous avons obtenues sur le Lot entre Cahors et la Garonne, dans ces dernières années, s'est déjà fait heureusement sentir ; car, voyant que la voie navigable absorbait tous les transports de vins, la Compagnie d'Orléans s'est décidée à réduire ses tarifs dans une forte proportion, et à mettre à la disposition du commerce de Bordeaux une gare couverte, où les vins peuvent séjourner pendant un mois sans payer de droit de camionage ». Les idées que nous défendons ne datent pas d'aujourd'hui. Dès 1679, un ministre à qui rien n'échappait de ce qui pouvait faire le bien de la France, Colbert, adressait cette recommandation à l'intendant de Guienne : « Dans tous les voyages que vous faites, appliquez-vous particulièrement à tout ce qui peut conserver et augmenter la navigation du Lot ». Tout ce qui contribue en effet à diminuer les frais de transport, par cela même contribue à diminuer les distances ; or un homme politique anglais a dit justement : « Après l'invention de l'écriture et de l'imprimerie, je n'en connais pas qui ait fait progresser davantage l'humanité que celles qui ont pour but de raccourcir, de supprimer les distances ».

Pourquoi ne pas faire naître tous ces nouveaux courants vers Bordeaux, pourquoi différer, pourquoi si longtemps attendre ? L'argent de l'État, des départements, des communes, ne saurait être mieux employé. Seraient-ce nos ingénieurs qui hésitent ? L'administration des mines, il y a quelques années, se plaisait à dresser des cartes où elle indiquait aux yeux, par des lignes et des couleurs appropriées, la concurrence que les houilles britanniques viennent faire aux nôtres jusque sur nos rivages, et à l'intérieur du pays, le long de nos fleuves navigables. C'est démontrer nettement le danger et le moyen d'y parer. Si les cartes de l'administration des mines s'arrêtent à 1858, c'est qu'elle n'a jamais été pressée de communiquer ses documents au public, ni surtout de les faire paraître à temps ; mais on peut être sûr que le danger existe toujours du côté des houilles anglaises, si même il n'a pas augmenté. Nos ingénieurs hydrauliques et maritimes, sans mettre plus d'empressement que leurs « camarades » des mines dans leurs publications, sont peut-être plus qu'eux indécis sur ce qu'il y a à faire pour parer au mal qu'on vient de signaler, et, ici, sans vouloir déprécier leurs hautes connaissances, on peut dire qu'elles sont sans doute, dans la pratique, insuffisantes sur quelques points, et qu'ils sont rarement disposés à proposer des améliorations dont ils ne sont pas les inventeurs. L'ingénieur en chef des ateliers maritimes de la maison Elder de Glascow, laquelle a construit les vapeurs de pêche d'Arcachon, et où l'on voit souvent en chantier une série de navires mesurant ensemble jusqu'à une capacité de 30 000 tonneaux, disait un jour : « Les ingénieurs du gouvernement français sont plus savants que nous ; mais ce sont des théoriciens, ils n'ont pas notre pratique, et ils acceptent difficilement les modifications auxquelles nous arrivons par l'expérience de chaque jour ». L'Anglais avait raison et aurait pu étendre ses critiques. Les améliorations introduites depuis peu dans nos chemins de fer sous le rapport de la vitesse des trains, de la commodité des voyageurs, existent depuis fort longtemps aux États-Unis, en Angleterre, en Allemagne, en Suisse, et l'on croit que leur application chez nous est le résultat de découvertes françaises !

Que de choses n'y aurait-il pas encore à dire se rattachant à la place de Bordeaux ! L'État n'est pas le seul coupable, et il ne faut pas l'accuser de tous les maux, les citoyens y ont leur part. La lutte avec l'étranger est malaisée, à qui la faute ? L'importance et l'utilité des docks, qui sont indispensables au commerce et le complément de la navigation à vapeur, sont encore mis en doute par la majorité des Bordelais. Même dans la chambre de commerce de Bordeaux, il existe en cette matière des incrédules. Très-peu d'entre eux ont visité Londres, Liverpool, parcouru les immenses docks de la Mersey ou de la Tamise, et lorsqu'on leur dit que dans ces ports un steamer de 500 tonneaux peut être déchargé et chargé en moins d'un jour, ils ne veulent pas y croire et citent avec satisfaction ce qui se fait chez eux.

Telle est la situation pour Bordeaux. Elle appelle, autant qu'à Marseille, une attention vigilante, une réaction vigoureuse, et l'on aurait tort, dans la métropole girondine, de s'endormir dans un repos trompeur. Ici, de nouveau, il faut lutter pour vivre, il faut veiller à ce que fait le voisin, l'étranger, sinon un jour le péril pourrait être des plus graves et même mortel, alors qu'il ne serait plus temps d'aviser. Il ne faut pas que Bordeaux se contente d'exporter ses vins, il faut que cette ville s'étudie de plus en plus à devenir une grande place d'entrepôt, desservant une partie du marché français et espagnol, et en même temps une grande place industrielle, mettant en œuvre les matières premières indigènes et celles qui viennent de l'étranger. A ce prix seulement, l'avenir peut être entièrement assuré et digne du passé de Bordeaux.

CHAPITRE III

NANTES ET LE BASSIN DE LA LOIRE.

I

Le port de Nantes.

Quand César conquit la Gaule, une tribu d'Armoricains, les Nannètes, occupait les bords de la Loire, à quinze lieues environ de l'embouchure. Établis sur la rive droite du fleuve et sur les îles qui en divisent le lit, au point où deux rivières navigables, l'Erdre, qui vient du nord, la Sèvre, qui descend du sud, portent à la Loire le tribut de leurs eaux, les Nannètes, à la fois marchands et marins, ne pouvaient choisir un meilleur emplacement pour y fonder un comptoir stable et prospère. Ils devaient joindre à leur trafic le commerce des métaux, car l'étain et la poudre d'or s'exploitaient en Gaule, dès la plus haute antiquité, dans diverses localités de l'Armorique, voisines de la

Loire. La population des Vénètes se livrait surtout à ce travail. Au sud du fleuve, les Pictons et les Lémovikes fouillaient aussi des gîtes qui semblent n'être que le prolongement des premiers. On a repris de nos jours ces mines, au moins pour l'étain, et en maints endroits l'on a retrouvé à la surface les débris de nombreuses excavations datant de ces temps si reculés.

La poudre d'or servait à tous ces peuples de monnaie, d'instrument d'échange, et c'est l'usage qu'en font encore les nègres de la Guinée et de l'Afrique centrale, qui exploitent aussi leurs placers. L'étain, est-il besoin de le dire, on le vendait aux commerçants de Tyr ou de Carthage, et ceux-ci, en alliant l'étain avec le cuivre, confectionnaient le bronze, d'un emploi si répandu pendant toute la primitive antiquité, où il remplaçait à la fois la fonte, le fer et l'acier, que les hommes n'avaient pas encore découverts. Phéniciens et Carthaginois, Étrusques, Grecs et Massaliètes, venaient hardiment, par les portes d'Hercule, aborder jusqu'en ces parages éloignés. Peut-être même que les Cassitérides, les îles de l'étain, dont les anciens géographes, Strabon entre autres, ont si souvent parlé, et dont les modernes ont tant de peine à marquer le véritable emplacement, étaient les îles qui gisent sur l'Océan de part et d'autre de l'embouchure de la Loire, surtout Belle-Ile, toujours rattachée à Nantes. Dans tous les cas, ce n'étaient point certainement les iles Scilly des Anglais, celles que nous nommons les Sorlingues. Situées à la pointe de la Cornouaille britannique sans cesse battue par les vagues, les marins et les pêcheurs, même aujourd'hui, ne les abordent qu'avec les plus grands dangers, tandis que Belle-Ile présente un des atterrissages les plus sûrs. Les navires ont la coutume, avant d'entrer en Loire, d'y jeter l'ancre pour attendre les ordres de l'armateur. Devant Belle-Ile est Penestin, en breton la pointe ou le cap de l'étain ; c'est là vraisemblablement que les Nannètes et les Vénètes, montés sur leurs barques de cuir, venaient entreposer l'étain, livré ensuite aux marins de la Méditerranée. Celui de la Cornouailles anglaise, on n'avait pas besoin de le porter aux Scilly, car la Cornouailles offre assez de ports et de mouillages sûrs, ceux qu'on nomme aujourd'hui Penzance, Saint-Yves, dans le voisinage même des mines d'étain.

Le commerce de l'étain et de l'or, qui faisait dans l'antiquité autant de petites Amériques de toutes les contrées où se retrouvaient ces deux métaux, ne cessa point pour les Nannètes avec l'occupation romaine, et le port qu'ils avaient assis sur la Loire continua d'être fréquenté. Cependant ce fut de préférence par l'intérieur de la Gaule, au moyen des routes et des fleuves que les Romains entretenaient avec soin, que l'exportation de l'or et de l'étain se fît désormais. Les deux métaux venaient s'embarquer à Marseille, et de là gagnaient Rome et l'Italie. Ce commerce de transit fut arrêté par l'invasion germanique, et la place de Nantes cessa un moment de prospérer. Elle fut pillée, occupée même par les Normands, mais ne tarda pas à se relever, et devint, comme la plupart des cités commerciales du moyen âge, une sorte de commune indépendante, dont les ducs de Bretagne respectèrent les franchises. Quand la Bretagne fut réunie à la France, Nantes ne perdit rien non plus de ses priviléges, et se trouva, on peut le dire, au premier rang pour l'exploitation des richesses de l'Inde et du Nouveau-Monde.

Au siècle dernier, Nantes était peut-être le port de commerce français qui avait le plus de relations avec la mer des Antilles et l'Océan-Indien. Nons possédions alors Saint-Domingue, l'Ile-de-France, les Seychelles; nous contre-balancions dans l'Inde l'influence anglaise. De tout cela que nous reste-t-il ? Nantes principalement alimentait toutes nos colonies de noirs. Ses négociants se livraient « au commerce de l'ébène, » comme on disait alors par euphémisme, et gagnaient de grosses sommes à ce trafic que nous réputons aujourd'hui comme peu honorable. On allait acheter les malheureux esclaves sur la côte de Guinée, ou plutôt on les échangeait contre des liqueurs frelatées, de vieux fusils, des munitions, des toiles de couleur grossières ; on les empilait par centaines dans des navires mal aménagés, mal ventilés, on les introduisait aux Antilles ou dans les établissements de la mer des Indes. Il en mourait beaucoup en route, mais les survivants suffisaient pour assurer à ce commerce, qui se faisait partout librement, sous l'égide du pouvoir royal, des bénéfices considérables. Puis les navires rentraient en Loire, apportant à Nantes la cassonade, la mélasse, le rhum, la cannelle, le girofle, le café, que l'armateur entreposait dans ses magasins et déversait de là sur toute la France. C'était une époque de prospérité générale, dont les vieux Nantais ont transmis à leurs fils la tradition devenue légendaire. C'est alors que le commerce de la place a réalisé ses plus beaux profits. Comme les pierres elles-mêmes parlent, il reste de cette époque fortunée, sur les quais de Nantes, des maisons somptueuses, ornées de balcons de fer délicatement ouvragés et d'élégantes cariatides. Ces riches demeures témoigneraient encore de l'éclat du passé, si les hommes en avaient perdu le souvenir.

C'est le long du quai de la Fosse, qui a été longtemps un lieu de promenade préféré, ou bien sur le bord des îles Feydeau et Gloriette, que se profilent les magnifiques résidences des anciens armateurs nantais. La plupart sont d'une heureuse architecture, et les constructeurs du siècle passé, qui les ont dessinées et édifiées, ont prouvé qu'ils savaient aussi bien tenir la règle et le pinceau que le niveau et le fil à plomb. Aujourd'hui ces demeures ont, presque toutes, perdu leurs habitants accoutumés, et ont été affectées à d'autres usages. La cour intérieure est déserte, veuve de marchandises, et les magasins profonds, aux voûtes en pierres de taille, où s'entassaient les denrées coloniales de l'un et l'autre hémisphères, sont pour jamais fermés à ces produits. Le commerce a changé d'allures, se fait autrement. La ville s'est étendue, ouverte aux larges percées ; la maladie des maisons neuves a régné ici comme ailleurs. C'est le cours naturel des choses, et il n'y a pas à s'y opposer ni trop à s'en plaindre.

Les quais de Nantes profilent surtout leur longue ligne de maisons monumentales sur la rive droite du bras principal de la Loire, où ils s'étendent sur une longueur de 2 kilomètres 1/2. Ils sont moins larges et moins longs que les quais de Bordeaux, auxquels on les a volontiers comparés ; ils sont surtout moins animés. Le fleuve y est aussi moins étendu, moins profond, moins rempli de navires, mais peut-être que les maisons ont en quelques points plus de tournure qu'à Bordeaux.

Un vieux château-fort, au pied duquel commencent véritablement les quais, non loin de la gare du chemin de fer d'Orléans, donne à cette partie de la ville un cachet spécial. C'est une imposante construction féodale dont les fondations datent du IXe siècle et ont dû remplacer quelque *oppidum* de l'occupation romaine. Ce château a été plusieurs fois restauré. Ses nombreuses tours, ses épaisses courtines, son pont-levis, son grand logis ou donjon, son puits intérieur, en font un type des plus curieux de la vieille architecture militaire. « Les ducs de Bretagne n'étaient pas de petits compagnons », dit Henri IV, avec son juron favori, en entrant dans cette forteresse. C'est là que le pacte d'union de la Bretagne à la France a été préparé par le mariage de la duchesse Anne avec Louis XII. Ç'a été aussi une prison d'État. L'ignoble Gilles de Retz, maréchal de France sous Charles VII et chargé d'abominables crimes, y a été enfermé. Entre autres prisonniers célèbres, on cite encore Fouquet et la duchesse de Berry.

La cathédrale, de style gothique fleuri, où l'on remarque un beau tombeau de François II, dernier duc de Bretagne, et de sa femme, un chef-d'œuvre de sculpture dû au ciseau de Michel Colomb, la cathédrale de Nantes forme, avec le château et quelques maisons vermoulues, aux façades revêtues d'écailles d'ardoises et dont les cloisons ont défié le temps, à peu près tout ce qu'il reste à

Nantes du moyen âge et de la renaissance. Nous avons dit comment le xviii⁰ siècle s'était plu à orner cette ville : de nos jours elle s'est encore agrandie, embellie ; elle a un des plus jolis jardins publics qu'on puisse voir, tout ombrageux, baigné d'eau, coupé de pelouses toutes vertes ; elle a de belles places, avec des fontaines, des colonnes, des statues, un magnifique hôpital, plusieurs halles ou marchés de grandes dimensions, et elle étale avec orgueil sur les six bras de la Loire, à travers son archipel d'îles, la chaîne pittoresque de ses ponts. Ceux-ci remontent presque tous à plusieurs siècles, et ont été successivement restaurés, élargis. Le pont de la poissonnerie ou d'Aiguillon forme le premier chaînon au nord. Un peu en aval se jette l'Erdre, que l'on a canalisée. C'est de là que part le canal de Nantes à Brest, ouvrage du premier empire, qui permet de relier par terre, à l'abri des feux d'une croisière ennemie, le grand port de commerce de la Loire avec notre principal port militaire sur l'Océan. Le pont de Pirmil vient le dernier, au sud ; à côté débouche la Sèvre, que l'on appelle nantaise, et qui est navigable comme l'Erdre. Au moyen de ces deux rivières et de la Loire, Nantes communique facilement par eau avec tout l'intérieur du pays.

Ethnographiquement, Nantes appartient à la Bretagne, dont elle marque une des limites au sud. On n'y parle pas le breton, mais les femmes du peuple et de la petite bourgeoisie y ont conservé leur coiffure caractéristique, qui n'est pas sans élégance, une sorte de long bonnet en tulle, orné de dentelles, de forme conique, soigneusement blanchi, tuyauté, repassé. Elles portent aussi une espèce de pèlerine qui donne à leur accoutrement quelque chose d'original. Cela excepté, le costume n'offre rien de particulier, et les hommes qu'on rencontre avec le chapeau de feutre noir à larges bords, la petite veste et les culottes courtes, sont des Bas-Bretons venus du Morbihan, de Quimper ou de Vannes. Marseille et même Bordeaux ont sur ce point beaucoup plus de cachet que Nantes. Ici tout le monde, sauf de très-rares exceptions, parle français, et aucun costume étranger, grec, turc, espagnol, africain, asiatique, ne tranche sur le costume national. Parmi les négociants de la place, très-peu aussi sont venus du dehors. Il n'y a presque pas d'Anglais ou de Scandinaves, point d'Allemands ni d'Américains. Le nègre, si répandu à Bordeaux, à Marseille, où il arrive des colonies avec ses maîtres ou comme matelot, est aussi absent de ce port, qui se livra jadis si ardemment à la traite.

Le négociant nantais n'aime pas l'étranger, ne l'accueille pas volontiers, et tandis que certains de nos ports ont été de tout temps ouverts généreusement à tous, ici l'on semble n'aimer que les indigènes, ceux qui ont poussé à l'ombre du clocher natal, sur les rives mêmes du fleuve. Ces allures sont doublement fâcheuses, car elles tiennent la place de Nantes dans une sorte d'isolement où il n'est plus permis désormais de se cantonner, si l'on ne veut pas s'étioler et mourir. En dehors de l Europe, Nantes n'étend aujourd'hui ses relations que sur les points avec lesquels elle trafiquait autrefois, les Antilles, les colonies de la mer des Indes ; elle connaît peu les États-Unis, l'Amérique du Sud, les établissements hollandais des détroits ; elle semble ignorer l'Australie, la Chine, le Japon.

Plus peut-être qu'aucun de nos ports, Nantes a souffert des transformations récentes qu'a subies la marine marchande. La Loire n'y a pas une profondeur d'eau de plus de 3 à 4 mètres, et des navires de plus de 300 tonneaux ne peuvent sûrement y aborder, surtout aux basses eaux. Autrefois c'était à Paimbœuf, sur la rive gauche du fleuve, non loin de l'embouchure, que les navires entrant en Loire s'allégeaient d'une partie de leur chargement ; aujourd'hui c'est à Saint-Nazaire, à l'embouchure même, sur la rive droite. Ce port, qui n'avait été jusque-là qu'une sorte de refuge fréquenté uniquement par des pêcheurs, des caboteurs et des pilotes, est devenu en très-peu d'années le rival heureux de Nantes. Les grands paquebots à vapeur de la Compagnie transatlantique française, ceux qui touchent à toutes les stations de la mer des Antilles, du golfe du Mexique et de la côte septentrionale de l'Amérique du sud, ont à Saint-Nazaire leur point d'arrivée et de départ. Les clippers, les grands trois-mâts, y déposent également leur chargement, ou le remettent à des gabares qui montent jusqu'à Nantes. Seuls, les bricks, les goëlettes, quelques trois-mâts barques, peuvent aborder directement à ce dernier port, à cause de l'insuffisante profondeur d'eau de la Loire. En somme, la majeure partie des navires au long cours qui font le commerce entre Nantes et les pays hors d'Europe sont obligés de partir de Saint-Nazaire et de s'y arrêter au retour. Nantes ne conserve la supériorité que pour la navigation avec la plupart des havres européens. On n'en doit pas moins considérer Saint-Nazaire uniquement comme le port d'attache de Nantes, car, cette ville disparaissant, Saint-Nazaire n'aurait plus de raison d'être.

C'est à Nantes et non à Saint-Nazaire que résident les armateurs, les courtiers, les négociants, les constructeurs, les manufacturiers; à Saint-Nazaire, ils n'ont que des représentants ou des commis. Une ville ne se déplace pas tout entière en un jour; les habitudes prises et consacrées par les siècles sont difficiles à déraciner. Nantes est demeurée, malgré tout, le centre principal du commerce de toute cette partie de la Loire et de l'Océan Atlantique. Elle a même vu le chiffre de sa population augmenter sensiblement : il s'élève aujourd'hui à 122 000 habitants, tandis que Saint-Nazaire, si confiant et si fier à ses débuts, n'en a pas encore 20 000. Nous ne sommes pas en Amérique ; ici les villes ne se bâtissent point comme par enchantement. Une foule de raisons s'opposent à ces épanouissements vraiment miraculeux, et chez nous la routine fait souvent loi. Dans tous les cas, Nantes ne pardonne pas à Saint-Nazaire son élévation, qu'elle qualifie de subite et d'imméritée. Une jalousie profonde divise les deux cités voisines et sœurs, et a fait oublier même à Nantes sa primitive et séculaire rivalité avec Rennes. Écoutez les Nantais : Saint-Nazaire n'est peuplé que d'aventuriers, et les ouvriers de ses bassins, les portefaix et les charretiers de ses quais, sont des vauriens de la pire espèce, qui mettent les gendarmes sur les dents. Il faut rabattre de cela, et Saint-Nazaire est après tout une ville presque aussi paisible et au moins aussi travailleuse que Nantes ; et puis, comme disait cet autre : « Il y a de braves gens partout. »

Le principal article d'importation du port de Nantes est le sucre. Cette place vient après Paris pour le raffinage de cette précieuse denrée, et va de pair dans cette importante industrie avec Marseille, qui un moment y fut prépondérante. La quantité de sucre reçue à Nantes en 1875 a été de 60 000 tonnes de 1000 kilogrammes dont les cinq sixièmes en sucre de canne et le reste en sucre de betterave. La quantité importée a décru en 1876 et n'a été que de 55 000 tonnes, tant par suite de la disparition dans un incendie d'une des plus grandes raffineries nantaises, qu'à cause des incertitudes où se trouvent les raffineurs au sujet de la nouvelle taxe proposée, mais non encore adoptée sur les sucres. Tous ces remaniements, trop souvent répétés, troublent l'industrie sucrière, en limitent l'essor. Cette malheureuse question des sucres, sans cesse remise à l'étude, n'est jamais résolue. On cherche à satisfaire à la fois l'industrie indigène du sucre de betterave, l'industrie coloniale du sucre de canne, qui sont des industries productrices, et celle de la raffinerie, qui n'est qu'une industrie de transformation, et l'on ne voit point que le sucre retiré du tubercule comme celui qui provient du roseau est un seul et même produit, où la chimie elle-même ne voit aucune différence quand il est raffiné.

Le sucre n'est point, dans l'un et l'autre cas, une matière première destinée à être modifiée, dénaturée, mais un produit immédiatement commerçable et utilisable. Il pourrait arriver à la consommation sans passer par la raffinerie. Que d'erreurs entassées sur cette question, que de fautes commises, sous le prétexte fallacieux de protéger à la fois l'agriculture, l'industrie de la betterave et la marine marchande ! Maintenant que l'antique pacte imaginé par Colbert est déchiré et que nos colonies, reconnues majeures, indépendantes de la métropole ont encore plus à lutter qu'autrefois, il serait temps de revenir à des errements plus raisonnables. Imposer les sucres d'après les couleurs et les types, à la manière hollandaise, autorise des fraudes formidables. On proposait récemment, dans la dernière enquête tenue en France à ce sujet, de les imposer d'après la richesse saccharine, comme on impose les spiritueux d'après leur richesse en alcool. Il serait peut-être plus simple de frapper le sucre d'un impôt unique, comme le tabac, le poivre, le café. Il serait bon aussi de diminuer enfin le chiffre de cette taxe, car plus on élève l'impôt, plus la consommation du produit taxé diminue, moins nos champs et nos usines en produisent, et moins nos places de commerce en importent.

L'Angleterre, où l'impôt sur le sucre est nul, consomme quatre fois plus de sucre que la France, 28 kilogrammes par tête d'habitant et par an, et nous seulement 7 kilogrammes ! Pour une population totale qui dépasse 33 millions d'habitants, la consommation annuelle du Royaume-Uni atteint ainsi un milliard de kilogrammes, de quoi charger 1000 navires de 1000 tonneaux chacun ! C'est là ce qu'on ne voit pas chez nous, et ce qu'il serait temps enfin que vissent les commissions nommées si souvent à cet effet pour régler en France la question des sucres, et qui si rarement ont fait besogne qui vaille et qui dure. Le sucre n'est ni une matière première ni une denrée de luxe, c'est bel et bien un aliment nécessaire à tous, et qu'en Angleterre et dans les colonies on donne même au bétail, pour le rendre plus alerte, plus dispos [1].

Après le sucre, dont Nantes en 1875 a reçu par mer 50 000 tonnes et en 1876 seulement 44 000 des diverses colonies françaises, anglaises, espagnoles, hollandaises ou du Brésil, les principaux objets d'importation entrés dans ce port en 1876 ont été la houille anglaise, 987 000 tonnes; les bois du nord, 53 000, provenant de la Prusse, de la Russie, de la Norvége, et ensuite, par ordre d'importance eu égard à la quantité :

Le guano du Pérou	26.000 tonnes.
Les engrais et noirs de raffinerie	18.000 —
La fonte et le fer d'Angleterre ou de Suède	12.200 —

[1] Voyez le livre si sagement écrit : *Le Questionnaire de la question des sucres*, par M. Le Pelletier de Saint-Remy, Paris, 1877.

Les goudrons et bitumes..	11.000 tonnes.
Le riz de l'Inde	9.000 —
Les plombs d'œuvre et minerais de plomb argentifère d'Italie et d'Espagne	4.800 —
Les graines oléagineuses de la côte d'Afrique	4.000 —
Le cacao	2.500 —
Le minerai de fer	2.000 —
Le chanvre	2.000 —
L'huile d'olive	1.900 —
Le café	1.500 —
Les métaux (cuivre, étain, zinc)	1.300 —
Les fruits secs	1.000 —

Viennent enfin les huiles de palme et de coco, les phosphates naturels, les bois de teinture et d'ébénisterie, le coton, les morues, les fromages, les peaux, le lin, le jute, les oranges, les citrons, le rhum, les vins et liqueurs, l'huile de pétrole, les épices, le suif et quelques autres denrées [1].

Le commerce d'exportation repose essentiellement sur les sucres raffinés, dont plus de 11 000 tonnes en 1875 et 8000 seulement en 1876 ont été expédiées. Les principaux débouchés de ce produit sont la Grande-Bretagne pour plus de la moitié, les pays scandinaves pour le cinquième, puis l'Espagne, la Suisse, l'Algérie, la Belgique. Avec les sucres raffinés, viennent les blés et les farines, provenant des riches départements agricoles baignés par la Loire ou ses affluents (la Sar-

---

[1] Voyez l'*Exposé des travaux de la chambre de commerce de Nantes pendant l'année* 1876. Nantes, 1877.

lhe, le Maine-et-Loire), et dont le chiffre d'expédition a presque atteint 82 000 tonnes en 1875 et 56 000 en 1876, dirigées principalement vers l'Angleterre, la Suède et la Norvége. Les autres marchandises exportées sont :

La houille.	37.000 tonnes.
Les bois communs.	29.400 —
Les ardoises d'Angers	4.800 —
Les pommes de terre.	4.500 —
Les conserves alimentaires.	3.400 —
Les mélasses	2.900 —
Les vins.	2.400 —
Le riz	2.000 —
Les ouvrages en métaux	2.000 —
Les tissus de laine, de coton et de toile.	2.000 —
Les noirs d'os pour raffinerie.	1.500 —
Les huiles et les tourteaux de graines oléagineuses	1.200 —
Les beurres salés	1.000 —

Enfin les bois de construction, les vinaigres, les eaux-de-vie et liqueurs, les légumes verts ou secs, la chaux, les suifs, la paille, le foin et le son, les fers, les cuirs, les peaux ouvrées, les matériaux à bâtir, les papiers, les machines et appareils mécaniques, les articles de mercerie et de mode, les bougies, le savon, les livres, les meubles, les feuillards pour cercles de barriques, etc.

La fabrication des meubles est récente et en grand progrès : elle apporte au commerce nantais un élément de fret assez considérable; elle occupe 600 ouvriers, et l'importance de cette industrie représente une somme d'au moins 1 200 000 francs, dont les deux tiers en salaires. Les exportations de meubles ont principalement lieu vers les îles de la Réunion et Maurice, le Mexique, les Antilles, la Guyane et la Cochinchine françaises. Les départements de l'Ouest viennent s'approvisionner aussi à Nantes pour tous leurs meubles usuels. C'est là une branche de travail qui semblait jusqu'ici réservée à Paris, et dont certains ports, comme Bordeaux, Marseille, le Havre, pourraient aussi bien s'emparer. Un des grands établissements d'ébénisterie de Nantes entretient à lui seul 300 ouvriers auxquels il verse annuellement un salaire total de 400 000 francs.

Autrefois on exportait de Nantes, vers les colonies de la mer des Indes, beaucoup de mules et de chevaux du Poitou qui servaient aux planteurs pour le transport des cannes au moulin. Aujourd'hui ce commerce d'exportation a presque cessé. On n'a plus exporté que 553 mules en 1874, 595 en 1875 et 302 en 1876. La raison en est qu'on a commencé là-bas à construire des chemins de fer, par exemple à l'île Maurice, et qu'en outre la plupart de ces localités ont trouvé avantage à aller s'approvisionner de bêtes de trait à La Plata.

Le mouvement commercial des ports de la Loire maritime, Nantes, Paimbœuf et Saint-Nazaire, a été en 1876 d'un peu moins de 1 200 000 tonneaux dans l'ensemble, à l'entrée et à la sortie, représentés par 8012 navires de toute provenance et de tout pavillon, chargés ou sur lest. Le fret de sortie fait défaut ; le tonnage qui arrive chargé sort sur lest dans une proportion qui n'est pas inférieure à 50 pour 100.

Sur le chiffre total du tonnage, Saint-Nazaire intervient pour un peu plus de la moitié. D'année en année, le tonnage augmente quelque peu ; mais la progression est loin d'être sensible comme à Marseille, à Bordeaux ou au Havre, qui eux-mêmes ne progressent point dans la même proportion que d'autres ports étrangers, Anvers notamment. En 1867, le nombre total des navires entrés dans les ports maritimes de la Loire était de 8007, jaugeant 937 000 tonneaux. Pour une période de dix ans, l'augmentation, on le voit, est à peine indiquée. Ajoutons qu'à Nantes, comme dans la plupart de nos autres ports, le lot des pavillons étrangers est de plus en plus prépondérant, surtout pour les pavillons anglais et norvégien, car il existe un cabotage très-suivi entre Nantes et les places britanniques et scandinaves. A Nantes, le pavillon étranger entre pour environ un tiers dans le tonnage général, et pour la moitié dans le tonnage afférent à la grande navigation.

En 1875, la valeur totale des marchandises entrées et sorties s'est élevée à 250 millions de francs, et les recettes de la douane ont été de

28 000 000, pour les trois ports réunis de Nantes, Paimbœuf et Saint-Nazaire[1]. Pour la même année, les recettes de la douane s'étaient élevées, à Marseille à 40 millions 1/2, au Havre à 26, à Bordeaux à 22.

Au 1er janvier 1876, le nombre des navires inscrits aux ports de Nantes et Saint-Nazaire était de 770, jaugeant 152 000 tonneaux. Le dixième des navires avec 22 000 tonneaux appartenait à Saint-Nazaire. A la même époque, le nombre des navires attachés au port de Marseille était de 732, avec une jauge de 198 000 tonneaux ; au Havre, de 349, avec 133 000 tonneaux ; à Bordeaux, de 367, avec 126 000 tonneaux. Le tonnage total de la flotte commerciale française était alors d'un peu plus d'un million de tonneaux, et avait perdu 40 000 tonneaux en deux ans.

Il résulte des chiffres cités précédemment que, si, pour le nombre des navires immatriculés comme pour les recettes de douane, le port de Nantes a tenu en 1875 le second rang parmi les quatre grands ports de commerce de la France, il n'est venu qu'au dernier rang pour le nombre et le tonnage des navires entrés et sortis et la valeur des marchandises importées ou exportées. Il s'est

---

[1] En 1876, la valeur totale des marchandises entrées et sorties est descendue à 226 millions. (*Tableau général du commerce de la France*, Paris, 1877.)

même sur tous ces derniers points laissé devancer par d'autres ports de création ou de reconstitution récente, tels que Cette ou Dunkerque. En 1876, il est d'ailleurs descendu au troisième rang au point de vue des recettes de douanes, qui ont été les suivantes : Marseille, 45 600 000 francs; Le Havre, 27 500 000; Nantes, 24 800 000; Bordeaux, 21 600 000. En 1875, Nantes donnait autant que Marseille, 36 millions.

Nantes, dont le commerce proprement dit ne progresse point comme on serait en droit de l'espérer, tend, comme la plupart de nos ports, à devenir une cité industrielle. La construction des navires y a été longtemps, grâce à l'excellent bois de chêne que fournit la Bretagne, une des premières industries de la place. Aujourd'hui cette industrie est chancelante. Les chantiers sont situés au bord du fleuve, en face de la ville, le long de la rive gauche du bras principal de la Loire, sur l'île qui porte le nom de Prairie-au-Duc. Dans le courant de 1876, il a été construit à Nantes, au Croisic et à Paimbœuf 56 navires, jaugeant ensemble 5 500 tonneaux, ce qui met la moyenne par navire au-dessous de 100 tonneaux. Les chiffres de 1875 étaient beaucoup plus élevés pour le tonnage; 52 navires et 8 600 tonneaux, et c'était déjà une année de décadence. En 1875, les chantiers de construction française ont fourni en navires 37 500 tonneaux et les importations des constructeurs étrangers ont été de 28 000 tonneaux. Par suite des conditions où se trouve notre industrie des constructions navales, les chantiers étrangers fournissent ainsi à nos armateurs 43 pour 100 de leurs instruments de transport. Aussi quelques constructeurs nantais se plaignent-ils de ne plus recevoir aucune commande et de voir leurs ateliers déserts. Cette crise s'aggrave en se prolongeant ; les ouvriers abandonnent une occupation qui ne leur procure plus qu'un travail intermittent, en éloignent leurs enfants, et l'importante industrie des constructions navales est menacée de disparaître de Nantes. Ce mal n'est pas particulier à ce port, il est général. Marseille, autrefois renommée dans cet art, n'a plus de chantiers ; Bordeaux a vu diminuer les siens. A Gênes, on se plaint également ; en Angleterre, aux États-Unis, dans le monde entier, éclatent les mêmes lamentations de la part de tous les anciens constructeurs. La transformation radicale de la marine marchande a amené cet état de choses. Depuis quelques années, la vapeur tend de plus en plus à se substituer à la voile, avec grand profit. Les navires en bois sont remplacés par des navires en fer, et les bâtiments de grande portée, de plusieurs milliers de tonneaux, les clippers, les paquebots, ont détrôné les modestes trois-mâts que nos pères appréciaient tant. La cause du mal est là et non ailleurs. Toutes les primes, tous les droits protecteurs, toutes les surtaxes de pavillons, que réclament avec si grand fracas les constructeurs et les armateurs n'y pourront rien. En revanche, ils ont le droit de demander qu'on les mette enfin sur un pied d'égalité complète avec les marines des autres places, et qu'aucun des articles du code maritime français, aucun des règlements de nos ports, ne leur soient contraires.

Puisque l'industrie des constructions navales en bois est sujette à une irrémédiable décroissance, il faut que la place de Nantes prenne exemple sur l'évolution hardie qu'ont exécutée les Américains et les Anglais en entreprenant la construction des grands navires en fer à vapeur. Le salut est là. Le port de Marseille l'a depuis longtemps lui-même compris, en transportant, pour ainsi dire, aux faubourgs de la Capelette et de Menpenti, dans les ateliers de La Ciotat, dans ceux de la Seyne, près de Toulon, les antiques chantiers du Pharo. Et ce ne sont plus alors seulement des machines marines que l'on construit, ce sont toutes sortes d'appareils, de générateurs à vapeur, de mécanisme. Il faut entrer résolûment dans cette voie, et Nantes y semble préparée, car elle y a déjà fait un pas marquant, non-seulement en ce qui regarde les engins maritimes, mais encore les constructions mécaniques en général. Nantes est une des villes industrielles de France où se construisent le mieux les machines agricoles.

L'industrie du raffinage du sucre, celle de la fabrication des meubles, de la préparation des conserves alimentaires, surtout les deux dernières, sont en progrès à Nantes. On connaît la réputation que cette place s'est faite dans la confection des conserves de tout genre, bœuf, sardines, anchois, thon, légumes ; elle la maintiendra en apportant dans cette délicate manipulation la plus scrupuleuse loyauté. Tout cela assure à ses navires et à son commerce avec l'intérieur de la France un fret de sortie avantageux. En 1875, Nantes n'a pas produit moins de 1 million de kilogrammes en conserves de petits pois seulement. Nantes possède aussi des huileries de graines, des savonneries ; mais celles-ci travaillent encore presque uniquement en vue de la consommation indigène, et non point, comme celles de Marseille, pour subvenir aussi aux nombreuses demandes de l'étranger. On peut dire autant de quelques filatures de laine, de coton, de chanvre, et de quelques fabriques de cordages, enfin de quelques minoteries, tanneries, corroieries. Ce sont là des industries à développer, surtout en vue de l'exportation des produits manufacturés. Si le fret manque à la sortie, et aucun port plus que Nantes ne souffre de ce manque de fret, il faut trouver, le créer, et c'est par la production industrielle qu'on y arrive. Bien mieux, on augmente ainsi le fret d'arrivée par la matière brute qu'on reçoit dans les usines locales, et l'on assure en même temps le fret de sortie par la matière ouvrée qu'on expédie au dehors, à l'étranger. Tout cela met en œuvre des quantités de matière considérables, qui assurent le pain à toute une nombreuse population. Nantes le sait. Le long de la Basse-Loire, quelques établissements métallurgiques, quelques ateliers de grande chaudronnerie et de constructions mécaniques, principalement de machines agricoles (on a fabriqué et vendu plus de 200 de celles-ci en 1875), toutes ces usines donnent du travail à des milliers d'ouvriers, et remuent une masse de 30 000 tonnes de métaux, fer, plomb, cuivre ou zinc. Que ce ne soit là qu'un commencement, et que la place de Nantes s'ingénie à développer ce germe si fécond du travail industriel !

II

La Basse-Loire, Saint-Nazaire, le littoral.

Pour se rendre de Nantes à Saint-Nazaire, on peut prendre la voie ferrée ou le bateau à vapeur. La voie ferrée, qui longe les quais mêmes du port et dessert la rive droite du fleuve, est la plus rapide. La voie fluviale est plus animée, plus pittoresque, et l'on y touche à l'une et à l'autre rive. On monte sur un petit bateau à hélice ou à roues. On salue au départ le port marchand, le quai de la Fosse, que parcourent les wagons, et le long duquel sont amarrés les gabares, les bricks, les goëlettes, les trois-mâts. Là sont les grues à vapeur pour le chargement et le déchargement. On rase la pointe de l'île Gloriette ; ensuite apparaissent les chantiers de construction maritime de la Prairie-au-Duc, et l'île Lemaire, où seront bientôt construits les magasins généraux. Quelques hautes cheminées, qui envoient vers le ciel leur panache de fumée épaisse, marquent, sur les îles de la Loire qui s'éloignent, l'emplacement de quelques usines à vapeur, entre autres de la plus grande raffinerie de sucre de la place. Voici mainlenant, sur la rive droite du fleuve, dans un faubourg de la ville, la vaste carrière de granit de Mizery, où travaillent des centaines d'ouvriers. Le pavé cubique de Nantes, les pierres de couronnement des quais, le moellon irrégulier pour la bâtisse, sortent de là. La roche est regardée comme une des meilleures pierres de construction qu'il y ait, et c'est là que vient mourir, sur le bord même de la Loire, le grand mur de granit qui forme comme l'assise inébranlable de l'Armorique. C'est l'arête autour de laquelle se sont déposés peu à peu les terrains de sédiment qui ont donné à cette presqu'île son relief définitif; elle commence au delà de Brest, court parallèlement au rivage de l'Atlantique jusqu'à Nantes, et les gens du pays l'appellent le *sillon de Bretagne*, heureuse dénomination que le géologue fera bien de retenir.

Après Mizery vient Chantenay. La Loire a là plus de 400 mètres de large. En se retournant vers la ville, on a une très-belle vue, celle du port avec ses navires, et celle des îles sur le fleuve. Chantenay, une commune qui compte déjà 10 000 habitants, semble n'être qu'une continuation de Nantes ; c'est, à vrai dire, le faubourg industriel de la grande cité. Là sont des distilleries, des huileries, des minoteries, des fabriques de vinaigre, des raffineries de sucre, une grande usine à décortiquer le riz. Chantenay est comme Nantes sur la rive droite de la Loire, dont tous les bras, hormis un seul, sont maintenant réunis. Vis-à-vis est Trentemoult, un endroit fameux où, selon la légende, « trente moult braves chevaliers bretons donnèrent du fil à retordre aux Anglais; » c'est pourquoi l'île où est Trentemoult porte aussi le nom de l'île des Chevaliers. C'est à partir de ce point que commencent les digues submersibles de la Loire, digues qui n'ont jamais répondu à ce qu'on attendait d'elles, toujours essayées, toujours critiquées, et qui n'ont fait, au dire des marins, sinon des ingénieurs, que bouleverser le lit de la Loire et en augmenter les dépôts sableux.

Pendant que le bateau avance, et que le patron nous explique ses théories à propos de l'amélioration de la Loire, qu'il voudrait voir confiée au draguage, nous saluons de nouvelles îles toutes vertes, couronnées de pâturages, entre autres celles de Cheviré ; puis, sur la rive droite, Basse-Indre, peuplée de 4 000 habitants, et où se trouvent des forges renommées. On y produit, avec les fontes de Bretagne obtenues au charbon de bois, des fers de qualité supérieure, que recherchent la marine, l'artillerie et le commerce. La production en 1876 a été de 7000 tonnes de fer laminé et martelé, en barres ou en essieux, et le nombre d'ouvriers employés de 400. Cette usine a été fondée par des Anglais en 1825 ; depuis 1836, elle appartient à une compagnie française et a toujours été florissante.

En face de Basse-Indre est Indret, sur une île, Indret cité jadis pour son château seigneurial encore debout, aujourd'hui plus connu par un établissement considérable appartenant à la marine de l'État et datant du premier Empire. On y lançait naguère des navires comme dans nos arsenaux ; on y fait maintenant des machines motrices pour nos vaisseaux de guerre, des hélices, des torpilles, des arbres de couche que l'on forge au marteau-pilon. C'est un atelier de premier ordre, habilement dirigé par les ingénieurs de la marine, et qui occupe 1100 ouvriers. En général, il n'est guère conforme aux principes de la saine économie que l'État se fasse lui-même constructeur, puisque les maîtres de la sidérurgie contemporaine, les Schneider, les Krupp, produisent mieux et à meilleur compte. Cependant, en pareil lieu et en pareil cas, on peut pardonner au gouvernement d'avoir lui-même ses usines. Outre qu'il y a certains secrets de fabrication qu'il faut garder le plus possible, par exemple celui de la construction et du mode de fonctionnement des torpilles, il est juste de reconnaître qu'Indret, par sa position même, est à l'abri d'un coup de main que pourrait tenter une croisière ennemie ; ajoutons qu'en 1870 il a fondu sa part de canons et d'obus pour seconder un dernier élan de résistance; qu'enfin la possession d'une usine par l'État limite les prétentions que l'industrie privée pourrait avoir vis-à-vis de lui, et règle en quelque sorte le maximum des prix qu'elle pourrait lui imposer pour telle ou telle fourniture. A Brest, notre marine militaire a aussi des ateliers de construction très-importants, et ceux-ci, il n'est pas besoin de le dire, sont en complète rivalité avec ceux d'Indret.

Couëron vient après Basse-Indre, sur la même rive de la Loire. On y remarque une grande usine à plomb argentifère, appartenant à des Anglais, les mêmes qui possèdent aussi les mines et les usines de Pontgibaud, dans le Puy-de-Dôme. A Couëron, on reçoit par bateau à vapeur les minerais d'Espagne et de Sardaigne, la houille d'Angleterre. Les minerais sont principalement des galènes ou sulfures très-riches en plomb, pauvres en argent. On les calcine et on les fond dans des fours à réverbère ou à cuve et on obtient ainsi le plomb d'œuvre ou argentifère. On enrichit celui-ci en argent par la fusion et le brassage dans des chaudières hémisphériques ouvertes, dites à la Pattinson, du nom de l'inventeur anglais qui découvrit ce procédé il y a cinquante ans. Enfin on sépare le plomb de l'argent par la méthode anglaise, dans un four à coupelle mobile. En 1876, on a produit ainsi à Couëron 3800 tonnes de plomb doux en saumon, et 1538 kilogrammes d'argent en lingot, le tout provenant de 4650 tonnes de minerai. La production mensuelle, en 1877, se calculait à 400 tonnes de plomb, ce qui a dû donner 4800 tonnes pour la production totale de l'année. L'usine occupe une centaine d'ouvriers ; elle sera bientôt complétée par un atelier de fabrication du blanc de plomb ou céruse, dont on connaît l'emploi dans la peinture, et par un atelier de laminage et d'étirage du plomb pour en faire des feuilles et des tuyaux. Les mines de plomb et de zinc argentifères de Ponpéan (Ille-et-Vilaine) ont donné naissance à l'usine de Couëron. Aujourd'hui ces mines sont arrêtées, comme aussi celles d'Huelgoët et de Poullaouen, dans le Finistère ; l'usine de Couëron est passée aux mains d'une compagnie anglaise, et c'est à l'Espagne et à la Sardaigne que celle-ci va demander ses approvisionnements. Il y a plus d'une leçon à tirer de ces faits.

Presque en face de Couëron, dont il faudrait visiter aussi l'importante verrerie, est Le Pèlerin, qui fut jadis un des ports d'attache de Nantes, un des points où les navires s'allégeaient pour remonter plus facilement la Loire. Sur la même rive, beaucoup plus en aval, vient Paimbœuf, en breton Pen-Bo, la tête de bœuf, dont le port s'ensable et n'a plus d'ailleurs la même importance qu'autrefois. On y voit une grande fabrique de cordages pour la marine, qui occupe une soixantaine d'ouvriers, y compris les femmes et les enfants. A l'embouchure même du fleuve est Saint-Brevin, localité sans intérêt, et sur la rive opposée Saint-Nazaire qui a détrôné tous les autres ports de la Loire maritime, sauf Nantes. Ici commence l'Océan, et le fleuve à son embouchure a 3 kilomètres 1/2 de large, entre Saint-Brevin et Saint-Nazaire. Les sables charriés se déposent sous les eaux à l'endroit où la Loire, se mariant avec l'Océan, perd sa vitesse, et ainsi se forme cette espèce de bas-fond bien connu des marins, et qu'on nomme la barre des Charpentiers.

Saint-Nazaire est à proprement parler une ville toute moderne. Sur une pointe de granit est le vieux village, la vieille chapelle, le vieux phare. Là vivent encore, entassés dans de pauvres demeures, les pêcheurs, les caboteurs, les pilotes, les marins de la Loire. La ville neuve s'étend plus loin avec ses hautes maisons, ses hôtels, ses cafés, ses bureaux, ses larges rues, ses grands magasins ; malheureusement elle manque d'eau potable : elle n'a pas non plus poussé aussi vite que les détenteurs de terrains et les entrepreneurs de bâtisses l'eussent voulu. Nantes, fidèle à ses habitudes profondément enracinées, n'a pas entendu émigrer en masse vers cette terre stérile, que les eaux seules font vivre, les eaux de la mer et du fleuve s'entend. Ce n'est certes pas une terre promise. Les environs sont fort peu plaisants. Partout surgit la roche granitique et schisteuse, partout s'étend la lande couverte d'un sable siliceux, une vraie lande bretonne, où ne poussent que le genêt épineux, les graminées sauvages, et çà et là quelques arbres rabougris. C'est un coin des plus désolés du pays qu'a chanté Brizeux :

> La terre de granit, recouverte de chênes.

De tout temps néanmoins cette localité a été foulée par les hommes, et les Bretons de l'Armorique y ont dressé un gigantesque dolmen qui peut faire presque concurrence à ceux de Carnac et d'Auray. Autour on a planté un square. La table a $3^m,25$ de long sur $1^m,65$ de large, et une épaisseur de 40 centimètres. Ces dimensions donnent un volume de 2 mètres cubes et un poids de 5500 kilogrammes. Les supports, profondément enfoncés en terre, ont 2 mètres de hauteur au-dessus du sol. Qui dira par quels appareils les hommes préhistoriques de ces parages ont extrait, charrié et mis en place pour l'éternité ces trois masses puissantes de granit ?

La grande curiosité de Saint-Nazaire n'est pas aujourd'hui son dolmen, c'est son bassin à flot : c'est là ce qu'il faut aller voir ; les navires s'y pressent, tous de grandes dimensions ; tous ceux qui ne peuvent pas aller directement à Nantes s'arrêtent là. C'est une forêt de mâts, de cheminées de bateaux à vapeur. Les quais sont animés ; on y décharge principalement les planches et les madriers de sapins du nord, les houilles et les fontes anglaises, le minerai de fer, et, sur des gabares, tout ce qui doit remonter jusqu'à Nantes. On y embarque les colis de tout genre qu'emporte vers la mer des Antilles et le golfe du Mexique la flotte à vapeur de la Compagnie transatlantique. qui a là ses bureaux, ses docks, ses ateliers, ses magasins ; elle y a eu aussi ses chantiers de construction, et une partie de ses grands steamers ont été lancés à Saint-Nazaire. Ses établissements occupent une superficie de 4 hectares. Sur les quais, on remarque deux belles machines à mâter dont une a été construite par le Creuzot, des grues à vapeur très-puissantes, tout cela pour l'embarquement et le débarquement des plus grosses pièces, des plus lourds fardeaux. A la bonne heure ! voilà un vrai port de mer ; à Nantes, nous n'étions encore que dans une espèce de port de rivière.

Le bassin à flot de Saint-Nazaire, commencé en

1842, a été livré à la navigation en 1857 ; il s'ouvre sur l'anse de Penhouët ; c'est un véritable port artificiel, creusé dans les terres. Le bassin n'a pas moins de 10 hectares de superficie, peut abriter 60 navires de 600 tonneaux, et le développement des quais est de 1600 mètres. La profondeur d'eau varie suivant les points de 6 mètres à $7^m,50$, à la mer moyenne. Deux écluses font communiquer le bassin à flot avec l'Océan, l'une de 13 mètres, l'autre de 25 mètres de large, celle-ci pour les plus grands navires. Deux môles d'abri en charpente s'avancent à 200 mètres sur l'eau, et marquent le chenal d'entrée. La rade est si sûre et si calme qu'elle remplit les fonctions d'avant-port. Une cale sèche pour la réparation des navires est annexée au bassin à flot. A côté du bassin actuel, on en construit un second qu'on mettra en communication avec le premier, et qui aura 20 hectares de superficie et trois cales sèches. La cale actuelle servira alors à passer du premier au second bassin. Celui-ci coûtera au total 20 millions et sera l'un des plus grands bassins à flot qui existent. On estime qu'il pourra être livré au commerce en 1880. On y a fait usage, comme dans l'établissement du premier bassin de Saint-Nazaire, pour l'assiette définitive des fondations des murs de quai sur un sol solide à travers le sol vaseux, de méthodes de descente de puits en maçonnerie hardies, audacieuses, et plus tard imitées à Bordeaux, au Havre, à Rochefort, à Lorient, dans des conditions moins délicates qu'à Saint-Nazaire.

C'est en creusant les fondations de ce nouveau bassin dit de Penhouët (le premier s'appelle plus spécialement le bassin de Saint-Nazaire) que M. R. Kerviler a reconnu, dans les terrains d'alluvion jadis formés par les apports de la Loire, la trace très-nette laissée par les inondations annuelles du fleuve. Des armes et des outils de silex, de bronze, des pierres perforées, des poteries grossières, des ossements d'animaux d'espèce disparue, de bœuf et de cerf primitifs, portant la trace du travail de l'homme, puis des médailles, des crânes à forme allongée ou dolichocéphale ont été successivement découverts dans ces assises superposées. Il y a eu là, dès l'origine des temps, un habitat humain, une station de marins et de pêcheurs, et l'on a pu marquer par le nombre des couches sableuses le nombre des années écoulées entre notre époque et les premiers dépôts de la Loire, qui semblent ne pas remonter au delà de 9000 ans. C'est ainsi que les fouilles du sol, conduites par un esprit attentif, observateur, peuvent venir en aide à l'archéologie préhistorique et l'éclairer de données certaines et pour ainsi dire mathématiques, en lui fournissant ce qu'on a si bien appelé un chronomètre naturel.

Comment M. Kerviler a-t-il constaté que les couches d'alluvion qui avaient été déposées annuellement par la Loire pouvaient se compter d'une manière certaine, à peu près comme les années d'un arbre se mesurent par les couches concentriques du tronc? Le voici. Les dépôts annuels de la Loire se sont effectués avec une constante régularité. Ils sont d'une épaisseur moyenne de 3 millimètres, et chaque dépôt se compose d'un lit de détritus végétaux, d'un lit de glaise et d'un lit de sable. Les végétaux arrivent à l'automne après la chute des feuilles, le sable pendant l'hiver, la glaise pendant l'été. Il résulte de ce qui vient d'être dit que 30 centimètres d'épaisseur de ces dépôts correspondent à la durée d'un siècle. Dans une tranchée, à l'air, le sable s'effrite, et il est facile dès lors de compter les assises, sans faire d'erreur, en marquant le nombre de cordons sableux. Reste à trouver un point de départ. Or, une monnaie de Tétricus, usurpateur gaulois, rival de l'empereur Aurélien, qui le défit, a été rencontrée dans une des couches sableuses. La défaite de Tétricus ayant eu lieu en l'an 274 de notre ère, la couche de sable où cette médaille a été rencontrée correspond au IIIe siècle. Des épées et un poignard en bronze ayant été trouvés dans une couche qui est à 2^m,40 au-dessous de la précédente et qui est par conséquent plus vieille de huit siècles que celle-ci, cela signifie qu'au v⁰ siècle avant l'ère chrétienne la Gaule n'était pas encore sortie de l'âge de bronze, ou du moins la partie de la Gaule arrosée par la Loire. A la même époque, l'âge de la pierre polie n'avait pas non plus disparu tout à fait, puisqu'on a rencontré, dans les mêmes assises que les armes de bronze, une hache en silex poli emmanchée sur une corne de cerf, des bois de cerf aiguisés, effilés, et même d'énormes pierres percées ou entaillées. Ces pierres servaient sans doute d'ancres aux embarcations primitives qui fréquentaient ces parages de l'Océan et de la Loire. Les marins de Saint-Nazaire, on le voit, peuvent se réclamer d'ancêtres qui remontent à une très-haute antiquité.

Les observations de M. R. Kerviler ont été faites jusqu'à présent sur une hauteur de 8 mètres, correspondant à vingt-quatre siècles. On se propose de les continuer jusqu'à 50 mètres, dernière limite des assises alluviales de la Loire sur le granit. Ce travail de recherche intéressant est conduit au moyen d'un puits à large section. Le ministère de l'instruction publique a ouvert pour cela un crédit spécial à l'ingénieur de Saint-Nazaire. Il serait bien à désirer que de tels travaux fussent partout encouragés, car ils sont de nature à éclairer d'un jour précis nos ténébreuses origines. C'est de la sorte qu'il paraît maintenant assuré que la formation des premiers dépôts de la vallée de la Loire remonte à peu près à neuf mille ans, comme il a déjà été dit.

Nantes et Saint-Nazaire commandent le bassin de la Loire, comme Bordeaux le bassin de la Gironde et Marseille le bassin du Rhône et tout le golfe de Lyon. Il y a mieux, de l'île d'Oléron à l'île d'Ouessant, il n'y a d'autres grands ports de commerce que Nantes et Saint-Nazaire, comme de l'île d'Oléron au fond du golfe de Gascogne il n'y a d'autre grand port que Bordeaux. Qu'est-ce que Rochefort, même avec son port militaire, La Rochelle, les Sables-d'Olonne, en comparaison de Nantes? et Vannes, le vieux port des Vénètes, ces Vénitiens de l'Armorique, et Lorient, et Quimper, et Brest lui-même? Ce sont des pépinières de marins pour notre flotte marchande et militaire, des nids de hardis pêcheurs, de bons caboteurs, de braves pilotes, mais ce ne sont pas de grands ports de commerce. Quelques-uns l'ont été un jour, comme Lorient, que l'on appela au début L'Orient, quand nous colonisions l'Inde et Madagascar; L'Orient, nom d'heureux augure et qui fut imaginé par la grande Compagnie de marchands formée sous l'inspiration de Richelieu pour exploiter les colonies françaises des Indes orientales. Mazarin, Colbert, prêtèrent successivement leur appui à cette compagnie et à d'autres qui se substituèrent à elle, mais survinrent les mauvais jours. Lorient, qui avait cru un moment supplanter Nantes, dut céder le pas à sa rivale, qui elle-même succomba quand la France perdit Saint-Domingue. Depuis, Nantes s'est à peu près relevée, mais non Lorient.

Quelques autres ports de cette partie du littoral, comme Brest, on a tenté récemment de les galvaniser, de les faire surgir. Il y a là une magnifique rade. On voulait, à côté du port militaire, édifier un port marchand ; d'autres, à qui le singulier ne suffisait pas, disaient : des ports. Qui ne se rappelle la trop fameuse compagnie des ports de Brest ? On avait aligné sur le terrain ou plutôt sur le papier, devant les quais en construction, des rues, des pâtés de maisons, toute une ville neuve. Soutenus, encouragés au début par le ministre du commerce et des travaux publics d'alors, qui vint exprès de Paris à Brest assister à un grand banquet et faire un discours, les pauvres actionnaires des ports de Brest ne tardèrent pas à voir leurs titres réduits à rien. Le nouveau port lui-même, le bassin édifié pour abriter les paquebots de la Compagnie transatlantique, qui véritablement restaient en rade et qu'on rejoignait avec un petit bateau à vapeur spirituellement nommé le *Satellite*, le port marchand de Brest a bientôt été réduit à ses pêcheurs, à ses caboteurs naturels. C'est que les havres de commerce ne s'improvisent pas sans motifs, et sur le simple décret d'un ministre. Sans doute Brest est la pointe la plus avancée de la France sur l'Océan ; Brest a l'une des premières rades du monde ; mais qu'y aurait-on porté, que pouvait-on y débarquer avec profit? Le lieu était trop éloigné, la campagne environnante trop dépeuplée, trop stérile ; aucun cours d'eau navigable dans le voisinage, à peine un pauvre canal communiquant avec Nantes, et créé surtout dans une vue de défense militaire. C'est là ce qu'il aurait fallu voir tout d'abord. La Compagnie transatlantique a fini par abandonner ce port de relâche ; elle y perdait son temps et son argent, et les passagers eux-mêmes préféraient le Havre, qui n'est distant de Paris que de cinq heures, à Brest, où la voie ferrée en met dix-huit. Depuis quelques années, on ne part plus que du Havre pour les voyages de New-York, et l'on touche à Plymouth au lieu de toucher à Brest.

Ce qu'il fallait faire en réalité pour donner à tout ce rivage de l'Océan la vie, le bien-être, la fortune, les particuliers l'ont tenté sans que l'État ait eu beaucoup à y intervenir. La terre se refusant en maints endroits à fournir un fret aux navires, on a exploité la mer comme fabrique d'aliments. La pêche s'est développée à souhait. A Nantes, à Concarneau, on s'est mis à saler la sardine, l'anchois, le thon, et à expédier ces produits conservés dans l'huile par millions de boîtes à travers le monde entier. C'est une industrie fructueuse, où les Français sont passés maîtres, et que les Américains essayent en ce moment de leur ravir. Sur tout le littoral, on a établi des viviers dans lesquels on a conservé le poisson, soit pour la consommation indigène, soit pour l'expédition au dehors. Enfin on a entrepris la culture des huîtres sur une échelle immense. C'est sur ces rivages, à Bélon près Quimper, à Lorient, à Auray, à Vannes, que sont les parcs les plus considérables, les aménagements les plus grandioses, parmi lesquels on peut citer ceux de M. le baron de Wolbock. On sait quelle consommation fait Paris et toute la France de ce mollusque cher aux gourmets, dont le prix malheureusement augmente toujours, sans que la qualité s'améliore beaucoup. Malgré tous les soins donnés à l'élevage et toutes les découvertes nouvelles faites en ostréiculture, il est certain aussi que le nombre d'huîtres pêchées est aujourd'hui bien moins considérable qu'il y a vingt-cinq ans, ce qui explique la hausse continue des prix. En 1852, on a consommé à Paris 78 millions d'huîtres, dont le prix à la halle était de 2 fr. 27 c. le 100; en 1872, la consommation était descendue à 13 millions, et le prix était monté à 11 fr. 21 c. A partir de 1875, la production s'est un peu relevée; mais les prix n'ont pas fléchi, à cause de la demande toujours plus forte. Ils sont encore de

11 à 12 francs le 100 à la halle, et de 15 à 18 fr. au détail. Depuis quelques années, les huîtres qui viennent des côtes du Morbihan sont particulièrement appréciées à Paris. Elles y sont connues sous le nom d'huîtres armoricaines ou de Sainte-Anne (d'Auray). Si nos parcs arrivent jamais à produire ce que donnent ceux des Américains, on pourra aussi mariner et conserver l'huître, et l'envoyer au loin en boîtes soigneusement confectionnées; les leurs arrivent ainsi jusqu'en France. Développons nos pêcheries, développons notre production huîtrière : c'est le moyen de fournir une occupation avantageuse à tous les habitants de nos côtes, et d'apporter en même temps à nos navires de commerce un nouvel élément de fret qui n'est point à dédaigner.

III

La navigation de la Loire.

De tous les fleuves de la France, la Loire est celui qui, pour le marin, a la meilleure embouchure, celui où les navires, par tous les temps, peuvent entrer et sortir avec le plus de facilité et le moins de dangers : *favet Neptunus eunti*, comme le dit la devise que Nantes porte sur ses armes. Malheureusement la Loire est aussi celui de nos fleuves qui, à l'intérieur des terres, est le plus indisciplinable, celui sur lequel on peut le moins aisément naviguer. En deçà de Nantes, pendant une grande partie de l'année, la Loire n'est pas accessible aux bateaux. La Seine, à l'entrée dans Paris, débite à l'étiage, c'est-à-dire aux plus basses eaux, 75 mètres cubes d'eau par seconde, dans un lit de 150 mètres de large ; à Orléans, la Loire débite trois fois moins d'eau dans un lit deux fois plus large, et c'est ainsi tout le long du parcours. A Tours, elle occupe une largeur qui est trois fois celle de la Seine, et ne roule qu'un volume d'eau de 65 mètres cubes. Elle coule en minces filets, à travers un labyrinthe d'îles de sable. Partout elle jette, à droite, à gauche, des dépôts sablonneux, qu'à chaque instant elle déplace et qu'elle finit par charrier à la mer. Entre Orléans et Tours, pendant six mois de l'année, ce n'est qu'une plage de sable, où le fleuve disparaît presque entièrement, coulant en nappes souterraines.

La Loire est celui de tous nos grands cours d'eau qui a le plus long parcours ; elle mesure 1000 kilomètres de sa source à son embouchure, du flanc des montagnes du Vivarais, où elle sourd au Gerbier-des-Joncs, au port de Saint-Nazaire, où elle vient mourir ; c'est aussi celui de nos fleuves qui a le bassin le plus étendu. La vallée de la Loire occupe un cinquième de la superficie totale du territoire ; c'est la plus riche en productions agricoles de tout genre : elle traverse la Touraine, elle nourrit 8 millions d'habitants ; mais la Loire est en même temps celui de nos fleuves dont les inondations sont les plus fréquentes, les plus redoutables, les plus difficiles à prévenir. La Loire descend du grand plateau granitique et schisteux qui forme le centre et comme le noyau de la France. Le terrain y est à peu près imperméable, et les inondations du fleuve sont à craindre pour peu que la fonte des neiges au printemps arrive subitement, ou que les pluies torrentielles d'automne tombent avec trop de fréquence.

Les malheureuses conditions hydrologiques que l'on vient de rappeler ont frappé de tout temps les ingénieurs. A toutes les époques, on a essayé d'y remédier, même sous les Romains. Sous les Francs, les nautes de la Loire forment une corporation comme ceux de la Seine. Sous la dynastie carlovingienne, des édits royaux, notamment sous Louis le Débonnaire, prescrivent des travaux riverains, des espèces de digues ou levées pour discipliner le régime de la Loire. Sous les rois capétiens, **Louis XI entre autres, le pouvoir s'occupe** avec sollicitude des endiguements du fleuve. Au xviie siècle, Louis XIV appelle des ingénieurs hollandais, qui imaginent des digues submersibles. En 1730, on essaye d'améliorer le mouillage du port d'Orléans. A la même époque, et jusqu'en 1770, une commission d'ingénieurs visite à plusieurs reprises la Loire, et propose de la rétrécir entre Nantes et Paimbœuf, au grand mécontentement des marins. Les hydrauliciens sont sans cesse à l'œuvre ; rien ne les rebute, ils essayent de tout pour améliorer, pour assurer la navigation du fleuve, et en même temps empêcher les inondations : digues submersibles dans la campagne, digues insubmersibles au passage des grandes villes, réservoirs fermés ou barrages ouverts dans les vallées. De 1820 à 1860, on tente de nouveau d'endiguer, de resserrer la Loire, et finalement on s'aperçoit qu'on n'a fait que créer ainsi des obstacles à la navigation et rendre les inondations plus fréquentes. On a même dérangé, paraît-il, le régime des marées, car le flot qui se faisait sentir jusqu'à Ancenis, à 30 kilomètres de Nantes, ne monte plus, dit-on, jusque-là. Peut-être aurait-il mieux valu ne recourir qu'à des draguages prolongés, comme le demandaient tous les mariniers.

On ne s'est pas tenu pour satisfait en tentant, par des efforts séculaires, d'améliorer les allures de la Loire, on a voulu aussi faire communiquer le bassin de ce fleuve avec les autres régions du pays. On a ouvert pour cela des canaux. Le canal de Briare, le premier canal à écluses superposées et à point de partage construit en France (1638), fait communiquer la vallée de la Loire avec celle de la Seine. On marie également la Loire avec le Rhône par le canal du Centre, complété plus tard par le canal latéral à la Loire. Le canal du Centre, projeté dès le règne de François Ier, successivement étudié par Sully, Richelieu, Vauban, les États de Bourgogne, est enfin commencé par ceux-ci en 1783 sous le nom de canal du Charolais, et terminé dix ans après. Gauthey, ingénieur des États, s'illustre dans ce grand travail.

Les voies d'eau, fleuves, rivières ou canaux, sont les meilleures voies d'approvisionnement de nos ports, celles qui leur amènent, aux meilleures conditions possibles, un fret de sortie abondant, comme aussi ce sont les voies qui répartissent le plus loin, avec le plus d'économie, les matières premières apportées par les navires caboteurs ou de long cours. Un bon aménagement des canaux, des rivières et des fleuves navigables d'un pays, est par conséquent le moyen le plus sûr d'augmenter, de doubler la prospérité de ses ports de mer. Et que l'on ne dise pas qu'aux chemins de fer tout seuls incombe aujourd'hui cette importante besogne. Le canal est le moyen de transport prédestiné pour les matières les plus lourdes et de moindre valeur ; c'est en même temps le modérateur, le régulateur naturel des tarifs des voies ferrées ; dans une foule de circonstances, il peut entrer utilement en concurrence avec elles. On ne saurait mieux le prouver que par un exemple frappant, qui se présente précisément dans le bassin de la Loire, sur le canal du Berry, et que M. Krantz met heureusement en lumière dans le remarquable rapport qu'il a présenté à l'Assemblée nationale, entre les années 1872 et 1874, sur les voies navigables de la France.

Le canal du Berry, dont le projet fut préparé dès 1484, à la suite de la réunion des États-Généraux à Tours, puis étudié par Sully, par Colbert, repris en 1765, exécuté enfin en 1807, le canal du Berry fait communiquer le Cher avec la Loire. Sur le parcours entier on transporte une moyenne annuelle de 300 000 tonnes de marchandises. Bien que la ligne soit défectueuse, mal construite, sujette aux manques d'eau, aux chômages prolongés, ait des écluses trop étroites et de différentes dimensions, elle arrive à lutter victorieusement contre les voies ferrées qui lui sont opposées. Et par quels moyens ? M. Krantz va nous le dire. L'engin de traction est un âne ; le véhicule, un bateau très-économiquement construit.

et qui, avec ses agrès, ne coûte jamais plus de 1500 francs. Le marinier s'y installe avec sa famille. L'âne fournit la force motrice, mais chacun l'aide à son tour. Il prélève sa nourriture sur les francs bords du canal ou dans les prés voisins, qu'il tond de contrebande. Le modeste équipage, presque toujours à pleine charge, fait à peu près 16 kilomètres par jour. Le soir venu, on s'arrête. L'âne est dételé, rentre dans le bateau. Par ces moyens rudimentaires, le prix du fret descend à 1 centime 1/2 par tonne et par kilomètre, en y comprenant toutes les dépenses, quelles qu'elles soient. Sur le chemin de fer, ce serait au moins le triple, sinon le quadruple. Et cependant qu'avons-nous d'un côté? Des engins primitifs, un outillage incomplet, élémentaire, une pauvre famille et le plus humble des serviteurs de l'homme. Et de l'autre? De puissantes machines, savamment construites et entretenues, mises en œuvre par un personnel habile, instruit, en un mot la grande industrie avec toute sa force, sa science, sa hiérarchie, sa discipline. Malgré tout, au point de vue économique, c'est le marinier qui triomphe; le chaland transporte à bien plus bas prix que la locomotive. C'est qu'aussi le véhicule du marinier, à charge égale, pèse quatre fois et coûte trente fois moins que celui du chemin de fer, et que le travail de traction est bien moindre sur l'eau que sur le rail.

Nous avons tenu à citer cet exemple pour montrer tout ce qu'une canalisation intelligente du bassin de la Loire pourrait apporter d'avantages, non-seulement aux populations et aux campagnes riveraines, mais encore au port de Nantes lui-même, auquel cette canalisation créerait tant de débouchés et dont elle augmenterait singulièrement le fret à l'entrée comme à la sortie. A Nantes, à Saint-Nazaire, nous avons rencontré des houilles françaises qui faisaient concurrence aux houilles importées d'Angleterre. Celles-là avaient été amenées précisément des riches mines de Blanzy dans le département de Saône-et-Loire. Avec les charbons menus, les poussiers sans aucune valeur, que l'on mêle au brai, au goudron minéral, et que l'on comprime mécaniquement, on fait des briquettes. Elles sont d'un arrimage facile et d'un emploi très-avantageux dans la navigation à vapeur. La compagnie de Blanzy a fondé une usine à Nantes pour la confection de ces *agglomérés*, et ses chalands, traînés par des remorqueurs à vapeur, venaient dans le principe du port de Monceau, sur le canal du Centre, à Nantes et à Saint-Nazaire, par le canal latéral à la Loire, celui du Berry et le fleuve. C'est une distance totale de 750 kilomètres, qui n'est guère inférieure que d'un huitième à la distance de Paris à Marseille par le chemin de fer de Lyon-Méditerranée. La navigation par les canaux demande beaucoup plus de temps, mais elle est plus économique que le transport par le rail, et c'est suffisant. On n'attend pas ce charbon à jour et à heures fixes, l'approvisionnement est fait d'avance. Quand il s'agit de consommations annuelles qui peuvent s'élever à plusieurs milliers de tonnes, il suffit d'une économie de quelques francs par tonne pour permettre ou non l'érection d'une usine. Si l'économie n'a pas lieu, souvent l'usine ne peut s'édifier. Qui ne devine dès lors que le bas prix des transports règle la plupart du temps toute l'allure industrielle du pays? Malheureusement les canaux ont pour concurrents les chemins de fer, qui luttent à mort contre eux. Au moyen des tarifs différentiels, qui permettent un si notable abaissement du fret kilométrique sur une distance plus grande, on a forcé la compagnie de Blanzy à prendre la voie ferrée au lieu de la voie d'eau. Des cinq remorqueurs à vapeur qu'elle avait sur la Loire, il ne lui en reste plus qu'un seul, qui fait les voyages entre Nantes et Saint-Nazaire et Nantes et Angers; elle est même arrivée à mêler aux siens des menus anglais de Cardiff. Elle n'en produit pas moins chaque année 20 000 tonnes d'agglomérés dans son usine de Nantes, et cet exemple est bon à enregistrer.

Nous savons que la Loire n'est pas navigable toute l'année. Les crues, les basses eaux, les glaces, les brouillards, y arrêtent entièrement la navigation au moins six mois sur douze. C'est là une condition des plus fâcheuses. Nous savons aussi que tous les endiguements, tous les genres d'améliorations tentés sur la Loire, même sur la Loire maritime, entre Nantes et Saint-Nazaire, n'ont pas réussi jusqu'à présent. Il faut chercher ailleurs, soit dans des approfondissements, des draguages, qui paraissent presque impossibles à réaliser d'une manière certaine et durable, soit plutôt dans la création d'une canalisation latérale, le moyen de tirer parti des eaux du fleuve jusqu'à Nantes. Si cette canalisation s'exécute, il faudra donner au canal le même tirant d'eau partout, et à toutes les écluses les mêmes dimensions en largeur et en longueur, de manière à ce que tout ce travail présente une uniformité, une homogénéité qui permette d'aller sans transbordement, sans rompre charge, jusqu'aux plus lointaines distances; or, l'on sait que cela ne peut encore se faire en France sur aucune de nos voies navigables artificielles.

Sur la rive droite ou la rive gauche de la Loire. ces canaux seconderont l'agriculture, lui amèneront à bas prix les amendements, les engrais dont elle a besoin et transporteront vers les usines et vers les ports, notamment celui de Nantes, les produits du sol et du sous-sol : céréales, bois, fourrages, chanvres, vins, ardoises, houilles, minerais, et les produits des usines métallurgiques, de céramique ou de verrerie. Montluçon, à l'une des extrémités du canal du Cher, Montluçon, déjà si réputé par ses houillères, ses forges, ses verreries, ses cristalleries, pourrait ainsi devenir un jour une espèce de Birmingham, dont Nantes serait comme le Liverpool.

Si l'amélioration complète et durable de la Loire fluviale n'est pas possible directement, et s'il faut, pour tirer parti du fleuve, recourir forcément à la canalisation latérale dont il vient d'être parlé, on peut se demander s'il doit en être de même pour la Loire maritime ou Basse-Loire. Jusqu'ici, il faut bien le reconnaître, on n'a pas été plus heureux sur le bas que sur le haut du fleuve, et tous les efforts des ingénieurs, nous l'avons vu, sont venus échouer contre les résistances aveugles de la nature, les forces fatales des éléments. La Loire, à partir de Nantes, n'a qu'une profondeur de 5 mètres sur les 60 kilomètres qui la séparent de la mer. On voudrait porter cette profondeur à 7 mètres, pour donner la faculté à tous les navires d'aborder sûrement à Nantes en pleine charge. La chambre de commerce de Nantes est revenue plusieurs fois sur cette idée, l'a fait en partie accepter par le gouvernement, qui a détaché à deux reprises quelques-uns de ses ingénieurs pour préparer les projets et les devis de ce grand travail[1]. Quand on a soumis les pièces de cette sorte d'enquête au conseil supérieur des ponts et chaussées, celui-ci a toujours donné un avis défavorable. Les projets n'étaient pas cependant mal conçus, et le coût des travaux à faire, draguages, endiguements ou autres, avec un bassin à flot à Nantes, ne s'élevait point au delà de quelques dizaines de millions; on n'en aurait pas certainement dépensé plus de 50 dans l'ensemble, en donnant à ce projet toute l'ampleur nécessaire.

Quelques Nantais n'ont pas plus de confiance que l'État dans les travaux d'approfondissement de la Basse-Loire. Atteints de ce qu'un ingénieur du gouvernement appelait avec irrévérence la « maladie du canal latéral, » pensant qu'il vaut mieux amener la mer à Nantes que d'aller la chercher à Saint-Nazaire, ils demanderaient volontiers qu'on ouvrît un canal de grande dimension de Nantes à la mer. Nous n'avons pas à prendre parti dans ce débat, qu'il serait toutefois urgent de voir clore.

---

[1]. Voyez *Nantes et la Loire*, par M. Lechalas, Nantes, 1870, et *De la nécessité d'améliorer la Loire*, par M. Goullin; Nantes, 1870.

Quant à la situation réciproque de Nantes et de Saint-Nazaire, remarquons qu'elle n'offre rien qui doive exciter la jalousie, les méfiances, les craintes de l'un ou de l'autre de ces ports. Comment! Nantes a demandé qu'on lui donnât Saint-Nazaire, et le jour où le bassin à flot de Saint-Nazaire est creusé, Nantes le voit fonctionner d'un mauvais œil? Pourquoi cela? Quand les Anglais ont approfondi et dragué la Clyde, Glascow est devenu le grand port que l'on sait; il a vu sa population passer de 100 000 à plus de 500 000 habitants; Greenock n'est toujours que le port de l'embouchure. Nantes restera pour la France le grand port de l'ouest, quelque sort que l'avenir réserve à Saint-Nazaire, mais il ne faut pas que les Nantais boudent.

Ce n'est pas d'ailleurs d'assoupir la rivalité de Nantes et de Saint-Nazaire que l'on doit se préoccuper; ce dont il s'agit surtout, c'est d'amener à Nantes le plus de fret possible pour venir en aide à un grand port dont la situation sera bientôt chancelante, si l'on n'y prend garde. Déjà des ports comme Dunkerque, sur la mer du Nord, Cette, sur le golfe de Lyon, font beaucoup plus d'affaires que Nantes, même augmentée de Saint-Nazaire. C'est que Dunkerque et Cette sont des têtes de canaux, Nantes doit s'étudier à jouir enfin du même avantage, et ce qu'elle doit demander sans relâche, ce que sa chambre de commerce, ce que tous les Nantais doivent au besoin exiger, c'est une canalisation complète et définitive de tout le bassin de la Loire, et une communication assurée de ce bassin avec ceux du Rhône, de la Seine et du Rhin. Il faut également que le réseau de toutes les voies ferrées qui aboutissent ou doivent aboutir à Nantes soit enfin achevé, complété, et que les compagnies, pour le bien du commerce, pour le bien général, réduisent au minimum et leurs tarifs et leurs exigences. Là est principalement le salut pour Nantes, pour tous nos ports; il est aussi dans un peu plus d'activité, un peu plus d'initiative individuelle de la part des Nantais. Sans doute il y a à Nantes plus d'un bon exemple à citer, plus d'un grand armateur, plus d'un grand industriel; mais, dans l'ensemble, la place nous a paru un peu endormie, un peu paresseuse, d'humeur sédentaire, même rétrograde, et nous voudrions qu'il fût possible, dans son intérêt et dans celui du pays, de la tirer enfin de cet état de torpeur. Pourquoi, depuis quelques années, les affaires semblent-elles y rester stationnaires et sur quelques points y décroître?

Tous nos ports se plaignent, et une partie de leurs plaintes sont fondées; mais aussi ils doivent bien reconnaître qu'une part de responsabilité leur incombe dans les difficultés de la situation actuelle. Il faut faire une évolution vers les créations industrielles ; il faut s'habituer de plus en plus à transformer, à manufacturer la matière première que l'on reçoit, et non plus seulement à la distribuer aux usines lointaines, comme on faisait jadis. Le travail industriel moderne a pris d'autres allures que celui du passé. Que Nantes profite en cela de l'exemple que lui donne Marseille. Ce qui a sauvé ce port, ce sont les usines de tout genre qu'il a su établir. Il en a dans la ville elle-même, dans sa banlieue, dans le département, dans les départements voisins, et tout cela fonctionne pour ainsi dire sous les yeux et dans tous les cas avec les capitaux de l'armateur et du négociant marseillais. N'avons-nous pas vu près de Nantes, à Basse-Indre, une forge très-florissante qui date de 1825 ; à Couëron, une verrerie, une fonderie de plomb ? Ces exemples ne doivent pas être isolés. Il ne faut pas surtout, comme à la fonderie de plomb de Couëron, laisser uniquement les Anglais se livrer à ces opérations fructueuses ; il faut les suivre dans cette voie. Comment aussi laisse-t-on aux grands caboteurs anglais tout seuls le soin de porter à Saint-Nazaire les 400,000 tonnes de charbon dont Nantes a besoin chaque année ?

Des huileries de graines, des savonneries, commencent à fonctionner à Nantes. Qu'on étende la consistance et le nombre de ces usines. Qu'on augmente, qu'on agrandisse les minoteries, les distilleries ; qu'on crée des fabriques de produits chimiques. La Touraine fournit de grandes quantités de vins. Qu'on les concentre, qu'on les travaille et les prépare pour l'exportation comme on fait à Bordeaux pour les vins dits de Cahors, à Cette pour ceux du Languedoc. La confection des meubles fournit déjà un fret assez important aux navires qui partent du port de Nantes. Ne gagnerait-on point à établir de nouveaux ateliers de ce genre ? Ce n'est pas le goût qui manque en France. Les bois indigènes, le noyer, le chêne, le poirier, l'érable, y sont de bonne qualité, n'y sont pas chers, et nos ports nous amènent à bon compte tous les bois d'ébénisterie exotiques, le thuya, le palissandre, l'acajou, l'ébène. Nous pourrions fournir de mobiliers de choix une partie des habitants du globe.

Nantes doit être à la fois un grand marché et un grand atelier, un grand marché pour tout l'ouest et le centre de la France, un grand atelier exportant au dehors la majeure partie de ses produits manufacturés. Le voisinage et les progrès de Saint-Nazaire ne doivent pas effaroucher Nantes. Il y a place sur la Loire pour les deux ports. Le Havre n'a pas fait disparaître Rouen, seulement Rouen a su se transformer, et devenir l'une des premières villes manufacturières de France, quand le Havre a pris dans les transports maritimes la place que Rouen y occupa jadis. C'est là ce que doit faire Nantes. Saint-Nazaire amènera des pays lointains les matières à élaborer, Nantes les transformera dans ses usines. Cependant nos ingénieurs rendront vers l'un et l'autre port les mouvements de plus en plus faciles, et s'étudieront à améliorer et à compléter de toute façon les voies d'eau et les voies de fer, sans lesquelles il n'est pas de marine, de commerce, d'agriculture, ni d'industrie. A propos de l'amélioration de la Loire, on a présenté bien des projets, on a prodigué les promesses, et l'on n'a jamais rien fait. Il y va de l'avenir du port de Nantes, que le gouvernement sorte enfin de cette inaction absolue où il ne semble que trop se complaire.

CHAPITRE IV

LE HAVRE ET LE BASSIN DE LA SEINE

I

Le port du Havre

En 1516, il y avait à l'embouchure de la Seine, sur la rive droite, une humble chapelle dédiée à Notre-Dame-de-Grâce ; à côté, un hameau de pêcheurs et un petit port appelé l'Eure (*ora*, rivage), où avaient jadis existé des salines. Les apports du fleuve ensablaient ces parages et les exhaussaient peu à peu. Cependant on y voyait une sorte de crique qui pénétrait dans l'intérieur des terres. François Ier eut l'idée de tirer parti de cette passe naturelle et de construire là un port « pour y recueillir, loger et maréer les grands navires tant du royaume que aultres des alliés. » Le lieu était plus à proximité, beaucoup plus accessible de Paris que les ports de Saint-Malo, de Dieppe, de

Dunkerque, que la France occupait ou avec lesquels elle commerçait dans la Manche. L'endroit semblait aussi mieux choisi, l'atterrissage plus sûr et plus profond qu'à Harfleur et Honfleur, deux havres très-anciens que les sables de la Seine menaçaient de combler, mais qui avaient eu et avaient même encore leurs jours de gloire. Le premier, « port souverain de Normandie, » était situé sur la rive droite, le second sur la rive gauche du fleuve, et ils semblaient en garder tous les deux l'embouchure, de part et d'autre du vaste estuaire qu'il forme en arrivant à la mer. Quant au port de Rouen, il manquait aussi de profondeur, et il était situé beaucoup trop avant sur la Seine.

De tout temps, toutes ces localités avaient été adonnées au trafic de la mer. Harfleur existait dès l'époque romaine, peut-être dès l'époque gauloise. Il était très-florissant au temps de Guillaume le Conquérant, qui préféra cependant partir de Dieppe pour sa descente en Angleterre. Sous les premiers Capétiens, les Castillans, les Pisans, venaient y trafiquer. Le cap de la Hève, que l'on éclairait la nuit, leur signalait l'embouchure de la Seine. Les Castillans apportaient à Harfleur du vin et du blé d'Espagne, de la cire, du sel (les salines de l'Eure avaient disparu), du cuir de Cordoue, — les Pisans, les soies et les draps de Florence. Ces marchands rapportaient entre autres choses des laines et des toiles. Au commencement du seizième siècle, ce commerce s'agrandit singulièrement, tout d'un coup. La mode était aux grandes courses maritimes. La route de l'Inde par mer venait d'être trouvée, l'Amérique découverte. Les Malouins, les Dieppois, les gens des Flandres et ceux d'Harfleur, de Honfleur, de Rouen, rivalisaient depuis longtemps avec les Portugais et les Espagnols. Dieppe, en même temps que Lisbonne, avait fondé des comptoirs sur les rives les plus lointaines de l'Afrique occidentale. Le roi de France, avec raison, pensa qu'il ne serait pas trop d'un nouveau port sur la Manche pour seconder l'élan de sa marine. Il fallait aussi, par le moyen de cette espèce de sentinelle avancée, surveiller les Anglais et armer contre eux. N'étaient-ils pas nos ennemis les plus redoutables, et sur nos rivages mêmes ne possédaient-ils pas encore Calais? La fondation du Havre-de-Grâce venait donc à tous égards fort à propos, et ce devait être à la fois un port de commerce et un port militaire. Le roi, qui y avait dépêché son grand-amiral et ses ingénieurs se rendit de sa personne sur les lieux, en 1520. Il y trouva les travaux avancés et accorda à la ville naissante, afin d'y attirer en foule les marins, les pêcheurs, les marchands, et qu'elle se peuplât plus vite, une charte particulière avec

de nombreux priviléges. Le Havre prit les armes du roi, la salamandre au milieu des flammes, et faillit un moment s'appeler Ville-Françoise.

Tout alla bien tant que François Ier fut en vie. Sous le règne troublé de ses successeurs, les protestants s'emparèrent de la ville, la livrèrent un moment aux Anglais. Henri IV la racheta au duc de Villars, qui s'en était déclaré maitre. Sully, Richelieu, agrandirent le port, qui n'était encore qu'un port d'échouage où les navires s'envasaient à la marée basse, et l'entourèrent de quais : c'est de cette époque que date le bassin du roi. Colbert, Vauban, le rendirent accessible à des navires de fort tonnage, en le transformant en bassin à flot, c'est-à-dire fermé par des portes ou écluses, derrière lesquelles étaient retenues les eaux de la marée montante. En 1666, Vauban joignit le Havre à Harfleur par un canal latéral à la Seine, ouvert entre les fossés de ces deux places. Le dix-huitième siècle marqua pour le Havre une ère de grande prospérité. Ce port entretint des relations suivies avec toutes les colonies que possédait la France, surtout le Canada, la Louisiane, Saint-Domingue, les iles de France et Bourbon, et tous les établissements de l'Inde. Sous Louis XVI, le bassin du Roi étant devenu insuffisant, les bassins du Commerce et de la Barre furent décrétés; l'ingénieur Lamandé en traça les dessins. La tourmente révolutionnaire arrêta un moment ces travaux.

En 1802, le premier consul vint visiter le Havre, et applaudissant à l'heureuse situation de la ville, déclara qu'il en voulait faire « le port de Paris. » Il décida le creusement d'un nouveau bassin, celui de la Floride. Ce bassin et ceux du Commerce et de la Barre ne furent achevés qu'en 1854. Depuis, le Havre n'a pas cessé un instant de s'accroître, de s'embellir. C'est le premier de nos ports que la voie ferrée ait relié à Paris. Tous les gouvernements à l'envi se sont préoccupés de l'augmentation, de l'entretien, de l'approfondissement, de l'amélioration de ses bassins, de ses quais. A ceux que nous avons nommés sont venus s'ajouter les bassins de Vauban, de l'Eure, de la Citadelle. Il y a vingt ans, on a abattu les remparts, dans lesquels étouffait la ville et qui n'avaient plus de raison d'être depuis la fondation du port militaire et de l'arsenal de Cherbourg. On a agrandi l'avant-port. Sans respect pour les vieilles choses, on a démoli la tour de François Ier et celle du Vidame, que pleurent encore les antiquaires et qui marquaient d'une façon si pittoresque l'entrée de la passe menant aux bassins. On a construit de grands entrepôts pour toutes les marchandises, des docks, des magasins généraux ; on a édifié de nouvelles formes de radoub pour la réparation des navires, de nouveaux appareils de chargement et de déchargement. On a doté la ville de belles avenues, de quartiers neufs, de quelques édifices publics dont elle manquait. Les communes voisines, ou plutôt les faubourgs d'Ingouville, de Sanvic, de Graville, ont été comme annexés au Havre ; les villas des riches négociants d'une part, et de l'autre les vastes établissements de l'industrie, ont occupé utilement des surfaces auparavant délaissées. Le long de la côte, la ville a marché vers Sainte-Adresse, qui semble, elle aussi, n'en être qu'un des faubourgs, et elle a comme consacré cette marche envahissante en dressant sur le littoral un magnifique établissement de bains de mer qui fait concurrence à ceux de Trouville et de toutes les plages normandes. Aujourd'hui le Havre, qui au commencement du siècle comptait à peine 20 000 âmes, en compte 92 000. Aucun de nos ports, aucune de nos grandes cités manufacturières ne peut se réclamer d'un pareil développement ; aussi le Havre n'est-il plus seulement le port de Paris, mais le véritable port de la France sur la Manche. Et cependant si rapide a été de nos jours le mouvement du commerce et de la marine que des ports étrangers tels que Anvers et Hambourg, nous ne parlons ni de Londres, ni de Liverpool, ni de Glascow. ont marché encore plus vite que le Havre, lui font une concurrence acharnée et le menacent sérieusement.

Aucun port en France n'est aussi bien disposé, ne présente des aménagements aussi commodes que le Havre. Tous ses bassins sont intérieurs, fermés par des écluses, et les navires, amarrés par le flanc le long des quais, y déposent tranquillement leurs marchandises à l'abri des agitations de la mer. Quelques-uns de ces bassins, comme celui du Commerce, où accostent de préférence les longs-courriers des Antilles et de l'Amérique du Sud, sont au milieu même de la ville, et le passant assiste au débarquement et à l'embarquement des colis et à toutes les opérations du navire. Le bassin du Commerce a une forme rectangulaire, couvre une surface de 5 hectares, et ses quais mesurent 1200 mètres de long. Une haute machine à mâter est installée sur un des petits côtés du rectangle. En deçà, une belle place, au fond de laquelle s'élève le théâtre.

C'est sur cette espèce de forum, transformé en bourse en plein vent, qu'à certaines heures du jour s'installent, se promènent les négociants pour y traiter des affaires, établir le cours des denrées. Là, suivant l'offre ou la demande, se décide la baisse ou la hausse. Il n'y a pas encore d'édifice spécial, aux formes monumentales, pour abriter la chambre et le tribunal de commerce, le parquet des agents de change, avec une vaste salle ouverte à tous et des bureaux pour les courtiers, les assureurs, comme à Marseille, à Bordeaux, à Nantes. C'est la dernière chose à laquelle on a songé au Havre ; on y construit la bourse en ce moment. En attendant, qu'il pleuve, qu'il vente, qu'il tonne ou qu'il neige, le négociant havrais règle ses affaires sous le ciel. A peine trouve-t-il à s'abriter sous les arcades du théâtre ou d'un café voisin. Cette coutume d'opérer en plein air, imitée des anciens, a régné à Marseille jusqu'à ces dernières années; elle existe encore à Livourne. A Gênes, on préfère aussi le parvis découvert de la *loggia* à la grande salle intérieure. Au Havre, on prétend que, la bourse achevée, personne n'y entrera ; nous verrons bien.

Dans toute cette foule de négociants assemblés, rien qui attire les yeux. Nul costume étranger ne vient jeter une note originale, éclatante. Un jour cependant il nous souvient d'y avoir rencontré un Hindou au cafetan blanc, et peut-être même un Parsis au bonnet pointu : c'était tout. Où sont les Turcs, les Marocains, les Grecs, les Levantins de Marseille, avec leur costume élégant aux vives couleurs, leur peau bronzée, le chapelet d'ambre à la main, le tarbouch rouge sur la tête ou le vaste turban ? Et non-seulement le port principal de la Manche n'est pas, comme le grand port de la Méditerranée, une sorte de caravansérail où tous les traficants de l'univers semblent s'être donné rendez-vous, mais ce serait même se tromper que de chercher parmi les négociants havrais le type de la race normande. Le Havre est une ville relativement si moderne, ses habitants sont originaires de points si divers de la France, qu'elle n'a pour ainsi dire aucun cachet particulier. En 1871, à la suite des désastres de la guerre franco-allemande, un certain nombre d'Alsaciens, qui ne voulaient pas renoncer à leur nationalité, sont venus s'établir au Havre. Beaucoup d'étrangers se sont aussi fixés dans cette place pour y faire le négoce, des Suisses, des Belges, des Anglais, des Américains, des Scandinaves, voire des Allemands. On les accueille, on traite avec eux, car les affaires rapprochent les hommes, fussent-ils d'opinions et de races diverses. De tout ce mélange il est résulté comme une sorte de population variée dans le détail, uniforme dans l'ensemble, et dont rien n'attire tout d'abord l'attention du voyageur.

Animé d'un bon esprit, rompu au travail, le négociant havrais nous a paru s'intéresser, en dehors des soucis quotidiens de sa profession, à quelques-uns des grands problèmes sociaux ou scientifiques qui préoccupent les hommes d'aujourd'hui. La ville a fait récemment aux membres d'une association savante réunis en congrès une réception dont ils garderont longtemps le souvenir. Un ancien négociant de la place, dans un dessein philanthropique et moral aisé à deviner, a contribué à l'établissement d'un hôtel spécial pour les mousses et les jeunes novices des navires. D'autres, apportant le germe d'idées qui avaient fructifié à Mulhouse, ont fondé une école supérieure de commerce, un cercle d'ouvriers, des cités ouvrières. Tout cela prospère et témoigne de l'initiative, de la bienveillance réciproque des diverses classes de la société. On a institué des conférences, des bibliothèques, des cours gratuits; on s'est inquiété des écoles publiques. Nulle part n'existe plus vif le désir de répandre partout l'instruction. Il faut tenir compte aux négociants, aux industriels, aux manufacturiers du Havre de ne pas s'absorber tout entiers dans les opérations de leur comptoir, de leur fabrique ou de leur usine. Ils ont compris qu'ils avaient, eux aussi, charge d'âmes, et qu'après tout ils étaient directement intéressés à rehausser le niveau moral du peuple, tout en aidant à son bien-être matériel.

Le bassin du Commerce, sur l'un des petits côtés duquel se tient la bourse en plein vent, communique avec celui de la Barre; puis vient le bassin Vauban, où ancrent les navires charbonniers d'Angleterre ou d'Écosse. Le long des quais s'étendent d'une part des usines, de l'autre des docks desservis aussi par un bassin particulier. A côté des docks s'alignent les magasins généraux ou entrepôts libres. La gare du chemin de fer de l'Ouest (le Havre à Paris) est voisine et jette un embranchement le long du quai Colbert et autour des docks et des entrepôts. Les autres quais ne jouissent pas encore de l'avantage du rail. Du bassin Vauban se détache le petit canal de ce nom qui mène à Harfleur.

Le bassin de l'Eure a son grand axe presque d'équerre avec les précédents. Il tire son nom du petit port de l'Eure, qui existait anciennement dans cet endroit et disparut lors de la fondation du port du Havre. C'est un des plus beaux bassins qui soient au monde : il a une superficie de 24 hectares et 2000 mètres de quais. C'est là que sont ancrés les grands steamers transatlantiques qui font principalement les voyages de New-York, des Antilles, de l'Amérique du Sud. Autrefois ils étaient amarrés dans le bassin de la Floride, perpendiculaire au précédent. Une magnifique cale sèche servant principalement à la visite extérieure, à la réparation de la coque de ces grands paquebots, se détache sur le milieu de l'un des côtés du bassin de l'Eure; elle a 147 mètres de long, 30 mètres de large et 10 mètres de creux. On la vide au moyen de puissantes machines à vapeur, et le navire portant à sec sur sa quille, peut être aisément examiné, radoubé, calfaté, remis à neuf sur toute la surface extérieure de sa carène. Une amorce a été préparée dans le mur du quai pour construire une seconde cale sèche au voisinage de la précédente.

Le bassin de la Citadelle est le plus récent de tous ceux du Havre : la construction en a été autorisée en 1864 et elle a été terminée en 1871. Il occupe l'emplacement de la forteresse construite sous Louis XIV, et s'étend entre les bassins de l'Eure et de la Barre ; il communique avec le premier et l'avant-port. Il est muni de trois formes de radoub de différentes grandeurs pour la réparation des navires à voiles. Un môle le partage en deux darses distinctes, dont la superficie totale est de 6 hectares.

Le bassin du Roi, le plus ancien du Havre, est orienté obliquement au bassin du Commerce ; il ne sert plus aujourd'hui qu'aux caboteurs. Il communique directement avec l'avant-port. Celui-ci s'ouvre sur la Seine, et deux jetées qui s'avancent sur l'eau en marquent nettement le chenal. La jetée du sud occupe l'emplacement de la tour du Vidame, celle du nord l'emplacement de la tour de François Ier. A l'extrémité de chacune des jetées est un phare, qui la nuit éclaire l'entrée du port. En deçà du phare de la jetée nord se dresse un sémaphore muni d'un mât de pavillon, sur lequel on indique, au moyen de signaux convenus, les différentes profondeurs d'eau de la passe suivant l'état de la marée.

De la tourelle du sémaphore, on embrasse tout l'estuaire de la Seine et les plages du Calvados. L'embouchure du fleuve, à certains moments de la journée, est sillonnée par des groupes de bateaux pêcheurs dont les voiles blanches et triangulaires se dressent sur l'eau comme d'immenses ailes. A l'horizon, on devine plutôt qu'on aperçoit Honfleur, caché derrière un promontoire ; puis, perdues dans la brume ou les dunes, les stations balnéaires chères aux Parisiens, Trouville, Deauville, Villers, Houlgate, Beuzeval, Dives, Cabourg, autant de plages sableuses qui s'enfoncent doucement dans la mer et dont quelques-unes, comme Cabourg, sont précédées de bouquets d'arbres. Plus loin est l'embouchure de l'Orne, qui vient baigner Caen avant de se jeter dans la Manche.

Reportant ses regards sur la rive où l'on est, on salue d'abord l'immense établissement de Frascati, dessiné comme un hôtel à l'américaine, et qui essaye de rivaliser à la fois avec toutes les stations normandes. Après vient Sainte-Adresse, trop vantée, et la haute falaise de la Hève, qui dresse ses deux phares sur la Manche. De là jusqu'à Étretat, ou le cap Antifer le dispute au cap de la Hève, tous les deux hauts de plus de 100 mètres, la plage est coupée à pic comme une énorme muraille : c'est le type caractéristique des falaises si connues, avec leurs lits de craie blanche à bandes de rognons de silex et leurs couches de calcaires gris et d'argiles bleuâtres, semés de coquillages fossiles. Par l'effet des agents physiques, la roche s'effeuille, se divise en blocs; ceux-ci tombent peu à peu à la mer, qui les lave et les arrondit en galets. Les vagues affouillent le pied de la falaise, qui finit par porter à faux et s'écroule. Selon les endroits, le recul de la côte est évalué de 1 mètre à 2 mètres par an ; sur d'autres le recul est moindre, mais toujours très-sensible à la longue. Comme il arrive sur beaucoup de rivages, le courant marin traîne les galets avec lui le long du littoral, et l'on peut suivre l'avancement progressif de cette armée de cailloux, du cap de la Hève à l'embouchure de la Seine. Ils arrivent ainsi jusqu'à l'entrée du Havre. Par des épis ou digues transversales, qui partent du pied des falaises, on a paré à cet apport dangereux, arrêté cette marche envahissante, comme on a obvié par des chasses d'eau et des dragages répétés aux dépôts de vase et de sable amenés par le fleuve lui-même. Sans toutes ces précautions, la baie de la Seine eût pu être un jour en partie comblée et le port du Havre perdu. Dans les parages où nous sommes, les eaux de la Manche sont pour l'ordinaire boueuses, tantôt jaunies, tantôt verdâtres, tristes comme le ciel qu'elles reflètent, et qui est volontiers brumeux. Le vent souffle souvent par rafales, d'énormes vagues roulent au rivage les galets avec un grondement sinistre et projettent leur écume blanche dans l'air. Quand le voyageur est venu d'une seule traite de Marseille au Havre, de la Méditerranée à l'Océan, il se prend, devant ces eaux, devant ce ciel, si différents de ceux qu'il vient de quitter, à regretter le ciel bleu, la mer bleue et les montagnes qui la bordent, et qui revêtent des tons si vifs sous une atmosphère transparente et sous le soleil brûlant du Midi.

Laissons la Manche et ses rivages, et l'estuaire de la Seine, pour gravir la côte ardue qui enserre le Havre au nord et le ferme comme un rempart. Nous visitons de jolis villas, des jardins odorants, qui sont comme des nids de verdure et de fleurs ; c'est le *home* du négociant havrais, lequel, comme son confrère d'Angleterre, a la bonne habitude d'isoler le plus loin possible sa maison de ses bureaux. De ce belvédère élevé, nous avons une vue très-pittoresque de la ville, de ses bassins. La nuit, mille lumières surgissent et paillettent de traits de feu l'ombre noire. Des lignes scintillantes marquent la bordure des quais. Le jour, le panorama est ravissant, et l'on a peine à s'en détacher. Ce n'est pas qu'il n'y ait de vue plus magique, et que Casimir Delavigne ait eu raison ici de s'écrier : « Après Constantinople, il n'est rien d'aussi beau. » Il faut pardonner au poëte cet élan de lyrisme exagéré : il était né au Havre, et n'avait pas vu sans doute la baie de Naples et la mer de Sorrente, et encore moins la rade de New-York ou de Rio-Janeiro, ces deux merveilles du Nouveau-Monde.

L'entrée et la sortie du port du Havre sont assez difficiles aux grands navires, à cause de la disposition même des deux jetées nord et sud dont il a été parlé, et de l'étroitesse et de la courbure de l'avant-port. Tout cela gêne les manœuvres des grands paquebots et les rend parfois impossibles, tout au moins dangereuses ; il faut sortir en étant remorqué. On a déjà pris des mesures pour remédier à ces inconvénients. On a pris aussi toutes les précautions nécessaires pour obvier au comblement du port par les galets, les sables et les boues. Des chasses par des courants d'eau, des draguages répétés au moyen de machines perfectionnées, y parent suffisamment, nous le savons, et l'obstruction de la passe et des bassins n'est pas à craindre, comme quelques-uns se l'imaginent à tort. Il ne faudra pas transporter ailleurs le port du Havre. Les esprits timorés peuvent se rassurer, l'avenir est garanti. Il y a mieux, nul port au monde ne présente l'avantage de celui du Havre au point de vue de la marée. Pendant une coup le d'heures, la haute mer y reste étale, comme dit le marin, ce qui signifie qu'elle conserve son niveau sans baisser sensiblement, tandis que partout ailleurs la marée montante, arrivée à son maximum de hauteur, est tout aussitôt suivie de la marée descendante. Le phénomène particulier que l'on vient de signaler paraît tenir autant à l'amplitude de l'estuaire de la Seine qu'à la disposition particulière du rivage de part et d'autre de l'embouchure. Quelle qu'en soit du reste la raison, ce phénomène existe, et il en résulte que, pendant plusieurs heures de la haute mer, les navires peuvent indifféremment entrer au Havre et en sortir, et qu'on peut impunément laisser ouvertes les portes et les écluses des bassins. La profondeur minimum de l'eau est alors de 8 mètres au-dessus des bas-fonds de la rade.

La surface totale des huit bassins à flot du Havre, — bassins du Roi, du Commerce, de la Barre, de la Floride, de Vauban, de l'Eure, des Docks, de la Citadelle, — est de 53 hectares, et le développement des quais en longueur mesure plus de 8 kilomètres accessibles aux navires. Il faut compter en outre une surface de 11 hectares pour l'avant-port, lequel est bordé de plus de 1600 mètres de quais, dont 654 seulement sont utilisés pour la manutention des marchandises. C'est en tout une surface d'eau de 64 hectares et près de 10 kilomètres de quais. La superficie totale utile de ceux-ci est de plus de 180 000 mètres carrés[1]. Il faut aller en Angleterre, ou bien à Anvers et à Hambourg, pour trouver un port mieux doté. Le Havre l'emporte sur Marseille, sinon au point de vue de la superficie des bassins, au moins pour le développement linéaire ou superficiel des quais, alors que le tonnage du port de Marseille, c'est-à-dire la jauge des navires entrés et sortis, est notablement supérieur à celui du Havre.

Les docks du Havre sont disposés en forme de grandes halles, comme celles de gares de chemins de fer. Presque aussi vastes que les docks de Londres, ils occupent une surface de 23 hectares et peuvent contenir dans leurs magasins 150 000 tonnes de marchandises. Ici toutes les denrées du globe sont reçues, pesées, échantillonnées. Mieux encore que sur les quais, on peut dresser l'inventaire de tout ce que produisent les divers climats, les divers sols, le sous-sol. La grande nourricière, la nature, est représentée sous tous ses aspects, par les présents si variés qu'elle fait au labeur humain. Voici le coton des États-Unis, les bois de teinture des Antilles ou de l'Amérique du Sud, le café de Rio, le guano ou le salpêtre du Pérou, les

---

[1]. Voyez l'intéressante étude publiée par M. Quinette de Rochemont, ingénieur des ponts et chaussées : *Notice sur le port du Havre*. Paris, Imprimerie nationale, 1875.

laines et les peaux de La Plata, le riz de l'Inde, le tabac de Virginie, le sucre de la Havane, l'étain des Détroits, les zincs de Silésie ou de la Vieille-Montagne, le cuivre du Chili et du Lac Supérieur, le thé de Chine, puis la soie, l'indigo, l'orseille, le cacao, la vanille, enfin toutes les denrées du globe. Sur les quais, on remarque, empilés en longues bûches, en billes, en poutres, les bois de campêche ou d'acajou d'Haïti, de la Guayra, ou bien la houille d'Angleterre, les fontes d'Écosse, les planches et les madriers de sapin de Norvége. Une grande animation règne partout. Ce ne sont que charrettes qui chargent, que portefaix qui vont et qui viennent, et le long du quai Colbert, le plus sale, le plus boueux de tous, qui s'étend devant le bassin Vauban, des files interminables de wagons combles de houille.

On calcule que le mouvement général du port du Havre, en 1876, a été à l'entrée et à la sortie de 11 931 navires de tous pavillons, chargés ou sur lest, jaugeant 3 665 000 tonneaux[1]. En 1865, le mouvement correspondant n'avait été que de 11 499 navires, jaugeant 1 811 000 tonneaux. Le tonnage, dans une période de dix ans, a doublé, tandis que le nombre des navires est resté à peu près le même. Ce résultat rend sensibles deux

[1]. *Revue de la situation maritime et commerciale du Havre pendant l'année* 1876, publiée par la chambre de commerce.

phénomènes économiques qui s'accentuent de plus en plus dans nos ports : la progression ascendante du tonnage général d'une part, et de l'autre l'augmentation du tonnage moyen des navires. Dans le premier cas, c'est le développement des affaires qui se révèle ; dans le second se cache une des transformations les plus radicales de la marine marchande française. Si celle-ci se plaint si fort aujourd'hui, c'est que la lutte se concentre de plus en plus entre les grands navires. Quand ces navires sont à vapeur, ils peuvent faire deux ou trois voyages là où le voilier n'en fait qu'un. Voilà le véritable nœud de la question, et elle est à peu près insoluble si l'on veut satisfaire à toutes les plaintes de la marine marchande. Ce serait comme si les rouliers et les conducteurs de diligences se plaignaient aujourd'hui de la concurrence de la locomotive.

Le poids total des marchandises entrées ou sorties, en tonnes de 1000 kilogrammes, a été au Havre, en 1876, de 1 600 000 tonnes, dont 1 200 000 à l'entrée et 400 000 à la sortie [1]. Cela signifie que le tonnage utile des navires, celui occupé par le fret, n'a été dans l'ensemble que d'un peu moins de la moitié de celui de la jauge totale, et que le

---

1. *Tableau général du commerce de la France pendant l'année 1876.* Paris, Imprimerie nationale, 1877. — M. Quinette de Rochemont, dans la *Notice* que nous avons citée plus haut, donne des chiffres notablement supérieurs dans les deux cas : 1 800 000 tonnes entrées contre 600 000 sorties.

fret de sortie a été au fret d'entrée dans la proportion du tiers seulement. Ici comme dans tous nos ports, c'est le fret de sortie qui fait défaut. On dira tout à l'heure comment le Havre pourrait en partie remédier à ce désavantage.

La principale marchandise entrée, si l'on ne tient compte que de la valeur, c'est le coton, expédié des États-Unis ou de l'Inde ; si l'on ne regarde qu'au poids, c'est la houille provenant des mines anglaises. En 1876, il est entré au Havre 156 500 tonnes de coton (720 500 balles) et 355 000 tonnes de houille. Ensuite viennent, par ordre d'importance, eu égard au poids :

Les céréales (grains et farines). . . .	128.000 tonnes.
Les bois communs (pins, sapin) . . .	98.000 —
Les bois de teinture et d'ébénisterie (campêche, acajou).	85.000 —
Les cafés	44.000 —
Les engrais (guano, phosphates) . . .	58.000 —
Les laines.	30.000 —
Le cuivre	25.000 —
Les peaux.	23.000 —
Les graines oléagineuses	20.000 —
Les graisses.	19.000 —
Le nitrate de soude	15.000 —
Les sucres bruts	13.000 —
Les huiles	12.000 —
Les fers, fontes et aciers	11.000 —
Le zinc	11.000 —
Les vins, eaux-de-vie et liqueurs. . .	10.000 —
Le tabac.	10.000 —

Enfin les viandes fraîches et salées, le plomb, les légumes secs, le riz, le cacao, les huiles de pétrole, le jute, l'étain et une foule d'autres articles.

On peut dire que le Havre est le port des cotons, car il en reçoit à lui seul beaucoup plus que tous nos autres ports, environ les quatre cinquièmes de tout ce qui entre dans le pays. C'est ce coton qui alimente principalement les filatures de l'est, de l'ouest et du nord de la France. Le Havre est aussi le port des cafés ; c'est un des plus grands entrepôts de cette denrée coloniale, et il va presque de pair en cela avec Hambourg, Anvers, Londres, les trois plus grands marchés du café en Europe ; celui de Rotterdam est maintenant détrôné. Enfin le Havre est aussi notre principal port pour les bois exotiques, notamment le bois de campêche, que l'on rencontre partout en longues piles sur les quais. Ce bois, pulvérisé par des moyens mécaniques, fournit des poudres et des extraits très-recherchés pour la teinture.

Les principales marchandises expédiées du port du Havre sont, eu égard à la valeur, les tissus, les ouvrages en peau ou en cuir ; mais, eu égard à la quantité, c'est la houille qui vient ici encore en première ligne pour 120 000 tonnes, et ensuite :

Le sucre raffiné	23.500 tonnes.
Le coton	22.500 —
Les instruments de musique.	15.000 —
Le café	13.300 —
Les poteries, verres et cristaux. . . .	10.700 —

Les vins, eaux-de-vie et liqueurs. . .	10.000 tonnes.
Les tissus de soie, de laine et de coton.	9.500 —
Les outils et ouvrages en métaux . .	9.000 —
Les céréales.	7.600 —
Les peaux et pelleteries brutes . . .	7.000 —

Enfin les extraits de bois de teinture, les bois exotiques, le riz, les machines et mécaniques, les meubles et une foule d'objets divers, parmi lesquels figurent au premier rang les articles dits de Paris.

La valeur de toutes les marchandises d'importation et d'exportation s'élève à plus de 1 milliard et demi de francs. Il n'y a en France que le port de Marseille qui de ce chef, comme sous le rapport du tonnage entré et sorti, dépasse le port du Havre. Pourquoi celui-ci n'a-t-il pas tenté de marcher aussi sur les traces de Marseille au point de vue de la fabrication industrielle, et de créer par là aux navires qui fréquentent ses bassins le fret de sortie qui leur fait si grand défaut? Ce n'est pas à dire que l'industrie soit tout à fait absente de ce port. Il y a au Havre de grands ateliers mécaniques, parmi lesquels celui de la Société des constructions navales, fondé jadis par M. Nillus, et celui des forges et chantiers de la Méditerranée, qui ont annexé à leurs usines de Menpenti près Marseille et de la Seyne près Toulon celle qui fut dans le principe créée au Havre par M. Mazeline. On a agrandi ces derniers ateliers, on y a joint, à Graville, un chantier de constructions maritimes, où un transport à vapeur de 4000 tonneaux, commandé par l'État pour la station de Cochinchine, est en œuvre, et sera lancé en Seine dans dix-huit mois. L'usine de constructions navales de M. Normand travaille également pour l'État et la marine de commerce, et ne saurait être non plus passée sous silence. Les forges et chantiers fabriquaient lors de notre dernière visite au Havre (novembre 1877) des canons avec leurs affûts et quelques machines de bateaux. A l'ancienne usine de M. Nillus, on construisait aussi des machines de bateaux, un petit navire, on confectionnait surtout des canons. Ces commandes d'artillerie ont été faites par le département de la guerre, qui donne ainsi à l'industrie en souffrance de quoi occuper utilement et ses appareils et ses ouvriers. Il y trouve lui aussi un bénéfice, car l'industrie privée construit toujours à meilleur marché que l'État.

Le Havre reçoit beaucoup de métaux bruts, le cuivre, le plomb, le zinc, le fer. On les traite dans des usines spéciales. Le cuivre est fondu, raffiné, coulé en lingots, laminé ; le zinc étiré en planches ; le plomb laminé ou étiré en tuyaux ; le fer forgé en ancres, tordu en chaînes pour la marine ; on en fait des fils, des clous, des câbles. Une usine particulière est affectée à la purification et à la désargentation des plombs d'Espagne ; elle appartient à MM. de Rothschild. On y pratique sur les plombs espagnols, toujours très-pauvres en argent, le procédé de séparation par le zinc, dont le principe a été découvert par le chimiste allemand Karsten en 1842, mais n'est appliqué en grand que depuis une douzaine d'années : il consiste en ce fait curieux que, si l'on fait fondre ensemble du plomb légèrement argentifère et du zinc, ce dernier métal s'empare de l'argent, pour lequel il a alors beaucoup plus d'affinité que le premier. On isole ensuite l'argent du zinc, soit par l'oxydation de celui-ci, soit par la fusion avec des matières plombeuses, ou au moyen de quelques manipulations particulières parmi lesquelles celles imaginées par M. l'ingénieur Cordurié ont été de préférence adoptées.

Une fabrique de produits chimiques, où l'on préparait le chromate de potasse pour la teinture avec des fers chromés naturels tirés des États-Unis ou de Russie, avait été établie au Havre. Elle a eu peine à lutter contre les fabriques rivales d'Angleterre, et l'on n'a pas cherché à entreprendre d'autres fabrications du même genre. On a été plus heureux dans l'établissement d'une verrerie et dans la filature de coton, où il faut citer la belle usine de M. Courant. Dans le raffinage du sucre, la concurrence des usines parisiennes semble arrêter l'essor des raffineries havraises ; de même que, dans la brasserie, on doit redouter la concurrence des bières allemandes importées. L'industrie de la corderie est peu florissante, par suite de la malheureuse situation de la marine; il en est de même d'une boulangerie mécanique où l'on confectionne des biscuits pour les navires. Naguère on avait établi une rizerie, c'est-à-dire une usine à décortiquer le riz : elle a dû fermer ses portes ; à Nantes, cette industrie a mieux réussi. Enfin il faut mentionner les fabriques d'extraits de bois de teinture, qui sont en grande prospérité, et c'est tout.

Le Havre importe et pourrait recevoir en quantités plus considérables les graines oléagineuses de la côte d'Afrique, le pétrole brut des États-Unis, le nitrate de soude du Pérou. Il y a lieu de s'étonner qu'aucune huilerie de graines, aucune distillerie de pétrole, aucune fabrique de soude et d'acides minéraux, aucune savonnerie, n'existent dans ce port, alors qu'à Rouen et dans les environs de Paris on relève l'existence d'importantes usines de ce genre. On manque de fret à la sortie, voici l'un des moyens d'en avoir : construire des usines où l'on élaborera sur une grande échelle la matière brute importée, qu'on exportera ensuite à l'état de produit raffiné, transformé, définitif. On introduit des graisses et des suifs ; on peut fabriquer avec cela des bougies, des chandelles, voire de la margarine comestible, ce beurre artificiel qui menace de remplacer partout le beurre naturel des vaches. Laissons de côté la margarine et ne parlons que des bougies. A Marseille, une seule usine, celle de M. Fournier, fabrique 40 000 paquets de bougies par jour, destinés presque entièrement à l'exportation ; elle occupe 750 ouvriers, consomme journellement 28 à 30 tonnes de matières premières donnant 16 à 17 tonnes de bougies, et brûle 50 tonnes de charbon. Il y a quinze ans, cette usine ne fabriquait pas le douzième de ce qu'elle fabrique aujourd'hui. Pourquoi le Havre n'imiterait-il pas cet exemple entre tant d'autres, qu'il est désormais inutile de passer en revue ?

Le Havre ayant créé le fret de sortie, ne sera jamais en peine de l'écouler. Cette place n'entretient-elle point par ses navires des relations avec le monde entier ? Elle a d'abord toute une flotte de paquebots transatlantiques, parmi lesquels viennent au premier rang ceux de la compagnie française, puis ceux d'une compagnie hambourgeoise, qui font escale au Havre. Autrefois, quand les Américains du Nord lançaient eux aussi leurs steamers sur l'Océan, avant leur désastreuse guerre de sécession, il y avait une compagnie américaine qui avait son point d'attache au Havre. La compagnie française n'existait pas, les Allemands n'avaient pas développé leur marine à vapeur comme aujourd'hui ; le *Fulton*, l'*Arago*, couraient alors sur l'Atlantique en vainqueurs, et ne rencontraient de concurrents sérieux que chez les Anglais. C'étaient de grands navires à roues, avec une haute machine à balancier et des chaudières à basse pression. Aujourd'hui l'hélice a détrôné la roue, les chaudières sont à haute pression, la machine à balancier a été remplacée partout par des machines à traction directe, horizontales ou verticales, et l'on y a joint ce que les Anglais appellent les *compound* ou cylindres combinés. Dans ce système, la vapeur, après son action directe dans le premier cylindre, agit uniquement par sa détente dans un ou deux cylindres spéciaux accouplés au premier, ce qui procure une économie de charbon d'un tiers, quelquefois de moitié. Nous voudrions citer à ce sujet toutes les expériences comparatives si curieuses de M. Audenet, ingénieur en chef de la Compagnie transatlantique.

Les grands paquebots qui partent du Havre font principalement le voyage de New-York, emmenant vers l'Amérique les passagers, les émigrants, et charriant toutes sortes de produits, surtout les tissus, les vins, les objets d'art, les articles de mode français adoptés par l'univers entier. C'est un fret qui paie bien, mais tient peu de place, sauf les vins. Au retour, on importe de la farine, du blé, du cuivre, des fanons de baleine, du pétrole, du bois, du lard, du suif, des viandes salées, du tabac. Les passagers sont encore le meilleur colis de ces navires, et rien n'a été épargné à bord pour leur bien-être et leur sécurité. Les paquebots de la Compagnie française font le service de la poste et sont subventionnés par l'État; ils sont commandés par des lieutenants de vaisseaux de la marine militaire ou des capitaines de la marine marchande. Les uns et les autres sont de braves officiers, sûrs, éprouvés, rompus à toutes les dures fatigues de l'Océan. Les paquebots les plus grands, la *France*, l'*Amérique*, ont 125 mètres de long avec une largeur maximum de $13^m,40$, une profondeur verticale de $10^m,85$, et un tirant d'eau à la ligne de flottaison de $7^m,30$. Ce sont les Léviathans de la mer, et les dimensions ne pourraient guère en être augmentées utilement. M. Daymard, ingénieur de la marine, chef du service technique de la Compagnie transatlantique au Havre, s'est livré à ce sujet à des calculs convaincants. Il a démontré qu'une longueur de 130 mètres, avec un déplacement en charge de 8500 tonneaux, ne saurait être impunément dépassée, et que sans parler du *Great-Eastern*, des navires comme ceux de quelques compagnies anglaises, le *Germanic*, qui a 142 mètres, ou le *City of Berlin*, qui en a 149, naviguent assez difficilement et exigent de trop fréquentes réparations.

La machine d'un paquebot comme l'*Amérique* développe une force de 2600 chevaux, consomme 70 tonnes de charbon par jour, ou un peu plus d'un kilogramme par heure et par force de cheval, au lieu de deux kilogrammes que l'on brûlait naguère, avant l'adoption des machines *compound*. Il y a ainsi double économie, d'abord dans l'emploi du combustible, ensuite dans la place utile qui est restée libre pour le fret, puisqu'on emporte moins de charbon. Ces paquebots sont montés par 140 hommes d'équipage et peuvent loger 800 passagers; quand on les compare à une petite ville flottante, on fait mieux qu'une figure de rhétorique, on ne dit que la vérité. Ils ont une capacité disponible totale de 6000 tonneaux, dont les trois cinquièmes sont affectés aux machines, au charbon, aux vivres, au lest; ils partent du Havre avec 2000 tonneaux de fret payant, retournent quelquefois avec 3000. Ils se meuvent sur l'Océan avec une vitesse de 13 à 15 milles, soit 24 ou 28 kilomètres à l'heure : c'est la vitesse d'un train de marchandises sur une voie ferrée. Ni les vents, ni les vagues ne les arrêtent; ils marchent contre l'ouragan et la mer démontée, partent et arrivent à date fixe.

D'autres lignes de paquebots, moins importants, mais non moins bien aménagés, dépendent du port du Havre : les uns font les voyages du

Canada, des Antilles, du Mexique; les autres desservent l'Amérique du Sud. La compagnie des chargeurs réunis a une flotte qui opère avec le Brésil et la Plata; d'autres compagnies ont noué des relations florissantes avec les ports de l'Atlantique : Bordeaux, Nantes et ceux de la Méditerranée. Un des premiers armateurs de la place, M. Mallet, a des paquebots qui relient avantageusement le Havre aux ports de la mer du Nord, Anvers, Hambourg, Brême. Les places anglaises, Londres, Southampton, Plymouth, Glascow, Liverpool, sont mises aussi en relation avec le Havre par la vapeur. Sur la mer des Indes et l'Océan-Pacifique, le Havre n'a pas de steamers et s'en plaint : les cotons de l'Inde, le café de Ceylan, les soies de Chine et du Japon, les laines du Chili y arriveraient plus aisément que par les navires à voiles. Les longs-courriers du Havre ne doivent pas cependant être passés sous silence, ainsi que quelques navires mixtes à voiles et à vapeur, également attachés à ce port. Le Havre est une place d'armement, et ses négociants et ses marins ne veulent pas faillir à leur tâche. On regrette néanmoins que la grande pêche y soit tombée en défaveur, qu'il n'y ait plus aucun navire inscrit pour la pêche de la baleine, et que même celle de la morue, du maquereau ou du hareng ne préoccupe pas davantage les marins de ce port. Heureusement il n'en est pas ainsi dans la plupart des autres ports de la Manche, tels que Boulogne et Fécamp.

Un article d'importation intéressant, que les paquebots à vapeur commencent à introduire au Havre, est la viande fraîche d'Amérique. Le *Labrador*, le *Canada*, de la Compagnie transatlantique française, ont apporté récemment des États-Unis des quartiers de bœuf conservés par le moyen de la glace et de courants d'air glacé. Une boucherie spéciale est pour cela installée à bord des navires, et la viande, préalablement dépecée, arrive en parfait état. Elle garde, au dire des connaisseurs et des gourmets qui l'ont expérimentée, une apparence appétissante et un goût exquis. Il y a longtemps qu'à Liverpool on introduit ainsi chaque semaine des centaines de tonnes de viande de bœuf, de porc, de mouton. Bien mieux, on a fini par importer aussi ces animaux vivants. Cette viande se vend quelques *pence* de moins la livre que la viande anglaise, et c'est suffisant pour le grand nombre, pour ceux que les Anglo-Saxons appellent si bien *le million*. Quant à l'Amérique, qui massacre, fume, sale, encaque son bétail par quantités innombrables de têtes chaque année, à Chicago, à Saint-Louis, à Buffalo, à Cincinnati, à New-York, elle ne demande pas mieux que d'en saler, d'en fumer un peu moins et d'en exporter un peu plus à l'état de viande fraîche, voire à l'état de bétail vivant. Le problème de la viande à bon marché est un de ceux qu'il est le plus important de résoudre, surtout en Europe, et nos ports de mer n'y sauraient trop contribuer par l'introduction des viandes étrangères fraîches, conservées par la glace ou tel autre moyen innocent emprunté à la chimie. A ce titre, nous ne devons pas oublier de citer ici le *Frigorifique*, un navire à vapeur français qui a été aménagé spécialement en vue d'introduire en France la viande de bœuf de la Plata. Dans un premier voyage accompli en 1877, ce navire est parti du Havre, est revenu heureusement à Rouen, a envoyé une partie de sa cargaison à Paris. On sait quelle immense tuerie de bœufs se fait dans toute la province argentine, uniquement pour tirer parti de la peau et des cornes de ces ruminants : il paraît qu'on pourra aussi en utiliser la viande. Le *Frigorifique* est en ce moment à Paris. Il est amarré au quai de Billy, vis-à-vis la Manutention, et les promeneurs à l'Exposition universelle peuvent le visiter (juillet 1878). De Marseille, un autre bateau à vapeur est parti pour la même destination, et va bientôt rentrer au port. Celui-ci conserve la viande par d'autres moyens que ceux qui sont mis en usage sur le *Labrador* et le *Canada* ou le *Frigorifique*. Tant de savants, tant d'expérimentateurs sont en campagne, que l'on réussira à rendre ces projets viables et économiques. Les Anglais semblent toucher le but, et l'Amérique, qui déjà nous habillait par son coton, finira par nous nourrir avec ses bœufs.

Si cette viande fraîche, si le bétail vivant des États-Unis et de la Plata, arrivent enfin chez nous en quantité considérable et réellement à bon marché, on pourra en saler une bonne partie pour la marine, et réexporter cette viande après l'avoir ainsi préparée. La fabrication des conserves alimentaires est en grande activité à Marseille, à Bordeaux, à Nantes, où elle est si renommée ; elle est un peu trop négligée au Havre. On commencera par le poisson, les légumes, on finira par la viande, et les navires emporteront tout cela, soit pour la nourriture des équipages, soit pour celle des pays lointains. N'y a-t-il pas déjà au Havre une boulangerie, une biscuiterie pour la marine, qui fonctionnent avec succès: Du reste, la viande introduite sur pied, les bœufs et les porcs vivants trouveront dans le marché de Paris une source naturelle et comme inépuisable d'écoulement. En somme il y a là, comme dans tous les autres cas que nous avons déjà rappelés, toute une série à la fois curieuse et profitable d'expériences à tenter, et nul doute que l'esprit d'initiative des Havrais ne trouve à s'y exercer utilement. Le commerce de la place y gagnera beaucoup, tant à l'importation qu'à l'exportation.

II

La Seine maritime et fluviale. — Le littoral de la Manche.

L'embouchure de la Seine ne peut être comparée ni à celle de la Gironde, ni à celle de la Loire, qui sont en quelque sorte délimitées, disciplinées ; ce n'est pas cependant une embouchure à delta comme celles du Rhône et de la plupart des fleuves méditerranéens. Autrefois le fleuve s'étendait au large sur les campagnes qu'il baignait, il jetait çà et là des bancs de sable. On l'a endigué en amont de Berville, à l'endroit où la Risle, venant de Pont-Audemer, se jette dans la Seine, et l'on a conquis ainsi des milliers d'hectares sur son estuaire. Déjà, au temps de Louis XIV, on avait appelé des ingénieurs hollandais pour commencer ce travail en aval de Quillebeuf. Par ces endiguements, on a considérablement rétréci le lit du fleuve, tout en cherchant à favoriser la navigation du Havre à Rouen. Ce système a eu là, comme partout, des désavantages. L'entrée des eaux de la mer, avec le flot, a été moins volumineuse, et partant la sortie des eaux avec le jusant ou retour du flot, ce qui a rendu moins violentes les chasses naturelles qu'amène le jusant. Une partie de l'estuaire s'est ensablée, exhaussée, des bancs ont surgi ; des bas-fonds, d'autant plus dangereux qu'ils se déplacent à chaque instant, se sont formés ; les pilotes ont dû augmenter de vigilance, sonder en quelque sorte chaque jour pour reconnaître le chenal, les passes, et la navigation fluviale a souffert. Bien plus, les approches du port du Havre se sont à leur tour ensablées, et le port a été menacé. C'est la même histoire ailleurs, nous l'avons déjà constaté à propos de la Loire. L'endiguement des rives d'un fleuve va d'habitude contre le but qu'on se propose, quand il s'agit de favoriser par là la navigation. On n'arrive qu'à exhausser le lit, et à rendre les passes plus difficiles, souvent dangereuses.

Le Havre marque l'extrémité droite de l'estuaire de la Seine sur la Manche, Villerville l'extrémité gauche. Ce petit port est une station de bains de mer assez rustique, qui ne fera jamais oublier Trouville, sa voisine. En deçà de Villerville, sur la Seine, vient Honfleur, que nous connaissons. C'est une cité de 10 000 habitants, qui a gardé quelque chose de son antique prospérité. Elle fait un grand commerce de bois avec la Norvége, et en a importé 60 000 tonnes en 1876. Presque vis-à-vis de Honfleur est Harfleur, séparé du premier par l'immense bras de la Seine, qui n'a pas moins de 10 kilomètres en cet endroit. Harfleur est accessible aux navires par la Lézarde, une petite rivière qui se jette dans la Seine, et s'agrandit considérablement à son confluent avec elle. Ce port a beaucoup perdu de son ancien renom, et le tonnage total n'en dépasse guère 5000 tonnes par an. C'est entre Berville et le cap du Hode que finit véritablement l'estuaire, la baie de Seine, et que commencent les parties endiguées. Le cours de la Seine se déroule en serpentant. Sur la rive gauche est Quillebœuf, et vis-à-vis Tancarville, Lillebonne et Port-Jérôme, qui se suivent, puis Caudebec, à l'extrémité d'une autre courbe, et enfin, après trois autres replis consécutifs, Rouen, qui marque le sommet d'un quatrième. En continuant à remonter le fleuve, nous saluons successivement Elbeuf, Pont-de-l'Arche, les Andelys, Vernon, Mantes-la-Jolie, Meulan, Poissy, Conflans, Argenteuil, Saint-Denis, Asnières, Paris, sans parler de tous les autres ports intermédiaires, qui tous utilisent ces eaux pour la navigation. La Seine, avant d'entrer à Paris, ne fait pas moins de quatre replis sur elle-même, comme avant d'arriver à Rouen. Cette allure sinueuse, serpentine, est le caractère particulier de ce fleuve, qui tire de là, dit-on, le nom qu'il porte et que lui avaient donné les Gaulois.

Considérée au point de vue de la navigation, la Seine se divise en deux régions distinctes comme tous les fleuves navigables : la région fluviale proprement dite et la région maritime. La région fluviale n'est occupée que par la navigation intérieure, les péniches et les chalands, la région maritime par les navires qui tiennent la mer. Pour la Seine, la région maritime commence au Havre et finit à Rouen : Rouen est un port de mer au même titre que Bordeaux et Nantes. C'est à Rouen qu'est le premier pont jeté sur le fleuve en venant de la Manche; c'est là que la marée finit de se faire sentir. Limitée à Rouen, la navigation du bassin de la Seine, en y comprenant toutes les rivières navigables qui s'y jettent : l'Eure, l'Oise, la Marne, l'Aube, l'Yonne, et les divers canaux qui y aboutissent, comprend une longueur totale de 2550 kilomètres, ou deux fois et demie la distance du Havre à Marseille. Sur cette étendue, la Basse-Seine, du pont de pierre de Rouen au pont de la Tournelle (port de Bercy à Paris), mesure 241 kilomètres, et la Haute-Seine, du pont de la Tournelle à Marcilly, une longueur de 189; c'est en tout un parcours de 430 kilomètres, directement utilisés sur le fleuve par la navigation intérieure. N'oublions pas que sur ce parcours est Paris, la plus importante de nos places de commerce après Marseille et le Havre, et en aval Rouen, qui est un de nos ports les plus fréquentés, et, comme Paris, un des centres manufacturiers les plus considérables de la France. Le mouvement général de la navigation à Paris a été de 2 millions 1/2 de tonnes en 1876, et à Rouen de 750 000 tonnes.

Si la Seine maritime offre à son embouchure le phénomène d'une marée étale dont nous avons fait comprendre tous les avantages pour les navires qui fréquentent le Havre, elle présente aussi un phénomène d'un autre ordre, et celui-ci est très-gênant pour la navigation proprement dite du fleuve : c'est le mascaret. Le mascaret, qui n'est pas particulier à la Seine, mais se reproduit sur tous les fleuves dont les embouchures sont sujettes aux fluctuations de la marée, consiste dans la rencontre entre le flot de la mer qui s'avance et le courant du fleuve qui vient en sens inverse. Un choc, une sorte de duel a lieu entre les deux courants, et ce choc est très-violent à certains moments de l'année, à l'époque de quelques marées d'équinoxe. Les eaux, refoulées contre les rives du fleuve, remontent en bouillonnant, les submergent, et le spectacle, très-grandiose, très-émouvant, n'est pas toujours sans danger pour les personnes qui se trouvent trop près des rives. On part en partie de plaisir du Havre, de Rouen, même de Paris, pour assister à ce phénomène, quand il revêt ce caractère singulier. Le mascaret se fait sentir tous les jours sur la Seine maritime, et y trouble la navigation des caboteurs, des barques qui montent à Rouen ou en descendent. A plus forte raison empêche-t-il les chalands, qui pourraient venir par les canaux de l'intérieur et la Seine fluviale, d'aborder directement au Havre. On l'évite du mieux que l'on peut. Il y a sur la rive droite du fleuve, à peu près à moitié chemin entre Rouen et Tancarville, une espèce de conque que l'on appelle le Trait, et où le mascaret ne se fait pas sentir. C'est là que se réfugient les barques. Quand des bateaux non pontés, de faible tonnage, tels que les bateaux de canaux ou de rivière, ne peuvent éviter le mascaret, ce n'est généralement pas sans danger qu'ils en subissent les atteintes, le fond de la Seine est enchevêtré de leurs épaves.

Une des causes prédominantes qui font que le fret de sortie manque au Havre est précisément ce péril que le mascaret fait courir aux chalands qui pourraient lui en apporter avec économie par les voies navigables intérieures. Les matières lourdes, volumineuses, qui sont en même temps de peu de prix et ne peuvent supporter des frais de transport trop chers ni des manutentions trop répétées, ne sauraient aujourd'hui aborder avantageusement le Havre, si elles viennent d'un point de l'intérieur assez éloigné. La plupart des matériaux de construction et les combustibles sont de ce nombre : la pierre à bâtir, le plâtre, la chaux, le ciment, les tuiles, les briques, les ardoises, la houille, le coke, le bois, le charbon de bois ; beaucoup de produits agricoles ou forestiers également, tels que les sucres de betterave, les vins, les huiles, le foin, les engrais, les bois d'œuvre ; enfin tous les minerais et la plupart des métaux communs. Combien de ces produits ne verrait-on pas arriver utilement au Havre, si une voie de communication moins dangereuse que la Seine maritime, et plus abordable aux chalands et aux péniches du fleuve et des canaux qui en dépendent, pouvait directement rejoindre ce port ! Aujourd'hui l'on est obligé de transborder à Paris, tout au moins à Rouen. De là des frais qui arrêtent la plupart des envois. Si cela n'était pas ainsi, quel nouvel élément d'exploitation serait offert non-seulement aux caboteurs, mais encore à une partie des longs-courriers, même des steamers, dont quelques-uns, comme les bateaux à vapeur charbonniers, partent du Havre pour l'Angleterre presque entièrement sur lest ! Une partie des matériaux de construction que le bassin de Paris produit en si grande abondance serait reçue avec faveur par la Grande-Bretagne.

C'est pour répondre à tous ces besoins, à toutes ces demandes, qu'un canal depuis longtemps réclamé sur la rive droite de la Seine, entre le Havre et Tancarville, est en ce moment à l'étude. Ce canal partira de l'extrémité du bassin de l'Eure et suivra la rive de la Seine jusqu'au point qu'on nomme le Nais de Tancarville. D'autres préféreraient, mais à tort, utiliser le canal Vauban, qui relie déjà le Havre à Harfleur; le malheur est que ce canal est en partie comblé et inaccessible aux bateaux. Il y a plus d'un siècle qu'il est presque hors d'usage; mieux vaut recourir à un ouvrage entièrement neuf. Rouen à son tour fait au canal projeté, quel qu'il soit, une opposition absolue, comme si le port de Rouen cesserait, par la mise à exécution de ce travail, d'être l'intermédiaire obligé entre Paris et le Havre et perdrait toutes ses prérogatives, toutes ses facultés manufacturières. Il ne s'agit pas de détrôner Rouen; il est simplement question de donner à l'un de nos premiers ports et aux navires marchands qui le fréquentent une partie de ce fret d'exportation qu'en tous lieux on réclame si vivement, et qui doit contribuer au salut de notre navigation extérieure, si grandement en souffrance partout.

Le canal projeté entre Tancarville et le Havre vient d'être soumis à la double enquête réglementaire, l'enquête nautique et celle d'utilité publique. Il n'a pour but, comme le dit si bien le rapport de l'ingénieur des ponts et chaussées qui en a dressé l'avant-projet, que de permettre à la batellerie fluviale d'arriver aux bassins du Havre en évitant les dangers de la traversée maritime dans l'estuaire de la Seine. Il aura 25 kilomètres de long, avec une largeur de $43^m,60$ au niveau de l'eau, 25 mètres au fond, et un mouillage ou profondeur d'eau de $3^m,50$. Ce mouillage est supérieur de 50 centimètres à celui où doit être portée prochainement la Seine entre Paris et Rouen. D'Harfleur au Havre, le canal devra être accessible aux bricks, aux goëlettes et aux bateaux à vapeur charbonniers qui viennent de Cardiff, de Swansea, de Sunderland ou de Newcastle. Le tirant d'eau en sera par conséquent porté à $4^m,50$. Si cela devenait nécessaire, il pourrait même être amené à 6 mètres, et cela par un simple draguage. On estime que le tirant d'eau de $4^m,50$ sera pour longtemps suffisant; car, sur 4743 navires qui ont pris place dans les bassins du Havre en 1876, plus de la moitié, c'est-à-dire 2974, calaient au plus 4 mètres.

Les chalands dits rouennais, lesquels font un service régulier entre Paris et Rouen, ayant une largeur de moins de 8 mètres, le canal pourra donner passage à deux convois de chalands à la fois marchant en sens contraire l'un de l'autre, sans que ceux-ci soient obligés de ralentir leur vitesse ou courent le risque de s'échouer sur les berges en cherchant à s'éviter. Le canal sera d'ailleurs muni d'un chemin de halage sur chaque rive, ce qui facilitera non-seulement la navigation des chalands, mais encore l'entretien du canal et le chargement et le déchargement des marchandises en un point quelconque du parcours. La navigation se fera par convois, comme sur la Seine, au moyen de toueurs sur chaîne noyée ou de simples remorqueurs à vapeur. Les bateaux apporteront leurs marchandises aux établissements industriels qui existent déjà ou se créeront dans la plaine de l'Eure ou le long des rives du canal. Les terres résultant de l'excavation, rejetées en cavalier de part et d'autre, formeront des talus qui seront plantés d'arbres et qui contribueront avec ceux-ci à arrêter l'effet des coups de vent.

Le canal partira du pied même du cap de Tancarville, à 96 kilomètres à l'aval du pont de pierre de Rouen, passera au pied d'un autre cap, celui du Hode, et longera une série de coteaux ; il coupera ensuite la rivière la Lézarde au-dessous d'Harfleur, dont la communication avec la Seine sera ainsi interrompue, mais qui sera reliée au canal par un embranchement de 500 mètres. La rivière la Lézarde et les ruisseaux qui descendent des coteaux le long de la Seine assureront l'alimentation du canal. Celui-ci traversera finalement la plaine de l'Eure en diagonale et aboutira au bassin de l'Eure. En amont sera un bassin de garage dans lequel les péniches et les chalands chargés ou déchargés allant au bassin de l'Eure ou en revenant stationneront en toute sécurité. Ce bassin fluvial, long de 500 mètres, large de 60, pourra recevoir à la fois 24 chalands du type rouennais, ancrés le long de ses quais ; ces chalands n'ont pas une longueur de plus de 40 mètres.

Les dépenses auxquelles donnera lieu l'exécution de tous les travaux dont il vient d'être parlé sont évaluées à 21 millions de francs. La somme est élevée, mais le débours est pleinement justifié par la grandeur du résultat à obtenir. La chambre de commerce du Havre a offert d'y contribuer pour une part de 4 millions. Ce canal achevé, le Havre pourra communiquer aisément et économiquement avec tout l'intérieur de la France. Pour rejoindre les frontières de l'est, il n'a que la Seine et une seule ligne de chemin de fer. Le trafic fluvial, depuis nombre d'années, malgré l'accroissement qu'a pris le port du Havre ne s'est pas développé et oscille autour du chiffre assez modeste de 150 000 tonnes par an. Le rival direct du Havre, Anvers, est desservi par de nombreuses lignes de voies ferrées et de canaux qui relient ce port à la Meuse et au Rhin. Aussi, depuis vingt ans, le tonnage utile des navires entrés dans le port d'Anvers a-t-il quintuplé et est-il passé de 500 000 tonneaux, que ce port atteignait en 1857, à 2 500 000 tonneaux, chiffre de 1876, tandis que le tonnage d'entrée du Havre n'a que doublé dans le même espace de temps et est passé seulement de 1 million à 2 millions de tonneaux.

D'après M. l'ingénieur Renaud, auteur du projet de canal du Havre à Tancarville, l'exécution de cet ouvrage permettrait de réduire de 2 francs par tonne le prix du fret de Paris au Havre, et cette simple économie suffirait pour assurer à ce dernier port la clientèle de tout le bassin de la Seine au détriment d'Anvers. Le port de Cette dans le midi de la France, dans le nord Dunkerque, Gravelines, Calais, Lille, doivent aux canaux qui y aboutissent une partie de leur importance commerciale ou industrielle, de leur développement, de leurs relations toujours grandissantes ; qu'il en soit de même du Havre. Le canal projeté lui apportera certainement un ample fret de sortie, et nombre de navires ne seront plus obligés de quitter sur lest ses bassins et d'aller chercher à l'étranger des marchandises d'exportation. Rouen a fait une opposition unanime à ce projet de canal ; Harfleur, qui en bénéficiera, où le mouvement du port n'atteint pas du reste, nous l'avons dit, plus de 5000 tonnes à l'entrée et à la sortie, voit au contraire ce projet de très-bon œil ; le Havre tout entier y applaudit. M. l'ingénieur en chef Bellot a déjà donné sur cette question un avis des mieux motivés. Le résultat des enquêtes a été des plus favorables aussi, et il faut espérer que le canal de navigation fluviale entre le Havre et Tancarville sera enfin mis à exécution.

Il est impossible de traiter de la navigation de la Seine sans dire un mot ici de l'éternelle question de Paris port de mer, sur laquelle nous reviendrons ailleurs avec plus de détails et qui intéresse au plus haut point le commerce intérieur de la France. Le tirant d'eau de la Seine, qui est actuellement de 2 mètres entre Paris et Rouen, doit être bientôt, ainsi qu'il a été dit, porté à 5 mètres. Des navires d'un port effectif de 500 tonneaux pourront alors se rendre directement de Paris dans un port quelconque de France ou de l'étranger, et Paris réalisera les conditions d'un véritable port de mer ; c'est ainsi que la question doit s'entendre, et non pas par la création d'un canal maritime à grande section entre Paris et le Havre, comme le voudraient quelques-uns. Sans doute un tel canal pourrait être exécuté ; aucune difficulté matérielle ne s'y oppose, et tout peut se faire en y sacrifiant les capitaux convenables ; mais ici les bénéfices de l'entreprise seraient trop restreints eu égard à l'énorme dépense nécessaire. Aussi n'est-ce pas du creusement d'un canal maritime qu'il s'agit, mais simplement de l'amélioration, de l'approfondissement de la Seine fluviale. Déjà des bateaux à vapeur vont directement de Paris à Londres et font un service régulier de marchandises entre ces deux ports, par la Seine, la Manche et la Tamise. Il y a plus, bien des personnes se rappellent encore qu'au mois de juin 1869 un petit trois-mâts mixte, c'est-à-dire à voile et à vapeur, construit sur le système et d'après les plans de M. Le Barazer, partait du port Saint-Nicolas du Louvre pour le Japon. Ce navire avait reçu de plusieurs grandes maisons de Paris un plein chargement pour ce voyage. La maison Jappy, qui fabrique en gros des objets de quincaillerie, avait contribué pour une bonne part à cet affrètement. La traversée s'effectua par le cap de Bonne-Espérance, car le canal de Suez n'était pas encore ouvert, et l'arrivée eut lieu heureusement à Yokohama. De ce port, le navire releva pour la rade chinoise de Hong-Kong, et revint de Hong-Kong à Paris par le canal de Suez, après un an d'absence.

L'expérience, qui avait si bien réussi, fut renouvelée plusieurs fois, et pendant six ans le navire *Paris-Port-de-Mer* montra tour à tour son pavillon dans le golfe du Mexique et sur les côtes du Brésil et de la Plata, franchissant la barre de Tampico ou celle de Rio-Grande-du-Sud, abordant la petite rade de Buenos-Ayres, doublant même le cap Horn. Il était dès lors démontré que Paris pouvait, comme un véritable port de mer, expédier directement sur tous les points du globe ses produits manufacturés, et recevoir en retour les matières premières nécessaires à son industrie et à sa consommation, Un jour, en 1875, le *Paris-Port-de-Mer* se perdit. Hélas ! c'est le sort de beaucoup de navires de finir ainsi par un naufrage ; mais l'idée du promoteur hardi, patient et convaincu de cette navigation nouvelle a été reprise par ses successeurs naturels. Sa veuve, son fils, n'ont jamais douté un moment du succès définitif, et il est à penser que l'entreprise triomphera. On parle en ce moment de créer ainsi un service direct, régulier, entre Paris et Buenos-Ayres. On éviterait par là, en France, les frais de transport de Paris au Havre et ceux de transbordement ; en Amérique, les frais de transbordement de la grande dans la petite rade de Buenos-Ayres. Les transactions actuelles entre les deux places de Buenos-Ayres et de Paris sont annuellement de plus de 50 000 tonnes, ce qui permettrait d'alimenter cette navigation directe avec la certitude d'un bénéfice très-rémunérateur. Les navires, en fer et à hélice, seraient munis d'une machine de 80 chevaux, les mâts articulés, pour passer aisément sous les ponts de la Seine, et une bonne voilure permettrait d'utiliser tous les courants de l'atmosphère, surtout dans les régions des vents alisés. La jauge de chaque navire serait calculée de façon à pouvoir porter commodément 500 tonnes de marchandises, et le voyage d'aller, de Paris à Buenos-Ayres, pourrait être effectué en 40 jours. Le retour s'accomplirait dans le même espace de temps.

Le littoral de la Manche, entre l'embouchure de la Seine et celle de la Somme, est occupé par des ports de mer, dont la plupart sont aussi des stations balnéaires. Étretat, Yport, le Tréport, sont bien connus et recherchés des baigneurs, mais les plages n'y sont plus sableuses comme sur les rivages du Calvados, entre l'Orne et la Seine, et elles roulent beaucoup de galets. Fécamp est sur ces côtes un port qui arme pour la grande pêche, celle du hareng, du maquereau, de la morue; Dieppe, beaucoup plus important, entretient avec l'Angleterre des relations quotidiennes, surtout par bateau à vapeur. C'est le port le plus rapproché de Paris.

Au-delà de la Somme, la côte se dresse verticalement sur la carte, puis fait un retour d'équerre pour entrer dans la mer du Nord. Boulogne est sur la première arête, Calais, Gravelines, Dunkerque, sur la seconde. Tous ces ports sont en pleine croissance, et Calais, Gravelines et Dunkerque doivent aux canaux qui les mettent en communication directe avec ceux de la Belgique, avec la Meuse, avec l'Escaut, une partie de leur prospérité. A Boulogne, qui est devenu rapidement l'un de nos premiers ports de mer, on va commencer des travaux d'agrandissement, de nouvelles jetées. A Calais, qui est resté le point de passage le plus fréquenté entre la France et l'Angleterre, celui où l'on s'embarque le plus volontiers parce que la traversée y est la plus courte, on étudie actuellement les moyens de rejoindre l'Angleterre par un tunnel sous-marin, pour aller, sans transbordement, sans rompre charge, de Paris, au besoin de Marseille, à Londres. D'autres, à défaut de tunnel, préconisent la construction de navires porteurs qui recevraient sur des rails tout un convoi de wagons et le remettraient à destination, sur le rivage opposé, sans dérangement, sans même que le roulis fît sentir ses effets. Quelques-uns enfin, plus audacieux encore, ne reculent pas devant l'érection d'un pont gigantesque qui relierait à travers la mer Calais à Douvres et laisserait bien loin derrière lui le pont de marbre que Michel-Ange devait, dit-on, construire sur le Bosphore pour Soliman le Magnifique, ou encore le pont suspendu que les Américains jettent en ce moment entre New-York et Brooklyn, pont qui aura 1800 mètres de long et et 40 mètres de hauteur.

Quel que soit le développement des ports de

commerce que l'on vient de citer, quelle que soit la part que leur réserve l'avenir, aucun d'eux ne saurait entrer en compétition sérieuse avec le Havre. Celui-ci reste le principal port de commerce de la France sur la Manche, et Dunkerque, Calais, Boulogne ni Dieppe ne pourraient prétendre à lui disputer jamais la prééminence, encore moins, au-delà du cap de la Hogue, Saint-Malo, qui eut jadis tant de renom et jeta tant d'éclat sur les mers.

Entre l'embouchure de la Seine et l'Orne, il n'y a que des stations balnéaires que nous connaissons et qui sont en même temps des ports de pêcheurs. Sur l'Orne, Caen est plutôt un port de rivière qu'un port de mer. Au-delà de l'Orne, la côte court de l'est à l'ouest et jette dans les terres, à l'extrémité de son parcours, une espèce de golfe à deux pointes. Sur l'une est Isigny, sur l'autre Carentan. De là le rivage s'avance dans une direction nord-sud jusqu'à la pointe de Barfleur, et délimite ainsi, entre cette pointe et le Havre, ce creux de la Manche que l'on nomme la baie de la Seine. La pointe de Barfleur sert de relèvement aux navires qui viennent de l'Atlantique et vont au Havre ou qui partent de ce port pour l'Océan. De Barfleur au cap de la Hogue, le rivage reprend une direction normale à la précédente, c'est-à-dire moyennement orientée de l'est à l'ouest. Sur le milieu est Cherbourg, avec sa digue de 4 kilomètres qui se profile sur l'Océan et que les vagues recouvrent quand elles sont en furie. Ce travail audacieux, dont les fondations sont à 20 mètres sous l'eau et qui défend et abrite la rade, est un des ouvrages les plus hardis qu'il ait été donné à l'homme de concevoir et de construire. De Louis XIV à Louis XVI, on y a vainement travaillé par tous les moyens ; la mer semblait prendre plaisir à défaire l'œuvre commencée à peine, et l'art de l'ingénieur n'était pas encore, paraît-il, assez avancé, assez perfectionné, pour mener cette grande chose à bonne fin. A notre époque, on a fini par résoudre le problème au moyen des blocs artificiels de béton, déjà essayés avec tant de succès au port de Livourne par M. l'ingénieur Poirel, puis à celui d'Alger, à celui de Marseille, et jusqu'à celui de Port-Saïd, où MM. Dussaud ont imaginé de les faire en sable comprimé. A Cherbourg on a immergé des blocs de béton qui ont jusqu'à 20 mètres cubes de volume. Au total, le travail a duré soixante-dix ans, de 1784 à 1854, et l'on y a dépensé 70 millions. Il ne faut pas regretter de pareilles entreprises ; quelque longues et coûteuses qu'elles soient, elles grandissent et protégent à la fois la nation qui les conduit à bien. Si le Havre est le principal port de commerce de la Manche, n'oublions pas que Cherbourg en est l'unique port militaire.

La pêche et l'ostréiculture sont en faveur sur la Manche non moins que sur l'Océan. Paris, le nord et le centre de la France sont pour tous les pêcheurs de ces parages des clients toujours assurés et qui paient bien. Quant à l'ostréiculture, elle a depuis quelques années donné lieu à nombre d'entreprises qui mériteraient toutes d'être citées, à Courseulles, à Grand-Camp, à Saint-Waast dans la baie de Seine, comme à Granville, Regnéville et Cancale, de l'autre côté du département de la Manche, ainsi qu'au Vivier et à Fosse-Mort près de Saint-Malo. Toutefois c'est sur l'Atlantique, entre Brest et Arcachon, que la culture des eaux marines s'est surtout développée, et les établissements français de la Manche ne sauraient cette fois entrer en parallèle avec ceux de l'Océan.

III

Les besoins du Havre et du commerce français.

Le port du Havre, tel que nous l'avons décrit, réclame quelques améliorations. Il faut élargir la passe, agrandir l'avant-port, doter tous les quais de voies ferrées qui permettent la circulation facile et économique des marchandises ; il faut y construire des hangars pour abriter celles-ci, transformer en ponts de fer à mouvements rapides les ponts de bois installés sur les écluses ; il faut ouvrir une nouvelle cale sèche pour la réparation des grands paquebots ; toutes ces choses sont en projet, et nous en avons déjà dit un mot, mais tout cela ne suffit point. Il faut aussi au chemin de fer une gare plus vaste, plus confortable que celle qui existe, et une véritable gare maritime. La compagnie de l'Ouest ne doit pas oublier que le Havre est son meilleur client et qu'elle est elle-même le premier entrepreneur de transport, en quelque sorte le premier négociant de la place, puisqu'elle ne voiture pas moins de 1 million de tonnes de marchandises, et que le mouvement des voyageurs à l'arrivée et au départ est au total de plus de 500 000 individus. On dit que la compagnie est animée d'un très-bon vouloir à l'égard de cette place, qu'elle a un moment négligée. Peut-être ferait-elle bien d'établir une nouvelle ligne de sortie le long de la Seine, plus courte que celle qui existe et qui aborde le Havre par le sommet des coteaux. Il faut songer qu'il y a là de nombreux viaducs, dont une pile, un arceau, pourrait peut-être s'écrouler un jour ou tout au moins exiger quelque réparation urgente, et fermer ainsi, pendant tout le temps que durerait cet arrêt forcé, toute sortie par terre au Havre, nous entendons toute communication ferrée avec Paris. Ce n'est pas trop de deux lignes de fer pour le dégagement d'un port comme celui-là. Anvers, son heureux rival sur l'Escaut, en a trois, sans compter le fleuve lui-même, qui est autrement navigable que la Seine, sans compter aussi les nombreux canaux qui y aboutissent et où se fait une circulation si active.

Aujourd'hui il faut que la marchandise soit voiturée vite, sans perte de temps au départ, dans le trajet, à l'arrivée, sans magasinage, sans entrepôt forcé ; il faut éviter les manutentions inutiles, les frais de transbordement intermédiaire. Quand les hommes d'affaires anglais répètent leur dicton favori « le temps, c'est de l'argent, » ils l'entendent de cette façon. La marchandise remise le soir à Londres, au chemin de fer, est délivrée le lendemain dans la journée à Liverpool ; la distance est de 332 kilomètres. De Paris au Havre, la distance n'est que de 226 kilomètres, et l'on prend cinq jours par petite vitesse (les Anglais ne connaissent pas cette expression), sur lesquels on compte un jour pour l'expédition, un jour pour la délivrance du colis ; c'est de droit, mais c'est trop, et le commerce réclame aujourd'hui plus de promptitude. Il en résulte que sur certains embranchements ferrés en France les wagons manquent, les gares sont encombrées, que le roulage marche encore plus vite que la locomotive, et que le transit s'éloigne de nous.

Ce n'est pas seulement par une économie de temps, sinon par une augmentation de vitesse, c'est aussi par une diminution de quelques francs sur le prix du fret par tonne que l'on détourne la marchandise au profit de telle ou telle place. Cela est bien prouvé par l'exemple d'Anvers, de Hambourg, qui viennent, dans tous nos départements de l'ouest, faire concurrence au port du Havre pour l'importation ou l'exportation de certains produits. Une partie de nos sucres raffinés, de nos cotonnades, de nos toiles, s'exportent de préférence par ces places étrangères, et des bois, des cotons bruts, nous arrivent par elles à meilleur marché que par le Havre. Pour le raffinage du sucre, Paris est mieux placé que le Havre, reçoit les sucres de betterave avec moins de frais; les houillères des départements du Nord et du Pas-de-Calais, qui expédient leurs charbons à Paris, ne peuvent les envoyer au Havre. Ce port emprunte à l'Angleterre seule les 350 000 tonnes de houilles dont il a besoin annuellement, et néanmoins nos houillères du Nord sont plus rapprochées du Havre que les houillères anglaises; mais les voies de transport économique, les embranchements de voies ferrées, les canaux surtout font défaut. Il faut parer à tous ces désavantages, et c'est pourquoi on doit réclamer non-seulement une seconde ligne ferrée, une ligne riveraine de la Seine rejoignant directement le Havre à Rouen et Paris, mais aussi des embranchements transversaux reliant le Havre à Amiens, à Lille, par le plus court chemin, comme on doit réclamer encore la construction aussi prochaine que possible du canal du Havre à Tancarville.

Quand toutes les voies de communication qui manquent à notre grand port de la Manche pour en assurer les débouchés auront été ouvertes, cela ne suffira point. Il faut que partout les tarifs de transport soient abaissés au minimum, et qu'ici, comme sur tant d'autres lignes ferrées, les tarifs différentiels, ces tarifs où l'on diminue le prix du parcours kilométrique par tonne à mesure que la distance totale augmente, ne soient pas établis de telle sorte qu'ils favorisent les manufactures étrangères au détriment des manufactures nationales. Une tonne de coton transportée du Havre en Alsace ou en Suisse par les chemins de fer français ne doit pas coûter meilleur marché qu'une tonne de coton transportée du même port à nos manufactures de l'est, et c'est cependant ce qui a lieu. Il faut aussi faire en sorte que du port d'Anvers on n'expédie pas cette denrée à meilleur compte vers les mêmes places intérieures que du port du Havre, et qu'il faille payer par exemple 44 francs la tonne du Havre à Benfeld (Alsace), tandis que d'Anvers à la même ville le fret n'est que de 26 fr. 60 cent. Ce n'est pas que la distance soit moindre, c'est que le fret par tonne et par kilomètre est bien moins élevé en partant d'Anvers que du Havre. D'après un négociant de cette place, M. Jules Siegfied, qui a fait de cette question délicate une étude des plus approfondies, il est constaté que pour les cotons bruts, les laines, les bois de teinture, les cuirs, les soieries, les colonnades, les cafés, les fromages, les blés, la différence du tarif kilométrique en faveur d'Anvers varie de 9 1/2 à 33 pour 100.

Pourquoi les tarifs des chemins de fer français resteraient-ils ainsi toujours plus élevés que ceux des chemins de fer étrangers? Il ne s'agit pas seulement, en cette matière, de distribuer de gros dividendes. En Angleterre, les actionnaires de voies ferrées reçoivent un intérêt moindre de leurs capitaux que les actionnaires français, mais le public est mieux traité des compagnies, et M. Ch. de Franqueville, qui a fait un examen détaillé des travaux publics de la Grande-Bretagne, a été forcé de reconnaître que le service de l'exploitation des chemins de fer y était plus satisfaisant qu'en France. Si les compagnies jouissent chez nous d'un monopole pour ainsi dire sans limite, qui leur a été concédé à une époque où l'État ne pouvait prévoir encore le développement futur des chemins de fer et le rôle prépondérant qu'ils joueraient dans l'économie du pays, il faut que les compagnies n'abusent pas de ce monopole, et dans la pratique de leur droit ne méritent pas qu'on leur applique l'axiome juridique, que l'exercice absolu du droit est une souveraine injustice. A côté du droit strict, il y a le devoir. Le devoir, c'est ici de songer un peu plus au bien public, à la prospérité nationale, laquelle est si intimement liée à la sage exploitation des chemins de fer, ce que les compagnies ne devraient jamais oublier. Le commerce tout entier de la France réside dans une question de transports intérieurs. C'est parce que cette question est mal comprise, mal résolue, que la plupart de nos ports ne se développent pas comme ils le devraient et que les ports étrangers leur font une si terrible concurrence, au grand détriment de nos classes travailleuses et du bien-être général.

Revenant à ce qui concerne plus particulièrement le port du Havre, il nous faut reconnaître que d'autres réformes y sont urgentes, notamment au point de vue administratif. Le Havre est resté une sous-préfecture. L'expédition des affaires publiques en souffre considérablement, surtout si l'on réfléchit que Rouen, le chef-lieu, la préfecture du département de la Seine-Inférieure, s'est révélé depuis quelques années comme le concurrent inquiet et méfiant du Havre. Ne pourrait-on point obvier à ce désagrément d'un genre particulier, en faisant un département distinct, sous le nom de Seine-Maritime, d'une partie de la Seine-Inférieure ? Le Havre serait le chef-lieu naturel de ce nouveau département. Qui pourrait s'opposer à une modification devenue si pressante ? On a bien su, lors de l'annexion de Nice à la France, créer sous le nom d'Alpes-Maritimes un département dont l'utilité se faisait moins sentir que pour celui-là, et qui détachait même du département du Var la petite rivière qui avait donné son nom à ce dernier. Dans ces sortes de choses, ce qu'il faut éviter c'est le mécontentement des citoyens. Il faut veiller à ce que les affaires reçoivent partout la solution la plus prompte et la plus satisfaisante ; il faut se dire qu'il n'est pas de petite question ; il faut penser à tout, tout prévoir, tout résoudre, il faut surtout faire en sorte que l'étranger ne profite pas de notre imprévoyance, de nos malheurs passés, pour s'élever au-dessus de nous et conquérir une suprématie que nous ne saurions lui faire perdre plus tard.

Le Havre, malgré ses développements qu'on ne saurait nier, souffre comme tous nos ports. Le dernier recensement y indique néanmoins une augmentation de 5 000 habitants depuis 1872. Avec toutes les améliorations qui viennent d'être réclamées, avec l'abaissement des tarifs de transport, les affaires y auraient pris un tel accroissement, une telle activité, qu'il y aurait eu certainement à constater une augmentation de population beaucoup plus grande. Et ce ne sont pas seulement les tarifs de transport intérieur qui gênent l'essor du Havre. Si ceux-ci sont trop élevés, les tarifs de transport extérieur, c'est-à-dire les frets maritimes, ont tellement été avilis pendant l'année 1876, par l'effet d'une concurrence effrénée et d'autres raisons économiques, que la navigation transocéanienne à vapeur en a considérablement souffert. Des marchandises ont été transportées d'Angleterre en Amérique au prix de 5 francs la tonne(c'est le prix de Rouen au Havre) et des passagers pour 50 francs. Le port du Havre a éprouvé plus que tout autre le contre-coup de cette crise, parce que les droits de navigation y sont plus élevés que partout ailleurs. Ainsi, M. le capitaine de frégate Vial, agent principal de la compagnie transatlantique, nous apprend que, pour le voyage d'un des paquebots de cette compagnie, les droits de quai, de navigation, de tonnage, de péage, enfin le droit sanitaire, se sont élevés au Havre à la somme totale de 9713 francs. A New-York, le même navire n'a eu à payer que 3259 francs, ou trois fois moins.

A côté des difficultés locales de tout genre particulières à chaque port, il y a les difficultés générales qui sont inhérentes à tous et qui affectent si grandement notre commerce extérieur. Notre éducation en France n'est guère dirigée vers les affaires. Alors que, dans des pays étrangers comme l'Angleterre, l'Allemagne, les États-Unis, la Suisse, l'Italie, le commerce est tenu en grand honneur, en France on semble avoir pour lui une sorte de dédain inné. Cela date de loin, et les gentilshommes de la cour de Charles IX ou ceux de la cour de Louis XIII reprochaient déjà avec arrogance à Catherine ou à Marie de Médicis, dont les parents occupaient cependant non sans éclat un trône grand-ducal, de n'être issues que d'une famille de *mercadans*. Cette manière de voir n'a pas pas changé, et, malgré les conquêtes sociales de 1789, malgré l'esprit démocratique et égalitaire qui partout nous envahit, le commerce chez nous ne semble pas faire encore partie des professions que l'on est convenu d'appeler libérales. Dans quelques lycées existent des cours spéciaux d'enseignement secondaire où l'on apprend la comptabilité, le système métrique, la tenue des livres, la correspondance commerciale, la géométrie, la physique et la chimie usuelles, la géographie appliquée, la cosmographie, l'histoire naturelle pratique, les usages du commerce et de la banque, les langues étrangères. Ces cours sont appelés ironiquement par les latinistes le *refugium pigrorum*, et de fait ce n'est pas la fine fleur des lycéens qui les suit. Il semble, non-seulement à ceux qui font ce qu'on appelle leurs humanités, mais encore aux parents, aux professeurs, que le latin et le grec pareront à tout dans la vie à venir, et qu'une certaine connaissance des choses matérielles de ce monde est tout à fait inutile. Sans doute, depuis trente ans, les idées ont un peu changé : on s'est mis à étudier avec plus d'ardeur la géographie, les langues vivantes, les sciences appliquées ; on a fait une part moins grande aux langues mortes. Les découvertes surprenantes des sciences physiques ont éveillé la curiosité de chacun ; des écoles de commerce, des écoles techniques se sont partout fondées ; puis les hommes de finance, les grands entrepreneurs et industriels ont conquis dans notre société une place de plus en plus prépondérante à la suite de l'immense fortune que la plupart ont su réaliser. Quoi qu'il en soit, l'esprit d'exclusion pour la carrière commerciale persiste encore en partie dans l'éducation universitaire, et les parents eux-mêmes y prêtent la main. Écoutez-les : après le baccalauréat, ce couronnement des études de latin et de grec, ils enverront leurs enfants à l'École de droit ou de médecine, quand ceux-ci n'entreront pas à l'École normale ou polytechnique, ou à d'autres écoles savantes. C'est là le rêve caressé par la mère et le père ; bien peu pensent à une école supérieure de commerce. En France, il entre dans ces établissements presque autant d'étrangers que de nationaux, et les familles laissent à ceux qu'elles appellent dédaigneusement les petites gens (qui voudrait en être?) le soin d'envoyer leurs fils à ces sortes d'écoles professionnelles.

Il y a là un vice à détruire. Il faut ennoblir les études commerciales, il faut leur faire la place qui leur convient à notre époque, et alors on ne verra pas nos négociants eux-mêmes s'étudier à donner à leurs fils une autre carrière que la leur; car c'est aussi pour nous une cause d'infériorité à l'égard de l'étranger, que bien peu de parents consentent à faire suivre à leurs enfants la carrière paternelle, surtout dans le négoce et la banque. Il n'en est pas de même en Angleterre, où l'on voit beaucoup de maisons vieilles d'un siècle et plus, qui passent de père en fils et sont fières de leur ancienneté. Peut être, dans tout le commerce de Paris, aurait-on de la peine à relever plusieurs exemples de ce genre. Il est vrai que l'égalité des partages a été chez nous une cause de la ruine, ou tout au moins de la disparition de beaucoup de grandes maisons de commerce. Il faut en faire son deuil, car sur ce point il n'y a pas à revenir. En Angleterre, les cadets n'attendent rien de l'héritage paternel et cherchent à faire fortune dans les affaires. En Allemagne, où la noblesse occupe presque toutes les fonctions de l'État, les bourgeois se font banquiers ou commerçants. Chez nous, rien de tout cela, et c'est à qui aura une place du gouvernement. On aime mieux gagner peu à ne rien faire, que de tenter la fortune par de virils efforts.

Notre commerce, notre marine marchande se plaignent, et depuis bien longtemps. Les causes que nous venons de rappeler entrent pour beaucoup dans leurs souffrances, on oublie généralement de les invoquer. Ces causes ne disparaîtront que par le vouloir énergique des intéressés. Qu'y a-t-il encore? Nous ne voyageons pas volontiers, nous ne nous déplaçons pas aisément pour aller étudier les besoins, les habitudes des peuples étrangers. Il était question il y a trois ans d'installer des chambres de commerce françaises au dehors, à New-York, à la Nouvelle-Orléans, à San-Francisco, à Rio-Janeiro, à Valparaiso, dans l'Inde, en Chine, au Japon, et d'indiquer par leur moyen à nos négociants indigènes les objets que ces pays réclament de préférence. Le ministre qui avait eu cette idée entendait favoriser ainsi et diriger en quelque sorte notre commerce d'exportation. C'est fort bien ; mais outre que, dans quelques cas, on aurait eu de la peine à trouver un nombre suffisant de négociants français expatriés pour en composer ces chambres de commerce lointaines, il faut reconnaître aussi que les armateurs de Londres, de Liverpool, d'Anvers, de Hambourg, n'ont pas besoin qu'on leur dise quelles sont les marchandises qui manquent à l'étranger. Ils le savent, ils vont, s'il le faut, s'en enquérir sur place par eux-mêmes, et ne font pas comme ce négociant de Paris qui avait un jour expédié un chargement de parapluies à Lima, et attendait un grand profit de la vente de cet article. Or il ne pleut jamais dans cette région du Pérou. On pourrait citer beaucoup d'autres faits de ce genre. Les Anglais ont un proverbe pour désigner ces sortes d'opérations ; ils appellent cela « porter du charbon à Newcastle ».

Nos consuls sont pour beaucoup dans l'ignorance où nous sommes des demandes de l'étranger. La plupart n'occupent guère leur poste, et le laissent le plus souvent gérer par des agents secondaires. Quand ils y sont, leur unique but est de monter en grade, et alors ils prennent en dégoût le pays où ils séjournent. Souvent ils n'en connaissent pas la langue. Dans des places comme Bombay, New-York, il y a eu des consuls généraux de France qui ne savaient pas un seul mot d'anglais. Comment, dans ces conditions, résider volontiers dans le pays que l'on est chargé d'étudier, comment s'y plaire, comment en définir utilement les ressources, les besoins? Certes, depuis quelques années, nous avons en cela fait quelques progrès ; on a stimulé nos consuls, on a fait honte à leur apathie, on a publié assez régulièrement leurs rapports dans les *Annales du commerce extérieur*, dont les bulletins naguère paraissaient de plusieurs années en retard ; mais il y a encore beaucoup à faire de ce côté, et tant de réformes à introduire dans cette section du département des affaires étrangères, laquelle ne devrait ressortir d'ailleurs qu'au ministère du commerce, qu'il est inutile d'y insister plus au long. Combien différents sont les consuls de l'Angleterre, de la Belgique, de l'Italie, qui, résidant très-longtemps, quelquefois toute leur vie, dans les pays où on les envoie, peuvent y faire le commerce et le plus souvent en parlent couramment la langue ! Ceux-ci ne se mêlent pas de politique internationale, ne cherchent pas à jouer un rôle d'agent diplomatique, ne compromettent pas leur gouvernement dans des situations difficiles, parfois inextricables, et le commerce de leur pays n'en va que mieux.

A la place des colonies que nous avons perdues, que nous n'avons pas su garder, nous en avons conquis d'autres, l'Algérie, la Nouvelle-Calédonie, la Cochinchine. Nous avons étendu nos établissements sur la côte occidentale et orientale d'Afrique, au Sénégal, au Gabon, dans la mer des Comores, autour de Madagascar, dans la mer des Antilles et dans les mers du Sud. Beaucoup de ces colonies exportent aujourd'hui des quantités considérables de marchandises vers nos ports, et reçoivent une partie de notre fret de sortie. Seulement, la plupart d'entre elles sont soumises à un régime militaire étroit, mesquin, vexatoire, qui gêne les colons, les décourage, les éloigne. Il faudrait répudier hardiment un système aussi suranné, donner plus de liberté à la colonie, y appeler par des mesures généreuses les bras qui manquent, et qui sur tant de points déserts et encore improductifs viendraient féconder le sol. Nous n'émigrons pas assez. Si notre ignorance des langues étrangères nous empêche de nous établir aux États-Unis, émigrons au moins en Algérie, en Cochinchine. Il n'est pas exact de dire que l'émigration affaiblit la métropole en la privant d'une partie de ses enfants. Notre commerce extérieur au contraire gagnerait étonnamment à envoyer à ces embryons de Frances lointaines les produits de la mère-patrie. Le plus souvent, d'ailleurs, ce sont des mécontents, des déshérités du sort qui émigrent ; ils vont au loin exercer leur activité, chercher un foyer, faire fortune. L'émigration est le grand exutoire de l'Angleterre, de l'Irlande, qui sans cela seraient dévorées par le paupérisme. A l'Allemagne, qui manque de colonies pour écouler au loin ses produits et utiliser sa marine, l'émigration a pour ainsi dire donné des colonies. Les Amériques sont pleines d'Allemands ; il y en a aujourd'hui dix millions, émigrés ou fils d'émigrés, aux États-Unis seulement. Voyez ce qui se passe à La Plata, où nos Basques pyrénéens, établis de longue date, font en partie la fortune du port de Bordeaux. Cette place leur expédie ses vins, qu'ils boivent volontiers ; ils lui envoient en retour les laines et les peaux de La Plata, dont Bordeaux est devenu le principal entrepôt en France ; c'est peut-être le premier article de son commerce d'importation. Que de villages pourraient imiter nos villages basques! Vous craignez, dites-vous, d'appauvrir la nation par ces départs, vous l'enrichissez au contraire. L'Angleterre, l'Allemagne, la Chine, ne se sont pas affaiblies par l'émigration, et chacun, au reste, n'a-t-il pas le droit d'aller conquérir au delà des mers la liberté, le bien-être, l'indépendance, quand il ne trouve point tout cela au pays natal ? C'est par millions que l'on compte les émigrants irlandais qui, comme les Allemands, sont allés aux États-Unis depuis trente ans ; c'est par centaines de mille que les Chinois se sont rendus sur les rivages du Pacifique, au Pérou, à Panama, en Californie ; puis dans la mer des Antilles, à la Havane, enfin en Australie. Ils seraient des millions, comme les Irlandais et les Allemands, si les Anglo-Saxons n'avaient pas regardé d'un œil jaloux et cherché à éloigner pour toujours ces travailleurs de race jaune. Quoi qu'il en soit, partout où ils ont mis pied, tous ces émigrants, même les coulies hindous qu'on engage dans nombre de plantations et qui apparaissent par centaines de mille, eux aussi, dans les colonies de l'Océan Indien, tous ces émigrants ont donné naissance à un grand commerce avec la mère-patrie. Quelques-uns, du reste, comme les Chinois, ne sont pas partis sans esprit de retour, et sont revenus au pays natal, fût-ce dans leur cercueil. Les Basques reviennent aussi dès qu'ils ont fait fortune, et montrent le chemin à d'autres.

Ce que nous demandons, ce n'est pas une abdication absolue, un changement complet de nationalité ; c'est un changement momentané de théâtre, quand le théâtre sur lequel on travaille est trop encombré et que l'activité de chacun ne peut pas s'y développer à l'aise. Après avoir réussi au loin, on revient à la maison paternelle et l'on dit au voisin : A ton tour! En attendant, le commerce extérieur de la France, le développement de nos colonies, ont singulièrement gagné à cette émigration.

Tout ce que nous disons ici s'applique au Havre plus encore qu'à tout autre port. Les paquebots de la Compagnie générale transatlantique sont pour la plupart aménagés pour le transport des émigrants; ils n'en reçoivent qu'un très-petit nombre. En 1876, ils n'en ont transporté que quelques milliers, alors que de Hambourg ou de Brême, d'Anvers ou de Liverpool, il en est parti en tout 100 000, et que ce nombre était trois fois plus considérable il y a quelques années, avant la crise financière américaine qui sévit depuis cinq ans. En France on n'émigre guère, nous le savons, et très-peu parmi les émigrés qui partent du Havre sont de famille française. Nos nationaux sont même en minorité parmi les passagers de première et de seconde classe sur les paquebots français. Répétons-le, nos négociants ne s'expatrient pas volontiers. Il ne faut pas toujours supposer que ce ne sont que les infortunés qui émigrent. Beaucoup de grandes maisons de banque, de commerce, d'armement, d'assurances, anglaises, allemandes, américaines, ont l'habitude d'établir des succursales à l'étranger. On les rencontre dans l'Inde, en Australie, en Chine, au Japon, au Cap, à l'île Maurice, à Madagascar, à Zanzibar, à Aden, à Suez, dans tous les comptoirs de l'Afrique, de l'Asie, des deux Amériques. Et la France, combien de maisons compte-t-elle dans tous ces pays? Elle a délaissé les États-Unis, où elle tint un moment un certain rang, et elle n'apparaît plus que dans quelques places de l'Amérique latine. En 1860, le gouvernement français a fait une expédition en Chine. Était ce pour protéger ses nationaux ? Il y en avait bien un ou deux. L'un était horloger, dit-on, et cet honorable industriel représentait peut-être à lui seul la France sur toute l'étendue de l'immense empire du Milieu.

Ce n'est pas que nous n'ayons point de produits à exporter. Partout nos soieries, nos draps, nos cotonnades, nos toiles, nos articles de mode, de nouveautés, nos vins, nos eaux-de-vie, nos savons, l'immense série des articles dits de Paris, dont l'élégance, le bon goût, le fini sont indiscutables, tous ces produits règnent ou du moins régnaient hier encore sans rivalité sur toutes les places extérieures. Toutefois, la plupart du temps, ce sont des commerçants étrangers qui les reçoivent, rarement de grandes maisons françaises. Nous avons contribué par nos produits à raffiner les gens, à faire l'éducation des autres. Si l'Angleterre et l'Allemagne n'ont pu encore nous ravir tous nos secrets, un émule hardi et heureux s'est dressé de l'autre côté des mers, et aujourd'hui les États-Unis font à notre fabrication nationale une concurrence sous beaucoup de rapports très-redoutable. Non-seulement ils ne sont plus importateurs, mais ils commencent même à exporter des soieries, des tissus de laine, de toile, de coton, des tapis, des fleurs artificielles, des vêtements, des objets d'horlogerie, d'orfèvrerie, de bijouterie, de parfumerie, des cuirs ouvrés, des meubles, des voitures. Cette évolution des Américains vers des industries dans lequelles, il y a peu d'années encore, on les aurait crus incapables de réussir, et où ils ont principalement réussi en remplaçant par le travail des machines celui des bras, qui coûte trop cher chez eux, cette évolution inattendue est pour une certaine part dans la crise industrielle et financière dont l'Europe et, notamment, la France souffrent depuis quelque temps.

Les questions maritimes n'ont pas le don en France d'intéresser, de passionner les gens. En dehors de nos ports de commerce, les affaires d'armement sont à peine soupçonnées, j'ose même dire totalement inconnues. On ne prête pas son argent à des opérations de ce genre, comme en Hollande, en Belgique, à Gênes, dans les pays scandinaves, britanniques, allemands. L'Assemblée nationale, en 1874, a fait une loi sur l'hypothèque maritime. Outre que cette loi est incomplète, insuffisante, elle sera sans doute lettre morte. Nous ne savons pas non plus nous associer comme nos rivaux du dehors. C'est une chose singulière que la France, sous ce rapport, a toujours été inférieure à d'autres pays. Cela date de longtemps. Colbert, qui s'était aperçu de ce côté fâcheux du caractère national et cherchait à y remédier, avait dépêché vers les ports de Normandie et de Picardie un de ses ingénieurs maritimes, le chevalier de Clairville, pour le renseigner sur le commerce de ces places. Celui-ci, en rendant compte de son inspection, où tout ne lui avait pas paru satisfaisant, écrivait entre autres choses au ministre : « Le génie français n'est pas aucunement si bien tourné aux compagnies comme celui des Hollandais ou des Anglais. » Et il disait une vérité, il exprimait naïvement un état de choses dont les inconvénients n'ont fait que s'accroître chez nous. Oui, l'esprit d'association n'est pas le lot ordinaire de nos commerçants ; nous n'avons guère le génie tourné aux vastes entreprises maritimes, aux colonisations lointaines, aux armements considérables vers l'étranger. Le plus souvent nous recherchons en toutes ces choses la protection de l'État, et si quelques compagnies de ce genre ont réussi, ce n'a été presque toujours que grâce à des subventions considérables de la part du gouvernement. Faut-il parler enfin de ces nuées d'administrateurs qui traitent le plus souvent des affaires qu'ils ne connaissent point tout en émargeant de très-gros honoraires, et de ce besoin qu'ont toutes les compagnies maritimes d'établir leur centre de direction à Paris, comme si l'impulsion pouvait utilement partir de là?

Si l'État veut provoquer en France le réveil, ou du moins l'extension du commerce extérieur, il le peut par des mesures plus libérales et autrement décisives que celles des subventions ou des primes. Dans notre code de commerce et de marine, bien des articles sont oppressifs, surannés; dans la police de nos ports, bien des règlements sont restrictifs, onéreux; dans les dernières lois de finance, votées par l'Assemblée nationale ou la Chambre des députés, bien des dispositions sont fâcheuses. C'est là qu'il faut porter la sape; il importe d'abroger tout cela et de donner au moins à nos ports de mer les mêmes avantages dont jouissent nos rivaux du dehors.

A l'intérieur que de choses à faire pour diminuer la cherté des transports, que de canaux à creuser, à achever, que d'embranchements de voies ferrées à créer, à compléter! On parlait, hier encore, du second, du troisième réseau comme s'ils étaient même finis; mais le premier est à terminer, les autres presque entièrement à ouvrir. Il faut entreprendre tout cela et consacrer au besoin en une fois aux travaux publics, à l'amélioration de ce que quelques-uns ont appelé notre outillage industriel, plusieurs milliards, si c'est nécessaire. Le département des travaux publics et des finances sont désormais tous deux de cet avis. Cette espèce d'emprunt de la paix serait certainement bien employé. Jamais dette publique n'aurait eu de meilleurs résultats, car c'est en améliorant notre réseau de transport intérieur que nous ouvrirons de nouveaux débouchés à nos ports, et que nous assurerons à ceux-ci, ainsi qu'il a déjà été dit si souvent, le fret de sortie dont ils manquent. Dans les ports européens plus favorisés que les nôtres, le tonnage utile d'exportation est de 65 pour 100 du tonnage d'entrée ; dans les nôtres, il se tient souvent, comme à Bordeaux, à Nantes, au Havre, au-dessous de 40 pour 100.

Nous avons parlé d'outillage. N'oublions pas que celui de tous nos ports aurait aussi grand besoin d'être perfectionné. Nulle part en France les moyens de circulation, d'entrepôt, de chargement et de déchargement des marchandises, de réparation des navires, ne sont aussi nombreux, aussi commodes, aussi économiques qu'en Angleterre. Nulle part les installations de services, les engins d'exploitation, ne sont aussi achevés et aussi aisément accessibles aux navires et aux colis. En Angleterre, il y a moins de luxe que chez nous, mais l'outillage est plus complet : longueur de quais, docks, voies ferrées, bassins de réparations ou *patent slips*, appareils élévatoires, et cela dans tous les ports, les plus grands comme les plus petits. Il est vrai que la nature a plus fait pour tous ceux-ci que pour les nôtres, que la plupart des havres britanniques sont des espèces de rades naturelles, cachées au fond de baies tranquilles ou sur des fleuves qui s'avancent doucement dans les terres, et qu'elles sont plus facilement accessibles à chaque instant de la marée. En outre, l'Angleterre peut être comparée à un bloc de charbon, et elle trouve dans la houille, partout répandue sous son sol avec tant de générosité par la nature, non-seulement l'alimentation assurée et à bon marché de toutes ses forges, de toutes ses manufactures, mais encore un élément d'exportation certain, un lest utile de 13 millions de tonnes. C'est là ce qu'il ne faut pas perdre de vue, quand on compare la situation économique de l'Angleterre à celle de la France.

Il est certain que, si nos canaux étaient partout achevés, nos voies ferrées complétées, si les tarifs de transport étaient partout abaissés au minimum, une plus grande partie de nos produits agricoles, miniers, métallurgiques, prendrait la route de nos ports. Nos vins, nos huiles, nos produits de basse-cour, de laiterie, de jardinage, s'exporteraient en quantités plus considérables ; nos houillères seraient fouillées encore plus activement, et une partie de nos charbons servirait avantageusement

de lest à nos navires ; nos forges se développeraient
davantage, et nos fontes, nos fers, nos machines
iraient sur les marchés étrangers faire concurrence à ceux de la Grande-Bretagne et de la Belgique. En même temps, comme le commerce n'est
qu'un échange, nous recevrions une plus grande
quantité de produits du dehors, et toutes nos usines, toutes nos manufactures, qui mettent en œuvre ces matières premières, progresseraient elles-
mêmes considérablement. C'est ainsi que nos ports
pourraient se relever, et notamment celui du Havre,
qui donnerait alors réellement la main à celui de
Marseille. Tous les deux conserveraient ainsi, par
les canaux et la voie de fer améliorée, raccourcie
au besoin, le transit continental à l'isthme français. Les marchandises et les voyageurs iraient
d'une mer à l'autre sans rompre charge, par le
chemin le plus court et le moins coûteux, et le
passage des échanges entre la Grande-Bretagne
d'une part, la Méditerranée, l'Inde et l'extrême
Orient de l'autre, continuerait à se faire à travers
la France. Sans cela, ce transit pourra bientôt
nous échapper au profit de la Belgique, de l'Allemagne, de l'Italie. Ce n'est pas ce que l'on veut
assurément. Dans ce cas, que l'on prenne d'urgence toutes les mesures que nous avons indiquées,
et toutes celles que conseilleront les enquêtes
qui sont ouvertes à ce sujet. L'hésitation n'est

plus permise. L'ennemi, c'est-à-dire le concurrent étranger nous menace. Il est temps de ne plus délibérer, mais d'agir, et de se mettre résolûment à l'œuvre.

CHAPITRE V.

LA NAVIGATION INTÉRIEURE

I

La canalisation française

L'Assemblée nationale, préoccupée des améliorations à introduire dans les voies de transport en France, notamment dans les voies de navigation intérieure, concurrentes naturelles des chemins de fer, et comme eux les meilleurs auxiliaires de nos ports de commerce, avait nommé, en 1872, une commission d'enquête pour lui présenter un rapport. Il s'agissait d'assurer, par tous les moyens possibles, les transports à bon marché, qui sont en tout pays le premier élément de la prospérité agricole, industrielle et commerciale et le fondement du bien-être. Ce fut un des secrétaires de cette commission, M. J.-B. Krantz, ingénieur en chef des ponts et chaussées, qui redigea le rapport sur la navigation intérieure, à l'entière préparation duquel il ne consacra pas moins de deux ans. Les projets définitifs de M. Krantz concluaient à une dépense de 833 millions pour l'amélioration et l'achèvement du réseau des voies navigables en France. Le rapporteur divisait les travaux à entreprendre en trois catégories. La première comprenait les ouvrages qu'il appelait urgents, dont l'entreprise ne pouvait être retardée et qui exigeaient une dépense de 435 millions; la deuxième, les ouvrages nécessaires, s'élevant à 192 millions; la troisième enfin, les travaux utiles, pouvant, comme les précédents, être ajournés; ceux-ci atteignaient à une dépense de 200 millions. La première catégorie se partageait elle-même en deux sections : l'une, ayant trait exclusivement à l'amélioration des voies existentes, fleuves, rivières ou canaux, n'exigeait de l'État qu'une avance de 150 millions ; pour l'autre, on réclamerait le concours et les capitaux du pays. N'est-ce pas la meilleure preuve qu'une affaire est d'utilité générale, quand le public consent à s'y intéresser de ses deniers ?

En 1876, le conseil général des ponts et chaussées approuvait en partie les projets de M. Krantz, les modifiait sur plusieurs points, et, dans la séance du 11 juillet, le ministre des travaux publics présentait à la chambre des députés trois projets de loi, dont le premier décrétait qu'il serait procédé à l'exécution des travaux nécessaires pour porter à 3 mètres le tirant d'eau de la Seine entre Paris et Rouen; le deuxième avait pour objet l'amélioration du canal de Bourgogne, celle de la rivière d'Yonne entre Auxerre et Montereau, celle de la Haute-Seine entre Montereau et Paris ; le troisième enfin était relatif à l'amélioration du Rhône entre Lyon et la mer. L'ensemble de ces projets comprenait une dépense de 89 millions, 24 pour la Seine, 20 pour le canal de Bourgogne et ses aboutissants, et 45 pour le Rhône.

Après des vicissitudes diverses, provenant pour la plupart de la situation politique intérieure du pays, ces projets de loi, ou au moins deux d'entre eux, celui qui a trait à l'amélioration de la Seine entre Paris et Rouen, et celui qui concerne l'amélioration du Rhône entre Lyon et la mer viennent d'être votés par la chambre des députés (mars 1878). L'amélioration de la Seine y est même indiquée pour une dépense de 52 millions, supérieure de 8 millions à celle qui avait été d'abord calculée. Tel est, financièrement et législativement, le point où en est la question ; étudions-en les conditions techniques et commerciales.

On compte en France environ 8000 kilomètres de rivières navigables et 5000 kilomètres de canaux. Ceux-ci ont coûté tous ensemble un peu moins de 820 millions, ou 164 000 francs par kilomètre, et ont été exécutés par l'État ou des compagnies. Sur ces rivières et ces canaux, le prix de transport revient au maximum à 5 centimes par tonne et par kilomètre, tous frais compris, même ceux d'intérêt et d'amortissement des capitaux, péages ou droits de navigation, et il peut être abaissé de moitié. Le seul chiffre de 5 centimes, comparé au coût du transport sur une voie de terre, qui est au minimum de 25 centimes, et même à celui sur une voie ferrée, qui ne peut descendre sans perte au-dessous de 5 centimes, permet de mesurer d'un coup d'œil l'importance qu'ont eue de tout temps pour les transports intérieurs les rivières et les canaux. L'agriculture et la grande industrie sont restées jusqu'aujourd'hui en partie tributaires de ces voies, et cela en dépit de bien des inconvénients, dont quelques-uns peuvent, il est vrai, disparaître.

Dès l'antiquité, on trouve les canaux en usage. En Chine, ils sont employés de temps immémorial. Nous ne parlons ici que des canaux à pente insensible, uniforme, en quelque sorte de rivières artificielles, coulant le long d'une même vallée. Les Romains n'en ont pas connu d'autres, mais ils ont surtout utilisé, comme la plupart des peuples de l'Orient, les Assyriens, les Égyptiens, les rivières naturelles, endiguées ou non. Strabon, décrivant la Gaule, relève l'admirable disposition de ses fleuves et l'heureux emploi qu'on en fait pour les transports des marchandises, soit dans l'intérieur du pays, soit d'une mer à l'autre. Du Rhône à la Seine ou à la Garonne, et de la Loire au Rhin, il y avait un transit incessant; mais entre deux vallées opposées on était forcé de recourir aux chars, les canaux que l'on nomme à point de partage n'ayant pas même été soupçonnés par les ingénieurs de Rome, qui sont restés cependant les premiers des hydrauliciens. Celui qui si hardiment jeta l'aqueduc de Nimes sur trois rangs d'arches superposées, ou apporta sur des arcs de triomphe aux fils de Romulus les eaux vives de l'Apennin, ne sut pas deviner l'écluse.

Sous Charlemagne et ses successeurs, sous les premiers rois capétiens, on semble faire un pas de plus, mais non encore décisif. Les capitulaires, les ordonnances de Philippe le Bel, de Louis XI, s'inquiètent, on l'a dit ailleurs, de la canalisation, de l'endiguement des cours d'eau, surtout de la Loire ou de la Seine; néanmoins les droits féodaux gênent partout la navigation. Dès le règne de François Ier apparaissent les canaux à écluses superposées, inventées, dit-on, par un Italien qui maniait aussi bien le compas que le pinceau, Léonard de Vinci. Par elles, on apprend à passer aisément d'une vallée dans une autre, quelle que soit la différence de niveau du point de départ et du point d'arrivée, et dès lors nous trouvons ces voies de communications nouvelles justement préconisées. Henri IV et Sully, Louis XIII et Richelieu, Louis XIV et Colbert y appliquent successivement une partie de leur génie et tout leur bon vouloir. En 1638, on commence le canal de Briare, qui unit la Loire à la Seine en passant à Montargis; en 1662, Riquet présente à Colbert le projet de canal du Languedoc ou des deux mers, qui bientôt reliera la Méditerranée à la Garonne, Cette et Agde à Toulouse, et fera l'étonnement de Vauban. L'impulsion une fois donnée se continue, les États provinciaux, les princes du sang, de grands personnages, se mettent à la tête de ces sortes d'entreprises. Au dix-huitième siècle, on ouvre le canal de Bourgogne, qui unit le Rhône à la Seine, et le canal de Saint-Quentin, qui marie la Seine à l'Escaut. En somme, pendant trois siècles, de François Ier à Louis XVI, les progrès que fait la navigation intérieure de la France ne s'arrêtent pas un instant. Sous le premier empire, la Restauration, le règne de Louis-Philippe, et même pendant les premières années du règne de Napoléon III, on continue à améliorer avec sollicitude le régime des rivières et à creuser des canaux. L'habile ingénieur Brisson et le directeur général des ponts et chaussées, M. Becquey, avaient même présenté successivement, de 1815 à 1830, des projets d'ensemble remarquables et auxquels on n'avait point songé avant eux, car les entreprises avaient été jusqu'alors purement régionales.

Les projets de Brisson et de M. Becquey n'ont reçu malheureusement qu'un commencement d'exécution, et les canaux, bien négligés par l'État depuis quelques années, ont vu diminuer de plus en plus leur trafic, par suite de la concurrence effrénée des chemins de fer. Ceux-ci, sur quelques points, pour mieux réduire à néant la batellerie, ont acheté les canaux; autant eût valu les combler. Notre réseau de voies navigables, déjà incohérent dans l'ensemble, est resté incomplet, inachevé. Les deux conditions principales de tout transport par eau sur une grande étendue, l'uniformité de mouillage et d'écluse, ne s'y trouvent nulle part réalisées. Il est tel bateau que son tirant d'eau ou sa longueur empêchent d'entrer dans tel canal. Il faut alléger ou transborder, ce qui rend le fret plus cher, interrompt la continuité de la navigation, soumet la marchandise à un déchet. Se figure-t-on un wagon obligé de passer d'une ligne à une autre dont l'écartement des rails serait différent? Eh bien! quelque chose d'analogue a lieu sur nos canaux. Chacune de nos voies navigables a été établie sur un type particulier de tirant d'eau, de longueur et de largeur d'écluse;

aucune homogénéité. Sur la Seine et sur l'Oise, la dimension des écluses, qui ont au minimum 8 mètres de large sur 51 de long, permet de faire naviguer des chalands ou *picards* du port de 500 tonnes, tandis que la Sambre canalisée, avec des écluses de 5^m,20 sur 41^m,50, ne peut admettre que des péniches flamandes portant 280 tonnes, et que, sur le canal de Saint-Quentin, où les écluses sont réduites à 38 mètres et même à 35, le chargement est lui-même réduit à 260 tonnes. Il en résulte qu'entre Mons ou Charleroi et Paris, où le transport des houilles donne lieu à un si grand mouvement, pour qu'un bateau puisse naviguer sur l'ensemble du réseau, il faut que ses dimensions correspondent au type d'écluse minimum, c'est-à-dire à 5^m,20 de large sur 38 et même 35 de long, ce qui limite le chargement à 260 tonnes [1].

L'amélioration, à un point de vue d'ensemble, de toutes les voies navigables de la France, pour réaliser l'uniformité du tirant d'eau au minimum de 2 mètres, et l'élargissement et l'allongement des écluses partout où il est nécessaire, telle est la première chose que le département des travaux publics doit faire étudier d'urgence par ses ingénieurs. Les transports par eau doivent se faire

---

1. *La Navigation intérieure de la France, son état actuel, son avenir*, par L. Molinos; Paris, J. Baudry, 1875

dans les mêmes conditions que les transports par chemin de fer. Voiturer les marchandises par masses aussi grandes que possible, sans transbordement, « sans rompre charge, » même en passant d'une voie à une autre, surtout quand il s'agit de matières lourdes, encombrantes, de peu de valeur, qui ne peuvent supporter des manutentions répétées, est pour les entreprises de transports un desideratum auquel elles s'efforcent toutes d'atteindre. C'est pourquoi un de nos ingénieurs de la marine les plus éminents, M. Dupuy de Lôme, avait imaginé, il y a quatre ans, de traverser la Manche, non point par un tunnel sous-marin comme on va le faire, mais au moyen d'un bateau-porteur armé de rails sur le pont, pour y recevoir tout un train de chemin de fer et le remettre à destination à travers le détroit. Ce qu'on fait pour les voies ferrées, encore plus le doit-on faire pour les canaux en en rendant partout les conditions de parcours uniformes, car les canaux portent précisément les matières à la fois les plus volumineuses et de moindre valeur, et il faut que le prix du fret y descende au minimum.

Notre réseau de voies navigables n'est pas seulement hétérogène, il est resté, avons-nous dit, inachevé. Faute d'un canal de très-petite longueur entre Vitry et Arcis-sur-Aube, il n'y a pas de ligne de navigation continue, directe, entre Strasbourg et Nantes. Il n'y a pas non plus de jonction entre l'Aisne et l'Oise, et cette jonction était encore, il y a un an, à grands cris réclamée par les départements intéressés. Des lacunes du même genre existent dans chaque bassin. A plus forte raison, les raccordements manquent-ils presque partout d'un bassin à l'autre, comme le fait remarquer M. Krantz dès le préambule de son rapport. Ainsi la Moselle, la Meuse, la Marne, n'ont aucune communication avec la Saône; le Rhône reste séparé de la Loire, le bassin de la Garonne des bassins du Nord. Que dire aussi de nos rivières? Si quelques-unes, de moyenne importance, telles que l'Oise, la Marne, la Sambre, la Moselle, sont en assez bon état, les autres sont à peu près telles que la nature les a créées. Et nos fleuves, la Seine, la Loire, le Rhône, la Garonne? A-t-on fait pour eux tout ce qu'on devait, pour la Loire et le Rhône notamment, tous deux au lit mobile, au cours capricieux? Et cependant, grâce à ces fleuves, nous pourrions jouir du plus beau réseau de navigation intérieure qu'il y eût en Europe; ils arrosent et fécondent nos plus belles provinces, et donnent au cœur de la France on ne sait quoi de charmant et d'animé. Le bassin de la Seine, cette cuvette doucement arrondie qui tourne sa concavité vers la Manche, c'est le pôle en creux vers lequel tout converge, comme l'a dit si bien le géologue Élie de Beaumont. C'est là que les arts, c'est là que la civilisation ont choisi leur demeure depuis des siècles; c'est-là que la France est née, c'est là qu'est son « île » et sa capitale; c'est là aussi que court notre plus belle voie fluviale, celle qui a toujours tenu la première place dans la navigation et les transports intérieurs. Elle a vu passer les nautes de César, de Julien, et bien des fois les mariniers et les pirates normands. Aujourd'hui c'est la vapeur qui pacifiquement la sillonne, et la Seine, à elle seule, entre Paris et Rouen, transporte une quantité de marchandises équivalente à plus de 1 million de tonnes de 1000 kilogrammes pour le parcours entier, ou à 250 millions de tonnes voiturées à 1 kilomètre. C'est le huitième de tous les transports par eau qui se font en France, et le vingt-cinquième de ceux par chemins de fer.

Le réseau des voies navigables dont la Seine forme l'artère principale est non-seulement le plus considérable pour le trafic, mais encore pour la longueur. Il pourvoit à l'approvisionnement de Paris, et nous savons qu'il présente, y compris l'Oise, la Marne, l'Yonne et les canaux qui en dépendent ou qui s'y rattachent, un développement de plus de 2500 kilomètres. On peut dire que le canal de Saint-Quentin, celui des Ardennes, celui de la Marne au Rhin, ceux du Nivernais et de

Bourgogne, se soudent à ce vaste réseau. L'Oise, la Marne, l'Yonne, sont navigables sur une grande partie de leur cours, mais le régime de ces rivières est très-variable et capricieux. Autrefois la navigation y avait un caractère spécial. Sur la Marne, surtout à la descente, elle ne se faisait qu'aux moyennes eaux. On accumulait dans de grands bateaux dits *marnois* jusqu'à 400 tonnes de marchandises, du bois, du charbon de bois, et quand les échelles aux piles des ponts accusaient une profondeur d'eau suffisante, on se lançait au courant. Les bateaux tiraient 2 mètres d'eau, mais avec leur chargement élevé avaient peine à passer sous les ponts. Ils entraient ainsi en Seine et venaient en toute hâte s'amarrer au port Saint-Nicolas du Louvre, où ils restaient en déchargement quelquefois pendant une couple d'années. Cette navigation rudimentaire n'était pas sans péril; le taux du fret, fort élevé, payait amplement toutes les fatigues et couvrait tous les risques. Les améliorations apportées de nos jours au régime de la Marne et la création d'un chemin de fer, celui de la ligne de l'Est, dans la vallée de cette rivière, ont changé cet état de choses, qui durait depuis des siècles.

Dans l'origine, chez tous les peuples, on a ainsi utilisé les rivières, principalement à la descente. Sur le Tigre et l'Euphrate, sur le Nil, les naturels naviguent encore au moyen de radeaux soutenus par des outres gonflées d'air et où l'on charge, comme aux temps de Ninus et de Sésostris, la marchandise à découvert. Le flottage, aujourd'hui presque partout délaissé en Europe, a été longtemps un des principaux moyens d'approvisionnement des grandes cités populeuses. Sur le Rhin, le passage des « flottes » destinées à la Hollande était un événement ; la peinture maintes fois s'est plu à le reproduire. Sur la Marne, l'Yonne, la Seine, ce flottage qui remontait à une haute antiquité, était surveillé et protégé par les pouvoirs publics. C'est surtout à propos de ce système de transport que le mot si souvent répété de Pascal sur « les chemins qui marchent » se trouve justifié.

La vieille navigation de l'Yonne était un peu différente de celle de la Marne : on n'attendait pas la crue, on la provoquait. Comme celle de la Marne, cette navigation est restée très-longtemps primitive, et n'en a pas moins concouru pendant des siècles et pour une notable part à l'approvisionnement de Paris. Elle se faisait naguère encore par éclusées ou *lâchures*. La rivière ne donnant qu'un mouillage insuffisant pendant une partie de l'année, et les crues naturelles étant incertaines et souvent se succédant à des intervalles trop rapprochés, on résolut de faire des crues artificielles et de les utiliser seulement quand il en serait besoin. Pour cela, sur le haut de l'Yonne et le long de tous les affluents, on établit des réservoirs contenant le volume d'eau nécessaire pour former « le flot. » Au moment voulu, la crue artificiellement provoquée descendait avec la rivière, donnant partout le mouillage prévu, et emportant les trains et les radeaux qui l'attendaient aux diverses escales. La flottille, bien dirigée, arrivait heureusement en Seine, mais des manœuvres incorrectes pouvaient troubler l'ordre du train et devenir l'origine de plus d'un danger. Un bateau écarté du chenal s'échouait parfois sur la grève. Tous les traînards et les éclopés, restés en route, attendaient la prochaine éclusée. C'est ainsi que cette navigation en descente ne laissait pas d'avoir ses incidents et même ses périls; mais dans l'ensemble elle donnait de très-sérieux résultats. A la remonte, on ne pouvait naviguer qu'à vide ou avec une faible charge. On faisait environ cinquante éclusées par an. Telle était, sous sa forme rustique, empruntée sans doute aux Gaulois, cette antique navigation de l'Yonne, que la construction des canaux du Nivernais et de la Bourgogne a commencé par faire peu à peu disparaître, et qui finalement, avec les améliorations apportées à la rivière elle-même, a été remplacée par une navigation continue.

La Marne, l'Yonne, sont des tributaires forcés de la Seine, et si la navigation y est restée active, c'est parce qu'elle aboutit à Paris. La Seine, malgré toutes ses imperfections, malgré la concurrence du chemin de fer de l'Ouest, favorisé encore par une distance plus courte, dessert, nous l'avons dit, un puissant trafic. La voie ferrée présente sur le fleuve un raccourci de 105 kilomètres, soit 45 pour 100, celui-ci mesurant 241 kilomètres du pont de la Tournelle (île Saint-Louis) à Rouen. La lutte entreprise dans de telles conditions atteint presqu'à l'héroïsme, et il faut bien que l'utilité, l'économie du transport par eau soient universellement reconnues pour qu'un fleuve comme la Seine, aux rives presque partout sinueuses, au lit assez peu profond et relativement peu large, lutte avec quelque avantage contre une voie ferrée qui offre tout d'abord au commerce un parcours à peu près moindre de moitié. Et ce n'est pas tout. La Seine, au commencement du siècle, n'était navigable à la traversée de Paris qu'en certain état des eaux, de telle sorte que les bateaux venant du haut du fleuve s'arrêtaient en amont du pont de la Tournelle, au port de Bercy, et ceux du bas ne remontaient pas au delà du port Saint-Nicolas, au pont du Carrousel. La Seine se trouvait ainsi scindée en deux parties qui n'avaient que de rares communications entre elles. Le canal de Saint

Denis et celui de Saint-Martin ont été construits pour parer à cet inconvénient, et ont offert en outre aux bateaux montants ou descendants un raccourci de 60 pour 100 environ sur la traversée sinueuse de Paris. Aujourd'hui, au moyen d'écluses spéciales, l'écluse de la Monnaie, le barrage éclusé de Suresnes, et par l'emploi de remorqueurs mettant en œuvre le touage sur chaîne noyée, on a paré d'une autre manière aux inconvénients de la navigation de la Seine à Paris.

Le bassin de la Villette, où aboutissent non-seulement le canal Saint-Martin et le canal de Saint-Denis, mais encore le canal de l'Ourcq, est un véritable port intérieur. Il a présenté, à l'entrée et à la sortie, en 1876, un mouvement de 2 millions et demi de tonnes ; c'est, à ce point de vue, le troisième de nos grands ports, et il n'est dépassé que par Marseille et le Havre. Cela ne saurait nous surprendre, car il s'agit ici d'une ville de 2 millions d'âmes, qui est une des premières places industrielles du monde. C'est le cas de rappeler que le ravitaillement de Paris, en 1871, après le siège des Allemands, s'est surtout opéré par la voie de la Seine, et qu'à cette occasion on a pu faire passer en un seul jour 40 000 tonnes de marchandises par l'écluse de Bougival. Quelle gare de voie ferrée aurait pu réaliser ce prodige? On sait combien longtemps, à l'époque qui suivit les jours néfastes de l'invasion, nos gares restèrent encombrées, et quelles plaintes fit entendre à ce sujet tout le commerce de la France. Ces faits sont significatifs, et montrent que les voies navigables intérieures répondent encore de nos jours à des besoins réels, quelquefois même à des nécessités stratégiques, et n'ont pas épuisé, comme quelques-uns ont pu le croire un instant devant l'extension de plus en plus grande et absorbante des chemins de fer, toute leur période féconde d'activité.

Les diverses voies navigables du bassin de la Seine représentent comme longueur parcourue le cinquième, comme dépense de premier établissement le tiers, comme trafic enfin les deux tiers de la longueur, du coût et du tonnage de l'ensemble du réseau français. Ce seul rapprochement, mieux que toutes les descriptions, suffit à marquer l'importance qu'a pour notre pays la Seine avec tous ses aboutissants, et le rôle supérieur qu'elle joue dans notre navigation intérieure. Aussi est-ce dans cette région privilégiée que presque tous les perfectionnements, toutes les recherches, toutes les applications nouvelles, ont été tentés, mis à l'essai. C'est sur l'Yonne, c'est sur la Seine, que les barrages mobiles, dus à nos ingénieurs des ponts et chaussées, à la tête desquels il faut placer le regrettable M. Poirée, ont été pour la première fois appliqués. C'est sur la Seine aussi que le touage à chaîne noyée a été expérimenté avec une parfaite réussite. Il convient de s'arrêter un moment sur ce système de remorquage à la fois nouveau et curieux, et qui donne aujourd'hui des résultats si importants et presque inespérés.

En terme de marine, se touer c'est se haler sur un câble fixé à l'une de ses extrémités par une attache, une ancre. Le touage dit à chaîne noyée a lieu quand un bateau se hale sur une chaîne à maillons plats, ou un câble métallique, immergés au fond d'une rivière et placés dans le chenal de celle-ci. La chaîne ou le câble, guidés par des poulies, s'enroulent sur un treuil à l'avant du remorqueur, se déroulent sur un treuil à l'arrière, et ce mouvement, joint à la résistance qui a lieu à l'avant, détermine la progression du bateau. Les treuils sont mis en jeu par une machine à vapeur installée à bord. L'idée première du touage serait due au maréchal de Saxe, lequel devait en avoir reçu la confidence de quelque mécanicien ou marinier. Quoi qu'il en soit, il avait, dit-on, imaginé de remorquer les bateaux sur les canaux et les rivières au moyen d'un câble attaché solidement à la rive, et qui s'enroulait à bord autour d'un cabestan vertical mis en mouvement par des chevaux, à la façon d'un manége de maraîcher. Quand on était arrivé vis-à-vis ou à proximité du point d'attache, on recommençait l'opération en allant tout d'abord amarrer le câble un peu plus loin. Cette ingénieuse idée ne reçut, dans sa conception première, aucune application pratique. En 1819, en 1828, des essais à peu près infructueux de touage furent faits, cette fois au moyen de machines, à Lyon sur le Rhône, à Paris sur la Seine. En 1850, il n'y avait plus sur la Seine qu'un petit toueur qui faisait, sur 6 kilomètres, le service du pont d'Austerlitz au Port-à-l'Anglais ou d'Ivry, en amont du confluent de la Marne avec la Seine, pour débarrasser les ports de Paris des bateaux vides qui les encombraient.

C'est ce petit toueur qui a servi en 1856 comme point de départ des expériences entreprises par la Compagnie de touage de la Basse-Seine, en vue d'organiser enfin des services qui pussent satisfaire à un important trafic. Ces expériences ont eu le plus grand succès. La longueur de la concession de la compagnie sur la Seine a été primitivement de 72 kilomètres ; elle va aujourd'hui de Conflans à la mer, et la compagnie possède sept bateaux toueurs, construits en Angleterre, d'une force de 75 chevaux chacun. Ils sont munis d'une hélice et descendent librement le fleuve sans se servir de la chaîne. A la remonte, on calcule que le rendement moyen du touage est de 80 pour 100 du travail dynamique développé par la machine à vapeur du bateau. C'est un maximum : les meilleurs remorqueurs, munis de roues à palettes prenant leur point d'appui sur l'eau, ne donnent que 60 pour 100.

La Compagnie de touage de la Basse-Seine est des mieux organisées ; elle est en possession de presque tout le trafic du fleuve, du moins pour le remorquage, car il ne lui est pas permis de transporter pour son compte. Est-ce là ce qu'on appelle la liberté de la navigation ? En 1868, cette compagnie a remonté à Paris plus de 1 600 000 tonnes de marchandises de toute espèce. Le tonnage d'un train ainsi remorqué peut aller de 1500 à 2000 tonnes, et les prix de traction sont abaissés d'environ 40 pour 100 sur le halage par chevaux ou la remorque avec des bateaux munis de roues à palettes. Ceux-ci ne tentent même plus de lutter avec le touage dès que les eaux du fleuve s'élèvent et que la vitesse du courant devient plus sensible. A plus forte raison, le halage par locomotives routières, qui a été quelquefois essayé, ne saurait-il l'emporter sur le touage. Nous ne parlons pas du halage par hommes, indigne de notre époque, qui trop longtemps a pesé sur notre navigation intérieure et rendu tristement fameux, par les grèves, les disputes, les désordres qui y naissaient à chaque instant, les « relais » de nos canaux et de la plupart de nos voies navigables.

La Compagnie de touage de la Haute-Seine est loin d'être aussi puissante que celle qui dessert le bas du fleuve. Elle n'a que des toueurs d'une force de 35 chevaux et dont le tirant d'eau est seulement de 40 centimètres. Une autre compagnie s'est établie sur l'Yonne, et l'on calcule que la longueur totale des lignes ainsi exploitées atteint environ 450 kilomètres. En Russie, en Belgique, en Angleterre, en Allemagne sur le Rhin, aux États-Unis, il existe des entreprises analogues de touage; mais aucune, sauf peut-être aux États-Unis, où les rivières et les canaux jouent toujours un si grand rôle dans les transports intérieurs, aucune n'a l'importance de celle qui fonctionne en ce moment sur la Basse-Seine. Avec ce système particulier et si ingénieux de remorquage, non-seulement les prix de traction sont abaissés, mais encore les avaries et les sinistres réduits et la durée des voyages abrégée. Au lieu de voyages qui durent des semaines, comme dans l'antique système de la batellerie, et même des mois, on peut ne faire maintenant que des voyages de quelques jours. C'est une révolution du genre de celle que la vapeur a introduite sur mer dans l'ancienne navigation à voile. Quoi qu'il en soit, n'oublions pas que c'est surtout grâce au touage que la batellerie de la Seine, et par suite celle des canaux du nord, qui aboutissent au fleuve, peuvent soutenir aujourd'hui la concurrence avec le chemin de fer. Si le touage n'est pas encore plus répandu en France, c'est presque uniquement à cause de l'insuffisance du trafic sur nos voies navigables. Nous savons d'où vient cette insuffisance. Qu'on améliore enfin nos rivières, qu'on creuse où il est nécessaire de nouveaux canaux, que tous les bassins hydrographiques communiquent entre eux, qu'il y ait partout uniformité de tirant d'eau et d'écluse, et l'on verra le fret revenir aux voies d'eau, et notre navigation intérieure se relever complétement de l'état d'affaissement et d'atonie où l'on n'aurait jamais dû la laisser tomber.

II

L'amélioration du Rhône

Comme étendue et comme importance, le bassin du Rhône vient immédiatement après celui de la Seine. Le Rhône, par ses affluents naturels ou artificiels, pénètre au loin dans l'intérieur des terres, contourne le massif des Alpes, peut desservir non-seulement le centre et le nord de la France, mais encore la Suisse, la Belgique, l'Allemagne occidentale. Au point de vue des relations commerciales du continent avec le bassin de la Méditerranée, aucun autre fleuve de l'Europe ne peut lui être comparé. Aucun non plus, sauf peut-être le Rhin, ne saurait lutter avec lui pour les souvenirs qu'il réveille, pour le pittoresque des rives. Sur chaque cime, sur l'un et l'autre bord, c'est un vieux castel démantelé qui raconte plus d'une sombre légende; puis ce sont les basaltes de l'Ardèche, dernières coulées des volcans éteints de l'Auvergne, du Vélay et du Vivarais, qui dressent à de grandes hauteurs leurs têtes noires découpées en prismes, ou bien les coteaux semés de vignes où se produisent le vin de l'Hermitage et les vins blancs mousseux de Condrieu et de Saint-Péray. En descendant le fleuve, on salue Viviers, siège d'un évêché antique, Avignon et ses murailles crénelées du moyen âge, qui rappellent celles des cités toscanes, Tarascon et Beaucaire avec leurs imposants châteaux forts, modèles classiques de la vieille architecture militaire, Arles et ses magnifiques ruines romaines. Les ponts sur le fleuve ont je ne sais quoi d'élégant. C'est ici que les premiers frères pontifes édifièrent quelques-unes de leurs œuvres hardies : le pont Saint-Esprit, le pont d'Avignon, sont restés célèbres, même dans la chanson ; c'est ici encore que furent audacieusement jetés les premiers ponts suspendus en fil de fer, inventés en France par

M. Seguin, d'Annonay, ou quelques-uns de ces ponts métalliques plats ou cintrés que les voies ferrées ont depuis fait adopter partout. Quelle richesse dans les campagnes environnantes! C'est depuis les Phocéens massaliètes le pays de la vigne, où chaque coteau donne son nom à un cru fameux; c'est, depuis Sully et Henri IV, le pays des mûriers et de la soie, et depuis le Persan Althen, qui dota Avignon d'une racine précieuse, le pays de la garance. Et, comme si le règne minéral avait voulu aussi entrer en lutte, c'est ici que sont les mines fécondes de l'Ardèche et de l'Isère, riches en fer, en plomb, en cuivre, en zinc et en argent, et les usines métallurgiques, dont les cheminées, la nuit, éclairent les rives du fleuve comme des phares gigantesques.

La Saône, qui rejoint le Rhône à Lyon, est comme le prolongement du fleuve, ayant la même direction que lui; mais elle ne coule plus dans les mêmes terrains et ne nous raconte plus les mêmes histoires. Au point de vue de la navigation, le rôle qu'elle joue n'en est pas moins capital; elle reçoit les produits amenés par le Rhône et destinés au nord, et confie aux eaux du fleuve tous ceux qu'elle transporte vers le midi. Le groupe de la Saône comprend la rivière elle-même, le canal du Rhône au Rhin, réduit pour la France, depuis la perte de l'Alsace-Lorraine, à 192 kilomètres, et qui se soude à la Saône à Verdun, le Doubs, la Seille, etc. C'est en tout 673 kilomètres de voies navigables. Sur la rive droite, la Saône reçoit à Saint-Jean-de-Losne le canal de Bourgogne, à Châlon le canal du Centre; mais le premier de ces canaux se rattache plutôt à la navigation de la Seine, l'autre à la navigation de la Loire.

Par l'étendue de son bassin, par la fertilité des campagnes qu'elle arrose, par la longueur de son cours, qui est de 366 kilomètres, et l'abondance de ses eaux, par la faiblesse et la régularité de sa pente et les nombreux affluents qu'elle reçoit, la Saône serait l'une de nos plus utiles artères de navigation intérieure, si l'on avait su en tirer parti, et si l'art était venu y seconder plus heureusement la nature. Entre Saint-Jean-de-Losne et Lyon, la Saône transporte moyennement un peu moins de 400 000 tonnes de marchandises par an. Le mouvement était autrefois beaucoup plus considérable, mais la concurrence du chemin de fer de Paris à Lyon et surtout le mauvais état du Rhône ont détourné les longs transports et amoindri le tonnage de moitié. Plus d'un se rappelle le temps où la Saône tenait le premier rang parmi les voies navigables de la France. Parcourue en tous sens, couverte de trains de bois, sillonnée par de rapides bateaux à vapeur, qui avaient remplacé les coches d'eau que connurent si longtemps nos pères, elle était la grande route naturelle par laquelle le nord et le midi communiquaient, échangeaient leurs produits. Elle alimentait une nombreuse population de mariniers et enrichissait les entrepreneurs de transport.

La batellerie de la Saône et du Rhône a été un moment la plus considérable, la plus puissante qui ait jamais exploité nos voies fluviales. Dans le principe et de toute antiquité, on descendait le Rhône avec le courant sur des bateaux plats qui pouvaient porter jusqu'à 200 tonnes, et qu'on remontait par convois avec des chevaux de halage; puis vinrent les bateaux à vapeur, en 1827. Il y a vingt-six ans (1852), une centaine de ces bateaux transportaient encore quantité de marchandises et de voyageurs de Marseille, ou tout au moins d'Arles à Lyon, de Lyon à Châlon. Il en reste à peine une dizaine, composant un matériel mal entretenu qui se détériore chaque jour, et que la part de trafic délaissée par la compagnie du chemin de fer de Paris-Lyon-Méditerranée ne suffit pas même à occuper. Aussi les doléances de notre marine fluviale sont-elles incessantes, et son syndicat s'adresse-t-il à chaque occasion aux ministres compétents, qui lui répondent par de bonnes paroles, mais ne font peut-être pas tout ce qu'il faudrait.

L'antique prospérité de la Saône et du Rhône,

que les populations riveraines ont tant de motifs de regretter et que tous les intéressés rappellent toujours avec tant de raison, renaîtra quand on le voudra avec l'amélioration de la rivière et du fleuve. M. Krantz n'évalue la dépense des travaux à faire pour porter le mouillage de la Saône de 1m,60 à 2 mètres qu'à 17 500 000 francs, et il espère par là doubler le trafic de la rivière et lui rendre son ancien éclat. Avec le Rhône, il y a non moins d'urgence, mais ici surgissent tout à coup des difficultés de plus d'un genre et considérables.

La partie vraiment importante du fleuve s'étend de Lyon à Arles sur 283 kilomètres : c'est là ce qu'on nomme le Bas-Rhône. Le Haut-Rhône, entre Lyon, le lac du Bourget et le Parc en aval de Genève, ne dessert qu'un trafic assez restreint de marchandises et de voyageurs. Des bois, des pierres de taille très-recherchées, arrivent à Lyon par cette voie, et dans la belle saison quelques touristes vont visiter la Savoie en remontant le Rhône en bateau à vapeur jusqu'au lac du Bourget. Dans toute cette région, le lit du fleuve est tourmenté, fréquemment encombré de rochers, comme le lit d'un fleuve alpin. Quant au lit du Bas-Rhône, il est mobile, formé de sables et de graviers qui se déplacent comme ceux du Mississipi, qui a du moins une grande profondeur. En outre le débit est inégal, torrentiel, la pente très-forte et par conséquent le cours rapide ; puis les glaces, les crues souvent redoutables, les basses eaux, les brouillards, y occasionnent de fréquents chômages. La navigation en descente est laborieuse, exige des bateaux longs et plats et des mariniers exercés ; la remonte est aussi très-difficile : avec tout cela, le trafic va en diminuant d'année en année. Naguère le Rhône transportait encore 600 000 tonnes. Aujourd'hui le trafic est réduit de moitié ; les deux tiers sont à la descente. En 1873, le tonnage total du Rhône n'a pas dépassé 275 000 tonnes.

Les embouchures du fleuve sont une nouvelle source d'embarras. Elles sont multiples, et composent ce qu'on nomme un delta à cause de la forme même qui les distingue. Le Nil, le Danube, le Gange, le Mississipi, ne sont pas en cela plus favorisés que le Rhône. Ce delta est formé par les sables que le fleuve verse à la mer, et que la direction des courants et des vents marins rejette sur le rivage au lieu de les entraîner. Il s'élève ainsi une digue, une barre, que le jeu des forces naturelles maintient ou déplace fort peu. Le fleuve, incertain, inquiet, modifie à chaque instant son cours, varie la forme et le nombre de ses embouchures, et avance sans cesse dans la mer. Tout cela rend presque impossible la navigation du delta, de ce qu'on appelle le Rhône maritime, et l'on ne peut ici vaincre les forces aveugles de la nature qu'en tournant la difficulté. C'est pourquoi il a été établi au commencement du siècle un canal d'Arles au port de Bouc, et un autre tout récemment de la tour Saint-Louis à la mer. Le canal de Beaucaire à Aigues-Mortes, déjà conçu sous Henri IV, a été ouvert dans le même dessein.

Le trafic sur les canaux de Bouc et d'Aigues-Mortes, autrefois plus prospère qu'aujourd'hui comme sur le Rhône lui-même, renaîtra très-certainement quand il existera entre Lyon et Arles une voie réellement navigable. Cette voie, pourquoi s'obstiner à la demander au fleuve, si peu réglé, si capricieux, d'un régime torrentiel parfois si redoutable, et qui toujours détruira le lendemain ce qu'on aura fait la veille pour le discipliner ? Ne vaudrait-il pas mieux la demander une bonne fois à un canal sur la rive droite ou la rive gauche, comme des ingénieurs distingués avaient déjà essayé de le faire il y a une soixantaine d'années ? Venant après eux, s'inspirant de leurs projets, de leurs devis, en les modifiant eu égard aux conditions actuelles, M. Krantz voudrait qu'on ouvrit un canal latéral au Rhône sur la rive droite. Il préfère cette rive, la rive industrielle, à l'autre, la rive agricole. Si l'on rencontre sur celle-ci, à partir de

Lyon, Saint-Vallier, Vienne, Tain, Valence, Montélimar, Orange, Avignon, Tarascon, Arles, on rencontre aussi la voie ferrée et ses embranchements, et des rivières d'une grande largeur et d'un débit parfois torrentiel, la Drôme, l'Isère, la Durance. Sur l'autre rive, au contraire, on reste à peu près maître du terrain. On n'a à franchir que des torrents étroits, et l'on rencontre, sinon Rive-de-Gier et Saint-Étienne, au moins le canal de Givors, puis on traverse des districts industriels comme ceux d'Annonay, la Voulte, le Pouzin et leurs forges, Privas et les mines de fer et de charbon de l'Ardèche, les fabriques de ciment et de chaux hydraulique du Theil. A Beaucaire, on est en communication avec les houillères, les forges et toutes les usines du Gard. C'est pour toutes ces raisons que M. Krantz a choisi de préférence la rive droite du Rhône pour y établir un canal latéral. Il pousse avec raison ce canal jusqu'à Marseille pour en rendre l'efficacité absolue, et il présente à l'appui de son projet un devis qui ne dépasse pas 100 millions de francs, dont 90 pour 300 kilomètres de canal latéral (300 000 francs par kilomètre) et 10 millions pour un canal de 35 kilomètres de Bouc à Marseille.

Loin d'être une concurrence pour le chemin de fer déjà existant sur la rive gauche du Rhône, celui de Lyon à Marseille, et pour celui qui existera bientôt tout le long de la rive droite, le canal latéral du Rhône serait au contraire d'un utile concours pour la voie ferrée. Ne la dégagerait-il point d'une partie des matières, si encombrantes pour ses gares, qui forment comme la dernière classe des transports par petite vitesse, celles dont le fret ne donne qu'un profit apparent? On sait aujourd'hui que ce profit ne devient réel que par des espèces de virements de compte qui consistent à déverser sur ce chapitre une partie des bénéfices effectués par exemple sur le transport des voyageurs et des matières dites de messageries. Le canal latéral du Rhône n'augmenterait-il pas au contraire le trafic de moyenne et grande vitesse par le développement qu'il apporterait aux diverses industries de la vallée du fleuve, et par suite au mouvement des voyageurs? M. Krantz calcule que le trafic de ce canal pourra monter rapidement à 1 million de tonnes, et ce chiffre n'a paru exagéré à personne; on atteindra même 2 millions et plus, si l'on relie efficacement, par une voie de navigation intérieure continue, Marseille à Paris et au Havre. Il serait temps que tous ces travaux se fissent : à côté du Havre se dresse Anvers, dont le commerce augmente de plus en plus, a même triplé en dix ans, tandis que le Havre reste stationnaire. En veut-on une preuve décisive : De 1865 à 1876, le tonnage du port d'Anvers, à l'entrée et à la sortie, est passé de 1 500 000 tonneaux à 5 000 000, tandis que le Havre ne s'est élevé, dans le même espace de temps, que de 1 800 000 à moins de 3 700 000 tonneaux. Marseille même n'a augmenté son tonnage, dans l'intervalle de ces dix ans, que de 25 pour 100, passant de 4 millions de tonneaux à 5 millions. Elle sera bientôt atteinte et dépassée elle-même par Anvers, si des mesures énergiques comme celles que nous indiquons ne sont pas prises sans délai. Marseille, d'ailleurs, est à son tour non moins sérieusement menacée par Brindisi, Gênes, Venise, Trieste. Elle regagnerait, par un canal partant de ses bassins, et que réclament si vivement sa chambre de commerce et tous les conseils électifs des Bouches-du-Rhône, une grande partie du transit de l'Europe occidentale, qui, depuis quelques années, semble devoir lui échapper, et lui échappera encore davantage quand le massif du Saint-Gothard sera complétement ouvert.

Par Trieste et Gênes, les Italiens, et surtout les Allemands, détourneront à leur profit une partie du commerce de la Méditerranée, qui est encore aujourd'hui dans nos mains. Nos voies ferrées ne pourront lutter contre les leurs, à cause de la plus grande distance que les marchandises auront à y parcourir et des tarifs kilométriques plus élevés qu'elles auront à supporter. On peut parer au second de ces inconvénients, non pas au premier. Nos voies navigables intérieures, améliorées et enfin complétées, rétabliraient seules l'équilibre, si nous possédions surtout la voie du Havre à Marseille telle que tous les intéressés la demandent, avec une navigation continue, sans transbordement, puis deux autres voies divergentes plus convenablement établies que celles qui existent, celles du Havre et de Lyon au Rhin. Déjà on travaille à cette dernière sous le nom de canal de l'Est ; celui-ci doit faire communiquer la Saône à la Moselle. Nous entrerions ainsi en possession de trafics considérables que nul ne pourrait plus nous disputer, qui deviendraient pour notre commerce intérieur et extérieur une source féconde de bénéfices, et de nouveau porteraient le renom de notre marine marchande jusqu'aux confins du globe. Ce serait là la plus belle revanche à tirer de l'Allemagne, et il faudrait un peu y songer.

Il semble que toutes ces considérations, qui n'ont rien cependant d'imaginaire ou de risqué, aient échappé à l'esprit vigilant du conseil supérieur des ponts et chaussées, lequel a rejeté le projet d'un canal latéral au Rhône, si justement présenté par M. Krantz. Le conseil considère ce projet comme impraticable, d'abord à cause des difficultés matérielles et de la dépense énorme qu'il entraînerait, — peut-être le triple de ce qui a été calculé, — ensuite parce qu'un côté seulement des riverains serait ainsi favorisé au détriment de l'autre. On a le Rhône, ne convient-il pas de le garder? ne faudrait-il pas le conserver dans tous les cas? On peut l'améliorer en l'approfondissant, en le rétrécissant, par des draguages, par des digues latérales submersibles, destinées à maintenir au courant un minimum de profondeur, $1^m,60$, par exemple. Les barrages éclusés, en usage sur tous les canaux et rivières de France, ne conviendraient pas sur un fleuve qui charrie autant de gravier que le Rhône et présente d'aussi fortes pentes. Ces barrages auraient d'ailleurs le grave inconvénient de surélever le niveau des inondations ; mais les digues latérales submersibles ont fait leurs preuves, sont reconnues suffisantes par tous les ingénieurs compétents. A quoi bon créer de toutes pièces un Rhône artificiel ? Le Rhône offre à la navigation descendante une voie plus économique qu'un canal. Ne peut-on plutôt trouver des formes nouvelles de bateaux? L'art de la navigation et celui de la mécanique n'ont pas dit encore à ce sujet leur dernier mot. Dans tous les cas, c'est là qu'est le nœud de la question, et non ailleurs. Ainsi s'expriment le conseil supérieur des ponts et chaussées et tous les opposants au projet de M. Krantz.

Des formes nouvelles de bateaux! Le Rhône en a vu passer plus d'une, et il peut sous ce rapport rivaliser avec la Seine. De combien d'inventions le fleuve n'a-t-il pas été le théâtre, et combien de propulseurs n'a-t-il pas servi à essayer, depuis les longs bateaux-porteurs et les grappins jusqu'à ce bateau plat qui ne jaugeait que 1 mètre d'eau, et que le capitaine Magnan, un marin qui ne doutait de rien, conduisit un jour, en 1854, du port de Lyon aux embouchures du Danube! On voulait avec cela ravitailler économiquement notre armée de Crimée, faire même des descentes dans la mer Noire. Le projet plaisait à Napoléon III, qui toujours aima les choses neuves et fantastiques; bientôt il n'en fut plus question. Il n'est resté de tous les bateaux du Rhône que ces immenses porteurs à vapeur munis de roues à palettes, longs de 115 à 150 mètres, larges de 10 à 15 mètres entre les tambours des roues, et pouvant porter jusqu'à 550 tonneaux avec un tirant d'eau maximum de $1^m,50$, et les remorqueurs ou grappins qui ont jusqu'à 105 mètres de long sur 7 mètres de large et qui traînent des convois d'environ 500 tonnes avec un tirant d'eau maximum de 90 centimètres. Le nom qu'ils portent leur vient de ce qu'ils se touent eux-mêmes par une roue à l'arrière, laquelle mord sur le fond sableux du fleuve à la façon d'un grappin. Ce système original est sorti du cerveau fécond d'un ingénieur mécanicien de Rive-de-Gier, M. Verpilleux, qui n'a demandé le propulseur de ses bateaux ni à une hélice ni à une roue à palettes, mais à une sorte de roue à chevilles, dont les rais font saillie sur la jante. Cette roue, suspendue dans une fosse ouverte sur la quille à l'arrière, affleure avec le fond du fleuve. Mise en mouvement par la machine, ses rayons en acier mordent dans les sables et les graviers du lit, et la résistance qui se produit détermine l'avancement du bateau. C'est comme si l'on s'appuyait sur le fond avec une gaffe. Malgré un certain recul dû au draguage, le point d'appui est plus fixe que celui obtenu sur l'eau au moyen des palettes qui font office de rames, et le rendement mécanique est supérieur. Ce système de remorquage est excellent à la remonte sur le Rhône, et il y a rendu un moment autant de service que le touage en rend aujourd'hui sur la Seine. A la descente, à cause de la vitesse du courant, le remorquage par grappins n'est guère possible. C'est ce qui fait que ce système a eu tant de peine à lutter contre celui des bateaux-porteurs munis de roues à palettes ou à aubes, lesquels ont marqué pour la batellerie du Rhône une époque de si grande prospérité. Avant l'ouverture du chemin de fer de Lyon à la Méditerranée, c'était le règne des grands bateaux-porteurs. Le Creusot se distingua dans la construction de ces utiles engins de transport, dans les heureuses dispositions qu'il leur donna. Ce sont eux qui, à l'époque de la disette de 1847, amenèrent rapidement et par grandes masses à la fois, du bord de la Méditerranée au centre de la France, les blés de la mer Noire et d'Égypte que Marseille déchargeait jour et nuit sur ses quais.

Aujourd'hui que la lutte est décidément ouverte avec la voie ferrée et que le fleuve menace d'y succomber, il faut trouver mieux que ces porteurs, que ces grappins, s'adresser peut-être au touage, de manière à abaisser le prix du fret jusqu'à 2 centimes et demi par tonne et par kilomètre. C'est la seule limite à laquelle on puisse utilement lutter avec le chemin de fer, qui peut transporter certaines matières, comme les houilles, les minerais, à 3 centimes, nous avons dit au moyen de quel subterfuge de comptabilité. Quelques ingénieurs, renonçant au touage, qu'ils jugent d'application très-délicate sur le Rhône, ont fait des devis pour des bateaux de 135 mètres de long, 12 mètres de large, avec un système particulier de grappins ou de coques articulées. De cette manière, on pourrait porter au delà de 1000 tonnes avec $1^m,20$ de tirant d'eau, et remorquer économiquement, par exemple, les minerais de fer de la Méditerranée, entre autres ceux de l'île d'Elbe et de Mokta, dont les forges de la vallée du Rhône consomment 500 000 tonnes par an. M. Dupuy de Lôme, dont nous avons déjà eu l'occasion de citer une autre expérience, est à son tour entré dans la lice. Il a imaginé récemment, recourant à l'emploi de coques en fer de grande dimension, un navire à deux hélices indépendantes d'un tonnage encore plus élevé. Un premier essai n'a réussi qu'incomplétement, un autre sera sans doute plus heureux. L'indépendance des hélices partiellement immergées doit, selon l'habile ingénieur, fournir un système énergique d'évolutions rapides comme en exige la navigation du Rhône. Il a été conduit à suspendre ses essais jusqu'à ce qu'il ait avisé aux moyens de rendre impossibles les erreurs dans la manœuvre. La question du meilleur propulseur à trouver pour cette navigation fluviale est donc toujours pendante, et il est urgent de la résoudre. Les inventeurs peuvent compter sur une ample rémunération de leurs peines. Le fret ne leur manquera pas : ce sont les houilles, les minerais de toute espèce, les pierres à bâtir, les chaux et les ciments, les bois, le fer, les vins, les huiles, les céréales, le sel, à la descente ou à la remonte. Le fleuve en aura sa part, le chemin de fer gardera la sienne, tout en reconnaissant que certaines denrées, telles que les vins, s'accommodent bien mieux du transport par eau que du transport sur rails. On calcule qu'en vins du Midi le Rhône devra transporter à lui seul un poids d'au moins 300 000 tonnes quand il aura été mis dans un état de navigabilité satisfaisant.

Ce n'est pas seulement au point de vue du service public des transports, c'est encore pour l'agriculture, que le Rhône pourrait être largement utilisé. Nous avons là un magnifique fleuve, celui qui roule chez nous les eaux les plus abondantes, dont nous pourrions faire un double instrument de production, et nous le laissons abandonné. Un ingénieur en chef des ponts et chaussées, M. Aristide Dumont, a été chargé par le gouvernement, il y a quelques années, de faire les études d'un canal d'irrigation du Rhône réclamé par nos départements méridionaux. Il a depuis longtemps rempli sa mission, et ce canal reste à l'état de projet. C'est là cependant une œuvre d'intérêt national, ayant pour but de sauver de la misère et de l'émigration une partie des populations de la vallée du Rhône. On sait combien celles-ci sont en ce moment cruellement frappées par le phylloxera, la maladie des vers à soie et l'abandon de la culture de la garance, laquelle ne peut plus lutter contre l'alizarine artificielle. Le canal d'irrigation du Rhône, qui ne nuirait en rien à la navigation du fleuve, est évalué à une dépense de 110 millions; il pourrait être achevé en quatre ans. Il aurait une longueur de 400 kilomètres, de

Condrieu à Béziers, et traverserait cinq départements, la Drôme, Vaucluse, le Gard, l'Hérault, l'Aude. Il offrirait une surface irrigable susceptible de produire annuellement 450 000 tonnes de foin et de nourrir au moins 100 000 têtes nouvelles de gros bétail. Il permettrait, sur une étendue en plaine d'au moins 80 000 hectares, la submersion des vignes, moyen reconnu efficace pour combattre le phylloxera. Cette œuvre grandiose est appuyée par les vœux de tous les conseils électifs, et par des souscriptions personnelles importantes pour la jouissance de l'irrigation.

Revenons à la navigation du fleuve. Il est indispensable que cet autre canal latéral dont nous avons aussi présenté le devis soit ouvert, dût-il coûter 300 millions, comme le prétendent quelques-uns. Il est indispensable aussi que le Rhône soit mis en communication directe avec Marseille, soit que l'on ouvre pour cela un canal direct de Marseille à Arles, soit que l'on se serve du canal de Bouc, de celui de Caronte, de l'étang de Berre, et qu'on fasse communiquer cet étang avec Marseille par un canal en tunnel à travers la chaîne littorale de l'Estaque. Ce grand travail, de quelque façon qu'on l'entreprenne, coûtera au moins 50 millions, et non 10 comme avait calculé M. Krantz; il n'importe, ce travail doit se faire, et il se fera. Le ministre actuel des travaux publics,

M. de Freycinet, qui a si bien pris à cœur la question de l'amélioration et de l'achèvement de nos voies de communication, s'y est en quelque sorte engagé. Il ne faillira pas à sa parole.

Quelle meilleure dotation pourrait-on faire aux travaux publics dans l'intérêt de tous qu'une dépense aussi justifiée, aussi productive, et quelle occasion plus favorable pour reconstruire, à la mesure des besoins présents, ce qu'on a si souvent appelé l'outillage industriel de la France? Si le Rhône n'est qu'incomplétement amélioré, s'il faut rompre charge à Lyon, s'il faut rompre charge à Arles, que l'on vienne du nord ou du sud, l'entreprise sera toujours à recommencer, et nos petits-neveux se débattront dans les mêmes difficultés que nous. L'auteur du canal de Suez, quand le gouvernement hellénique le consultait en 1869 pour le percement de l'isthme de Corinthe et parlait d'un canal à écluses, répondit qu'il fallait percer un canal à niveau, comme il l'avait fait à Suez. Depuis, sa réponse a été la même à toutes les compagnies, à tous les gouvernements américains qui ont également fait appel à sa haute expérience pour le creusement d'un canal interocéanique : « On ne saurait naviguer en pareil cas avec des écluses, c'est trop long et c'est trop coûteux, » n'a cessé de dire à tous, et prêchant d'exemple, M. F. de Lesseps. A notre tour, nous ferons remarquer qu'on ne saurait naviguer en France avec des systèmes différents de canaux. C'est trop long et c'est trop coûteux, faut-il encore répéter, et ce mode barbare n'a duré que trop longtemps. Passe ici pour les écluses, elles y sont de mise, et l'on ne saurait se passer d'elles ; mais qu'au moins elles soient uniformes et que le même bateau puisse aller du Havre à Marseille à travers la France. Si l'on veut d'un système réellement économique et en rapport avec les nécessités actuelles, si enfin l'on entend relever véritablement notre navigation intérieure, il faut percer ce que nous nommons l'isthme français, en donnant à la Basse-Seine, comme l'a demandé M. Krantz, un tirant d'eau de 3 mètres, et à tous nos canaux, rivières et fleuves un de 2 mètres ou de 1^m,60 au moins. De cette façon on pourra aller sans rompre charge de la Manche à la Méditerranée, et l'on fera réellement de Paris ce que demande depuis tant d'années l'instinct populaire : un port de mer.

III

Paris port de mer

Paris port de mer, c'est le rêve de tous les Parisiens et de beaucoup d'ingénieurs, surtout depuis le commencement du siècle. On peut plaisanter de l'idée, mais elle fera son chemin. Nous n'entendons point proposer ici, nous le répétons, d'amener la mer à Paris par un canal ouvert au milieu des terres, comme l'ont projeté quelques chercheurs, qui ont présenté à ce propos des dessins et des devis que nous croyons au-dessous du vrai. Bien qu'aujourd'hui aucune limite ne semble imposée à l'audace humaine en matière de travaux publics, il est cependant des barrières devant lesquelles il faut s'arrêter ; mais faire de Paris un port de rivière important, en relation directe et continue avec la mer ; en un mot, le centre d'un puissant cabotage intérieur et extérieur, il n'y a là rien d'impossible, et tout nous y convie. Le moment propice semble arrivé, et déjà quelques hommes d'initiative ont pris hardiment les devants.

Qui n'a pas vu maintes fois, dans ces dernières

années, ancré au port du Louvre, ce petit navire à voile et à vapeur, du port de 200 tonnes, qui faisait régulièrement les voyages de France au Japon, de Paris à Yokohama ? Cet intéressant steamer s'est perdu en mer, on le sait, il y a trois ans. D'autres, plus heureux, vont toujours de Paris à Londres par la Seine, la Manche, la mer du Nord et la Tamise. « En charge pour Londres, » telle est l'enseigne qu'ils portent orgueilleusement au haut de leur grand mât, quand ils sont ancrés à Paris. A l'avenir, ces exemples ne seront plus isolés. En 1866, l'Etat avait projeté de porter à 2 mètres le tirant d'eau de la Seine entre Paris et Rouen. Il fallait bien faire quelque chose pour nos voies navigables, surtout après la promulgation du traité de commerce de 1860, où l'on avait reconnu que nos transports intérieurs étaient gênés par une foule d'obstacles, et que notre outillage (c'est le mot dont on se servait) n'avait pas atteint le degré de perfectionnement voulu. Sur l'avis que le tirant d'eau de la Seine allait être porté à 2 mètres, les chercheurs s'étaient mis en campagne. Quelques-uns n'avaient pas attendu ce moment. Déjà, en 1855, M. Belgrand, alors ingénieur en chef du service hydraulique sur la Basse-Seine, avait présenté une étude en vue de l'établissement sur le fleuve d'une navigation maritime avec 3 mètres de tirant d'eau, et telle que nulle part les bateaux n'eussent à baisser leurs mâts. Une décision ministérielle prit ce projet en considération, et y prescrivit certaines modifications de détails. M. Belgrand évaluait à 48 millions au maximum les dépenses, si l'on voulait faire disparaître les obstacles au passage des mâts, et à un peu plus de 13 millions seulement celles que nécessiterait le tirant d'eau de 3 mètres[1]. Il en concluait qu'il ne fallait pas songer à voir arriver à Paris des bateaux, toutes voiles déployées, mais que si l'on réalisait le tirant d'eau de 3 mètres, on pourrait compter sur la création d'une navigation par navires à vapeur à mâts mobiles.

Aucune suite n'a été donnée au projet de M. Belgrand ; mais cela n'a pas découragé les inventeurs. En 1866, un ingénieur de la marine, M. E. Leclert, comptant que le tirant d'eau de la Seine allait être porté à 2 mètres, étudia la possibilité d'établir un service direct et régulier, mais mixte, c'est-à-dire à voile et à vapeur, et de vitesse relativement modérée, pour le transport des marchandises entre Paris et New-York, et réciproquement. C'était une intéressante question d'art naval ; la manière dont M. Leclert était arrivé à la résoudre avait obtenu l'approbation des

---

[1]. Voyez l'exposé des motifs du projet de loi ayant pour objet l'amélioration de la Seine, n° 502, Chambre des députés, session de 1876.

ingénieurs et des marins. Il ne restait plus qu'à lancer le navire; mais toutes choses vont lentement chez nous quand l'administration s'en mêle. Une partie des travaux décidés pour porter le tirant d'eau de la Seine à 2 mètres a seulement été exécutée, et le crédit affecté à ces travaux a été à peine entamé. Espérons que l'on ira désormais plus vite et que les intérêts publics seront mieux sauvegardés. N'oublions pas que les chambres de commerce, non-seulement du Havre, de Rouen et de Paris, mais encore celles de Lyon, d'Avignon, de Nîmes, ont compris les travaux d'amélioration de la Seine dans les combinaisons financières qu'elles ont à diverses reprises soumises au gouvernement en vue d'assurer enfin le perfectionnement des voies navigables de la France.

Le navire projeté par M. Leclert, pour aller régulièrement de Paris à New-York, est d'un port utile de 300 tonneaux. L'appareil moteur est calculé de manière à imprimer au navire une vitesse moyenne de route qui permette d'effectuer le voyage du Havre à New-York, soit 3300 milles marins, en dix-neuf jours, à peu près le double de temps qu'y emploient en été les grands paquebots transatlantiques du port de 6000 tonneaux et d'une force de 2500 chevaux. La navigation à la voile est assurée pour les temps favorables, particulièrement par ces grandes brises d'ouest qu'on rencontre généralement en retournant d'Amérique en Europe. La mâture est construite de façon à pouvoir se rabattre en Seine. Dans son ensemble, le bateau est marin, c'est-à-dire apte à tenir la haute mer avec sa cargaison par les plus forts coups de vent de l'Atlantique, si fertile en tempêtes. Aujourd'hui que ce n'est plus 2 mètres, mais bien 3 mètres de tirant d'eau que l'État nous promet pour la navigation de la Basse-Seine, il serait temps que des projets comme ceux de M. Leclert passassent enfin des spéculations de la théorie à celles de la pratique. L'accès direct à la mer est pour un pays un élément de richesse certain. Quelle source de prospérité l'Angleterre n'emprunte-t-elle pas à ses fleuves! Londres est sur la Tamise, Bristol sur la Severn, Liverpool sur la Mersey, Glascow sur la Clyde, et Londres et Liverpool sont les deux premiers ports du globe. Dans l'antiquité, Rome fut redevable au Tibre de son importance commerciale. Ninive et Babylone étaient sur le Tigre et l'Euphrate comme le Caire est sur le Nil, Calcutta sur le Gange, New-York sur l'Hudson, la Nouvelle-Orléans sur le Mississipi, Québec et Montréal sur le Saint-Laurent, Anvers sur l'Escaut. En France, où la nature a été en cela moins généreuse, où elle a plus parcimonieusement alimenté les cours d'eau, où elle les a moins heureusement dessinés, l'homme doit les relever de l'espèce d'infériorité où ils sont. L'amélioration de la Seine sera une première conquête. D'autres conquêtes viendront ensuite et comme d'elles-mêmes, avec l'amélioration du Rhône, de la Garonne, de la Loire. N'oublions pas que Paris et Rouen, Lyon et Arles, Bordeaux, Nantes, doivent leur première prospérité à leur situation sur des cours d'eau. Il faut donc faire pour ceux-ci tout ce que la nature a oublié de faire, et comment hésiterait-on un instant lorsqu'on est armé de tous les outils merveilleux que la science a mis aujourd'hui à la disposition de l'homme?

Nous ne voulons pas suivre M. Krantz dans tous les détails de ses intéressants rapports, et après avoir examiné avec lui ce qui a trait à la navigation de la Seine et d'une partie des canaux du nord, du centre et de l'est, ainsi qu'à la navigation de la Saône et du Rhône, reprendre les mêmes études sur d'autres points. Partout l'habile ingénieur a porté le même esprit de critique féconde, dit franchement ce qui manquait, ce qu'il fallait faire pour compléter chaque portion du réseau. Il a su rendre attachante une lecture qu'on croirait aride, et l'on serait ici tenté de le suivre dans le bassin du golfe de Gascogne et sur le canal si heureusement projeté du Maransin. *Maris sinus*, qui doit donner la vie aux landes sableuses et stériles, ou bien d'étudier avec lui la navigation du bassin de la Garonne et du canal du Midi, ou celle du bassin de la Loire, qu'il complète, comme pour le Rhône, par un canal latéral, ou encore celle de la Charente et de la Sèvre niortaise, enfin celle des canaux de la Manche et de la mer du Nord, qui se soudent à tout le réseau belge et à la navigation de l'Escaut. M. Krantz n'a rien négligé, ni une vue d'ensemble ni un point de détail, et le plus petit embranchement navigable trouve place dans son intéressant mémoire. Il dit ce qu'est notre canalisation actuelle et ce qu'elle doit être, il l'indique avec l'expérience de l'homme de l'art et par instants avec l'émotion patriotique du citoyen, qui veut que l'on fournisse à son pays tous les moyens possibles de se relever par le travail, par les transports à bon marché et les labeurs féconds du commerce. A ce point de vue, la lecture de ces volumineux rapports, tout pleins de chiffres, sinon de formules, est au plus haut degré saisissante. C'est une de ces études fortes et saines comme il y en a eu quelques-unes après l'invasion allemande, et elle mérite d'attirer l'attention de chacun. La conclusion inévitable, on la connaît : si nous voulons développer notre trafic intérieur et extérieur, donner à nos navires de long cours une partie du fret de sortie qui leur manque, lutter victorieusement contre les marchés voisins, développons nos voies navigables intérieures. Les chemins de fer ne seront pas atteints par cette concurrence prévue, dont ils se sont un moment épouvantés outre mesure, qu'ils ont même essayé de réduire à néant sur certains points du territoire par l'achat des canaux existants, par exemple le canal du Midi. N'avons-nous pas démontré, au contraire, que les chemins de fer profiteraient eux-mêmes, d'une manière détournée, du mouvement de ces voies navigables? En ces sortes de choses, il y a toujours, comme l'a fait si bien remarquer Bastiat, ce qu'on voit et ce qu'on ne voit pas. On ne saisit pas la portée de ce qu'on voit, et c'est ce qu'on ne voit pas, qui est la vérité, l'utilité, l'avantage de chacun et de tous.

Quelques-uns, convaincus que les chemins de fer étaient désormais le moyen de transport par excellence, ont condamné irrévocablement les canaux, comme ils avaient condamné naguère les diligences; mais le cas n'est point le même. Les diligences ne pouvaient lutter avec les chemins de fer, qui transportent plus vite et à meilleur marché les denrées et les voyageurs, tandis que les canaux n'entendent transporter que certaines matières qui leur sont pour ainsi dire acquises, et à un prix inférieur à celui des voies ferrées. Les ennemis des voies navigables n'ont donc jamais entendu les plaintes de l'agriculture, de la grande industrie, qui ne cessent de demander qu'on améliore partout nos rivières et nos canaux, et qu'on y abaisse, ou mieux qu'on y supprime les droits de navigation, ces péages que ne connaissent ni les routes de terre ni les railways? Et si l'on craignait que le fret vînt à manquer à ces voies antiques, qu'on se rassure. Le bois de chauffage et de charpente, le charbon de bois, la houille, la fonte et le fer, les machines et les métaux ouvrés, les engrais et les amendements végétaux ou minéraux, le sel marin, les minerais, certains produits chimiques, les pierres et les matériaux de construction de toute espèce, toutes ces matières, qui ont beaucoup de poids et de volume et qui presque toutes valent relativement peu, sont les clientes naturelles des canaux. L'acheteur ne les attend pas à jour et à heures fixes, il en fait de grands approvisionnements à la fois ; il est de son intérêt de leur faire prendre la voie d'eau, qui peut les transporter à moitié prix de ce qu'exige la voie ferrée. Nous n'avons pas parlé de la plupart des produits agricoles : le vin, l'huile, les céréales, la betterave, les fourrages, qui, ayant à choisir entre deux moyens de transport, l'un plus régulier, plus rapide et plus cher, l'autre, sujet à quelques chômages, plus lent et plus économique, préféreront toujours le second, sauf les cas de convenances particulières.

De tout temps les enquêtes qu'a provoquées l'administration, les réclamations et les doléances persistantes de nos agriculteurs et de nos industriels, ont éclairé l'État sur ce qu'il avait à faire en matière de canaux. Le moment est donc venu de ranimer de toute façon nos voies navigables intérieures, et alors non-seulement les industries indigènes seront satisfaites et plus aptes à lutter avec la concurrence étrangère, mais aussi, dans nos ports de mer, au lieu de voir beaucoup de nos navires partir sur lest faute d'un fret suffisant de sortie, nous leur verrons charger et nos houilles de Saint-Étienne ou d'Alais, et nos plâtres de Paris, et nos fontes et nos fers du Creusot, nos pierres de taille, nos tuiles et nos briques de Bourgogne, nos chaux du Theil, nos ciments de Vassy ou de Grenoble, puis nos bois des Vosges ou des Landes, nos ardoises d'Angers ou des Ardennes, nos marbres de couleur des Pyrénées, nos phosphorites ou engrais calcaires du Midi, enfin, en plus grande quantité encore, nos vins, nos blés et tant d'autres produits.

N'oublions pas que l'amélioration de nos rivières et de nos canaux est indispensable au progrès de l'agriculture aussi bien qu'au développement de la pisciculture et à la mise en valeur des forêts, qu'en outre les cours d'eau sont susceptibles d'effets dynamiques et que des milliers de chevaux de force vive sont disponibles au seuil d'un barrage, d'une digue, d'une levée. Il faut que l'on utilise tout cela et que l'on se rappelle sans cesse que les villes doivent aux eaux souvent leur origine et toujours une partie de leur développement : *Aquæ condunt urbes*. Répétons-le : où la nature est restée insuffisante, l'homme doit compléter l'œuvre de la nature. C'est là une des plus belles fonctions de l'humanité, et, dans le nombre des pacifiques conquêtes que celle-ci peut faire à la surface du globe, une des plus méritantes. Parmi les nations qui se sont le plus distinguées dans la création des canaux, la France a tenu un moment l'un des premiers rangs. Aujourd'hui elle est notablement distancée par l'Angleterre, les États-Unis, la Hollande et la Belgique, toutes contrées où les canaux sont tenus en si grande valeur, bien qu'en Angleterre et aux États-Unis on puisse citer des cas où, comme en France, les compagnies de chemins de fer ont essayé d'annihiler les canaux. D'une manière générale, ceux-ci n'ont pas cessé de maintenir leur rôle et leur importance, et l'Allemagne et la Russie en creusent maintenant de tous côtés. L'Allemagne va faire ainsi communiquer le bassin du Danube avec celui du Rhin, pour s'assurer une partie du transit européen. La Hollande, qui a toujours été le pays par excellence de ce genre de voies intérieures, cherche encore à augmenter son lot. Elle vient d'ouvrir une nouvelle route d'Amsterdam à la mer du Nord, un canal direct. Le 1ᵉʳ novembre 1876, le roi des Pays-Bas inaugurait solennellement cette voie artificielle de navigation, qui a une longueur de 25 kilomètres. Les bâtiments de 5 mètres de tirant d'eau peuvent déjà la parcourir, et elle doit être creusée jusqu'à une profondeur de 7 mètres. A l'entrée du canal dans la mer du Nord, il y a une écluse qui peut recevoir des navires de 120 mètres de long. Deux jetées en pierre, larges de 7 mètres et longues de 1600 mètres, se prolongent en ligne droite dans la mer, enserrant un avant-port de 265 mètres de large et d'une superficie de plus de 100 hectares. Du côté de la mer intérieure ou du Sud, le Zuiderzée, le canal est également fermé par une écluse. Tous ces faits doivent nous servir d'enseignement, et la France n'a qu'à vouloir pour reprendre le rang qu'hier encore elle occupait dans les choses de la canalisation.

L'honorable rapporteur du système de nos voies navigables non-seulement s'est plu à marquer, à tracer d'avance tout ce qui avait trait à l'exécution technique de nos futurs canaux dans des espèces de projets et de devis estimatifs ; mais il a même pris soin d'indiquer par quelles combinaisons financières, par quel système particulier d'annuités on pourrait arriver à améliorer et à compléter, sans trop de charges pour la nation et le trésor, le réseau français, qui deviendrait ainsi un des plus importants et des plus économiques du globe. Encore une fois, ce réseau, ainsi achevé et mis en mesure de fonctionner utilement sur tous les points du territoire, ne nuirait pas pour cela au réseau de nos voies ferrées. Ainsi que le dit très-bien M. Krantz, « le canal et le chemin de fer n'ont pas les mêmes aptitudes de transport, ne rendent pas les mêmes services, ne s'adressent pas à la même clientèle; ils peuvent coexister dans la même vallée sans se nuire, et leur action réciproque peut et doit être le concours et non la concurrence. » A son tour, le savant rapporteur de la commission du budget pour 1877, section des travaux publics, M. l'ingénieur Carnot, tenait à rappeler que les voies navigables intérieures, dont il défendait la dotation, n'étaient pas destinées à faire une concurrence ruineuse aux chemins de fer. Elles n'ont qu'à remplir l'utile office de « modérateurs et de régulateurs des prix de transport », par suite même de la modicité des tarifs auxquels elles peuvent descendre. Le conseil général des ponts et chaussées lui-même, que l'on aurait pu croire un moment plus dévoué aux chemins de fer qu'aux canaux, défend aujourd'hui les mêmes idées, et presque dans les mêmes termes. Si les transports par eau n'ont pas pour eux la célérité, ils ont, en effet, sur les chemins de fer l'avantage de l'économie, sur lequel nous avons déjà tant de fois insisté. Il faut y joindre celui de la supériorité de puissance pour le déplacement des masses, et celui d'un matériel moins coûteux et qui peut plus aisément et presque indéfiniment être augmenté. Tout cela n'est pas le lot des voies ferrées, et vaut bien la peine d'être pris en sérieux examen.

On prétend que le premier consul, visitant le Havre en 1802 et vivement frappé de la position de ce port, aurait prononcé ces paroles : « Le Havre, Rouen, Paris, ne sont qu'une même ville, la Seine en est la grande-rue. » Qu'aurait dit le premier consul s'il eût vécu maintenant, et s'il eût vu non plus seulement la Seine, mais le railway, le télégraphe électrique, le bateau à vapeur, relier Paris et le Havre ? Il n'eût pas manqué de décréter sans plus de retard l'amélioration du régime hydraulique de la Seine, et de donner un corps au rêve de Paris port de mer, qui semble pour quelques-uns une nuageuse utopie. Nous avons prouvé que ce rêve pouvait, sans trop de peine et dans la limite des choses possibles, devenir une réalité, et qu'une communication par eau pouvait être enfin utilement établie non-seulement entre le Havre et Paris, mais encore entre le Havre et Marseille, entre la Manche et la Méditerranée. De cette façon on arrivera véritablement à percer ce que nous avons nommé l'isthme français, et à conserver à la France le transit de l'Europe occidentale, qui menace de lui échapper en partie.

Remarquons qu'une grande révolution politique est presque toujours suivie d'une révolution économique correspondante. C'est ainsi, pour en citer un exemple des plus lointains, que les conquêtes d'Alexandre ont effacé Tyr pour la remplacer par Alexandrie, et indiqué au commerce de l'Orient avec l'Europe, qui se faisait auparavant presqu'en entier par les caravanes à travers l'Asie, la voie de la mer Rouge et de l'océan Indien. Au temps des découvertes portugaises et espagnoles, le renom de Venise, de Gênes et de Pise, a de même disparu, parce qu'une nouvelle route venait d'être indiquée au commerce par Colomb et par Gama. Plus tard, c'est la Hollande et l'Angleterre qui ont succédé aux Portugais et aux Espagnols. Tirons profit de ces leçons de l'histoire, et disons-nous bien qu'il ne faut pas que les conquêtes allemandes de 1866 et de 1870-71 soient suivies, au détriment de la France, d'une révolution commerciale analogue; en d'autres termes, nous ne devons pas permettre que l'on isole l'isthme français à l'occident de l'Europe. Pour cela, il faut lui maintenir son transit, ne pas souffrir que le Danube ou les tunnels alpins le lui ravissent, et l'un des meilleurs moyens de conjurer ce péril imminent, n'est-il pas précisément de ranimer, de compléter nos voies de navigation intérieure? Il faut achever définitivement le réseau français, de manière à y rendre le transit uniforme et régulier, et à effectuer, sans rompre charge, de très-longs parcours, sur 1000 kilomètres, par exemple. Faisons au moins servir à quelque chose de profitable notre régime de centralisation, et, puisque nous sommes passés de la vie provinciale à la vie nationale, réformons, dans ce qui s'y présente de défectueux, ce que les anciennes provinces nous ont laissé. Notre système de canalisation est de ce nombre, refaisons-le sur un plan d'ensemble général.

En supposant que, sur notre principale ligne ainsi régénérée, celle du Havre à Marseille, on transporte 2 millions de tonnes par an sur un parcours de 1000 kilomètres, et ces chiffres n'ont rien d'exagéré, l'économie réalisée serait considérable, et s'élèverait à une cinquantaine de millions de francs, comparée au même parcours par chemin de fer. Il suffit, pour mettre ce résultat en évidence de comparer le tarif de 5 centimes par tonne et par kilomètre sur la voie ferrée, à celui de 2 centimes 1/2 qui sera de règle sur la voie d'eau. Les matières pondéreuses et de peu de valeur sont, du reste, les seules qui soient ici en jeu.

Une chose en résultats si féconde, pourquoi la France ne la tenterait-elle point par le triple accord de l'opinion publique, du gouvernement et des chambres? Accroître la circulation, l'exportation de nos produits, c'est en accroître la production, c'est aussi reconstituer le capital national entamé, détruit sur beaucoup de points aux jours néfastes de la guerre allemande. N'est-ce pas là un but glorieux à atteindre, une entreprise digne des méditations de tous et des encouragements de l'État? Aussi persistons-nous à croire que la question des transports à bon marché est, parmi toutes celles que l'on peut avoir à résoudre aujourd'hui, peut-être la plus urgente, et celle dont la solution procurerait certainement au pays le plus d'avantages matériels. Mais pourquoi en parler plus longtemps? Le ministre des travaux publics et celui des finances, la chambre des députés, le sénat sont désormais tous d'accord sur ce point. Il n'y a plus que les questions de détail qu'il reste à débrouiller; à l'œuvre donc, et qu'on les étudie résolûment!

CHAPITRE VI

LE COMMERCE EXTÉRIEUR

I

Les échanges

Si chaque pays produisait tout ce dont ses habitants ont besoin, il n'y aurait point de commerce, il n'y aurait point d'échanges, au moins avec les pays étrangers. Heureusement il n'en est point ainsi, et il semble que la nature, par la diversité des climats et des sols, a voulu que chaque terre ne fournît pas également toutes choses. De là est né le commerce extérieur qui met tous les peuples en relation les uns avec les autres, qui les fait se mieux connaître et se mieux apprécier, qui les unit par les liens les plus sûrs, ceux des intérêts réciproques, et qui peu à peu, en s'étendant toujours davantage, rendra les guerres de moins en moins fréquentes et finira peut-être par en amener l'entière disparition.

L'homme obéit à trois besoins principaux : se nourrir, se vêtir, se loger; les besoins intellectuels, les besoins de luxe, ne viennent qu'après que ceux-là ont été entièrement satisfaits. On peut prendre au hasard les principales matières sur lesquelles porte le commerce intérieur ou extérieur d'une nation, et l'on trouvera presque toujours que ces matières ont trait à la nourriture, au vêtement, au logement, plutôt qu'à tout autre besoin de l'homme.

Sans parler des céréales, de la viande, des fruits de toute espèce, des produits de basse-cour, de vacherie, de pêcherie, les denrées dites coloniales, par exemple, qui sont un des principaux éléments de tout commerce avec l'étranger, le café, le sucre, le cacao, le thé, les épices, ou bien encore les spiritueux, le vin, l'eau-de-vie, la bière, toutes ces denrées qui donnent lieu à tant d'échanges, ne sont-elles pas, pour la plupart, devenues indispensables à l'alimentation de l'homme, si bien que fort peu d'entre elles peuvent être aujourd'hui considérées comme des aliments de luxe?

Que si, après la nourriture, nous considérons le vêtement, nous trouvons toutes les matières textiles, la laine, le coton, le lin, la soie, puis les pelleteries, les peaux, qui alimentent aujourd'hui par centaines de mille tonnes, et pour des valeurs de centaines de millions de francs, le trafic de toutes les nations, soit que celles-ci produisent et tissent à la fois ces fibres précieuses, soit qu'elles se bornent simplement à les filer et à les tisser. A ces matières il faut ajouter les sels qui servent dans la teinture comme mordants et les matières colorantes elles-mêmes : tels sont l'alun et les autres sels similaires de potasse, d'alumine, d'ammoniaque, tels sont l'indigo, la noix de galle, l'orseille, le kermès, la cochenille, la garance, le bois de campêche. Quelques-uns de ces produits sont assez importants pour fournir un élément de fret très-notable même à la grande navigation.

Reste le logement, dans lequel nous voyons réapparaître les matières textiles, à l'état de tapis, tentures, rideaux, puis les fourrures, les peaux, quelques-unes de ces matières peut-être en aussi grande quantité que pour le vêtement, et de plus une portion des produits naturels que nous n'avions pas encore enregistrés, les bois de charpente, d'ébénisterie, de menuiserie, puis tous les métaux, notamment la fonte, le fer, l'acier, le cuivre, l'étain, le plomb, le zinc, et même les métaux précieux, l'or et l'argent; mais ce qu'il faut surtout relever, ce sont tous les produits communs du règne minéral, naturels ou préparés, la pierre à bâtir, le marbre, l'ardoise, la chaux, le sable, la pouzzolane, le ciment, les briques, les tuiles, les carreaux, sans lesquels il n'est guère de demeure possible, quelque modeste qu'elle soit. On passe sur tous les produits de céramique et de verrerie indispensables à toute habitation, et sur tous les objets de luxe, bronzes, glaces, cristaux, livres et autres, que presque toute demeure entraîne aujourd'hui avec elle. Ajoutons que le chauffage et l'éclairage font aussi, en quelque sorte, partie inhérente de l'habitation ; de là le besoin incessant qu'ont tous les peuples de houille, de bois, d'huile, de soufre, de pétrole, de bougies ; de là un nouvel aliment et des plus féconds pour le commerce.

Dès le premier jour, les échanges sont donc venus des besoins les plus pressants que l'humanité avait à satisfaire; la nature avait pour ainsi dire préparé ceux-ci de tout temps, et c'est le devoir de tous les gouvernements de mettre à l'accomplissement des relations spontanées qui naissent ainsi entre les diverses nations le moins d'obstacles possibles. Toutefois il est facile de voir que la liberté absolue des échanges ne pourra être entièrement pratiquée que lorsque toutes les nations, par le développement progressif de leur agriculture, de leur industrie, de leur commerce et de leur marine, seront également prêtes pour la concurrence universelle.

En 1876, la valeur du commerce général extérieur de la France à l'importation et à l'exportation, y compris la grande pêche et le commerce avec les colonies, a atteint 9 milliards 400 millions de francs; cette valeur a dû être un peu moindre en 1877, année de crise pour le commerce du monde entier. Sur ce chiffre de 9400 millions, l'importation figure pour 4900 et l'exportation pour 4500.

Le commerce extérieur de la Grande-Bretagne est à peu près égal en valeur à une fois et demie celui de la France; il s'est élevé en 1877 à la somme de 14 400 millions de francs, et en 1876 à celle de 14 800.

Sur le chiffre de 9 400 millions afférent à la France, les deux tiers représentent les marchandises importées ou exportées par mer, c'est-à-dire que notre commerce extérieur maritime est le double en valeur de celui qui a lieu par la frontière de terre.

Voici comment se distribuaient, en 1876, à l'importation et à l'exportation, la nature et la valeur des marchandises ayant trait au commerce extérieur de la France :

IMPORTATION.

Nature des marchandises.	Valeur en millions de francs.
Matières premières nécessaires à l'industrie (soie, laine, coton, bois, houille, peaux, cuivre, tabac)......	2.900
A reporter.	2.900

Nature des marchandises.	Valeur en millions de francs.
Report..	2.900
Objets de consommation naturels (céréales, café, bétail, graines oléagineuses, sucre)...............	1.200
Objets de consommation fabriqués (tissus, machines et autres)...............................	800
	4.900
EXPORTATION.	
Produits naturels (soie, vins, céréales et farines, fruits, fromages).................................	2.300
Objets manufacturés (tissus, tabletterie, mercerie, sucre raffiné).................................	2.200
	4.500

Il ressort clairement de ce tableau une chose que nous avons déjà plusieurs fois constatée, que la France demande surtout des matières premières à l'étranger, et expédie en échange les produits de son sol et de ses manufactures.

La douane distingue le commerce extérieur en commerce général et commerce spécial. Pour celui-ci, on détache de la totalité des marchandises toutes celles qui n'ont pas trait à la consommation indigène, par exemple celles qui ne passent qu'en transit ou sont conservées en entrepôt sous la surveillance de la douane pour être ensuite réexportées, enfin celles qui jouissent de la faculté de l'admission dite temporaire. Aucune de ces marchandises ne paye de droits; mais le transit est une source fructueuse de courtages, de commissions, il vient en aide aux entreprises de transports; en

France, il est de première importance, à cause même de la situation topographique du pays. Les admissions temporaires ne jouent pas un moindre rôle dans le commerce français. Par ces admissions, on tolère l'importation en franchise de certains produits destinés à être renvoyés à l'étranger après avoir subi en France une dernière main-d'œuvre ou même une fabrication complète : c'est un moyen de venir équitablement en aide au travail national. Le blé peut être ainsi transformé en farine, le riz décortiqué, les chapeaux de paille apprêtés, les foulards imprimés, les métaux raffinés ou transformés en machines.

En 1874, la valeur des marchandises introduites avec faculté d'admission temporaire s'élevait à 66 millions de francs ; ces marchandises ont été réexportées à l'état de produits manufacturés pour une valeur de 105 millions. C'est une plus value de 39 millions de francs qui s'applique tout entière à la France : main d'œuvre, bénéfices de l'industriel, etc. Après un temps limité doit avoir lieu la réexportation du produit fabriqué, dont la matière première doit être identique ou simplement équivalente à celle du produit importé. Cette réexportation est assurée par ce qu'on nomme un acquit à caution. C'est une sorte de passavant, un imprimé délivré par les employés de l'administration des douanes, lequel permet de faire circuler temporairement la marchandise qui n'a pas payé les droits, de lui faire subir certaines préparations, certaines modifications, et de la réexporter sans fraude dans le temps voulu. Cet engagement est négociable, et il est garanti par une caution solidaire, d'où le nom d'acquit à caution qui lui a été donné.

Ces prémisses posées, si l'on veut comparer le commerce général au commerce spécial de la France, il suffira de dire que ce dernier a été en 1876 de 7600 millions de francs, et en 1877 de 7240 seulement. La différence de 1800 millions qui existe entre les chiffres de 9400 et 7600 millions, tous deux afférents à 1876 et l'un au commerce général, l'autre au commerce spécial, marque précisément la valeur de notre commerce de transit, d'entrepôt et de réexportation.

En 1876, le transit seul a dû atteindre 600 millions et les admissions temporaires 50. Le transit dépassait 700 millions en 1873, et depuis est toujours allé en diminuant. Il y a là un phénomène économique dont les causes se devinent aisément, et auquel il est sans doute encore temps de parer. Le chiffre des admissions temporaires va aussi en diminuant; il est descendu, de 100 millions qu'il atteignait en 1873, à 49 millions en 1875. Une des plus belles années fut 1869, où, pour 116 millions de marchandises introduites temporairement, on réexporta pour une valeur de 181 millions en produits manufacturés.

Au point de vue de la valeur des marchandises importées et exportées, les principaux pays avec lesquels commerce la France se rangeaient dans l'ordre suivant en 1876 :

Grande-Bretagne	2.000 millions de francs.
Belgique	950 —
Allemagne	950 —
Italie	870 —
Suisse	700 —
États-Unis	600 —
Espagne	370 —
Algérie, Turquie, Russie, Amérique espagnole, Inde, etc.	2.960 —
Total	9.400 millions de francs.

Si l'on veut savoir comment nos principaux ports ont concouru à cette importation et à cette exportation, on trouve qu'ils occupent par ordre d'importance le rang ci-après :

Marseille	2.000 millions de francs.
Le Havre	1.500 —
Paris	815 —
Boulogne	596 —
Bordeaux	554 —
Dunkerque	551 —
Nantes et Saint-Nazaire	197 —
Dieppe	150 —
Cette	148 —
Calais	125 —
Rouen	120 —
A reporter.	6.756 millions de francs.

Report.	6 756	millions de francs.
Bayonne.	30	—
Nice.	16	—
Autres ports et douanes de terre	2.598	—
Total.	9.400	millions de francs.

Pour cette même année 1876, les droits de douane perçus en France sur les marchandises importées et exportées se sont élevés à la somme de 290 millions de francs ainsi répartie :

Droits proprement dits . . .	250	millions de francs.
— de statistique (0.10 par colis, etc.).	6	—
— de navigation.	5	—
— accessoires et produits divers.	4	—
Taxe de consommation des sels.	25	—
Total	290	millions de francs.

Il est bien entendu que la somme de 250 millions de francs, afférente aux droits proprement dits, a trait presque entièrement aux droits à l'importation ; les droits à l'exportation sont insignifiants et n'atteignent pas 300 000 francs.

Les principales matières tarifées à l'importation, celles qui rapportent le plus au trésor, sont le café, qui donne à lui seul plus du tiers des 250 millions ci-dessus inscrits, puis le sucre, qui donne plus de 60 millions, le pétrole 15, le cacao 10, les tissus de coton 10, la houille 9, les tissus de laine 8, le poivre 5, les fils de coton 4 ; viennent enfin les machines et mécaniques, les céréales, les tissus de lin ou de chanvre, la fonte brute, les outils et ouvrages en métaux, les produits de céramique et de verrerie, etc.

II

La marine marchande

Toutes les matières qui composent les échanges avec les ports de l'étranger ou avec ceux d'un même pays sont voiturées sur les mers par ce qu'on nomme la marine marchande. De tout temps, tous les gouvernements ont manifesté la plus grande sollicitude pour le maintien et le développement de cette marine ; car elle ne contribue pas seulement à étendre la richesse d'un pays, elle est encore la meilleure nourricière de la marine de guerre, la pépinière en quelque sorte inépuisable où celle-ci va prendre ses matelots, ces énergiques soldats de la mer, rompus à toutes les fatigues, à toutes les épreuves de l'Océan. Si un fantassin ne s'improvise point, à plus forte raison un marin : il faut avoir commencé le métier très-jeune, l'aimer, s'y être accoutumé de longue date. C'est pourquoi la marine marchande a de tout temps, en France, appelé l'attention des hommes d'État. Un des plus illustres d'entre eux, Colbert, s'est principalement exercé à cette question, et l'a pour ainsi dire fixée.

Sans doute bien des restrictions édictées par Colbert pour assurer le progrès des colonies et de la marine de commerce françaises ont disparu aujourd'hui; ainsi les colonies ne sont plus forcées à ne trafiquer qu'avec la métropole et la liberté des pavillons, le libre accès dans les ports de France de tous les navires marchands étrangers, ont été reconnus. Toutefois, il reste encore dans le Code un certain nombre des restrictions imaginées par Colbert, les unes bonnes, les autres devenues mauvaises; mais l'on ne peut nier que celles même qui ont disparu n'aient contribué puissamment au début à maintenir l'essor de la marine. En Angleterre, le fameux acte de navigation de Cromwell a de même consolidé la marine anglaise et assuré son avenir. On l'a depuis aboli, mais il a été un moment nécessaire, indispensable même, et l'habile politique, comme l'appelait Bossuet, avait eu en cela une intuition très-claire des choses et des nécessités de son pays.

En 1876, l'effectif de la marine marchande française était de 15 407 navires, jaugeant environ 1 million de tonneaux et montés par 95 000 hommes d'équipage.

Sur les 15 407 navires, il y en avait 14 861 à voiles, jaugeant 793 000 tonneaux, et 546 à vapeur, jaugeant 213 450 tonneaux; cela équivaut à dire que la jauge moyenne des navires à voiles est d'un peu plus de 50 tonneaux, et celle des navires à vapeur a un peu moins de 400 tonneaux; d'où il résulte qu'un navire à vapeur représente moyennement la jauge de 8 navires à voiles.

Le mouvement général de la navigation maritime, en 1876, a été effectué en France par 54 000 navires chargés, qui ont introduit ensemble dans nos ports un peu plus de 14 millions de tonneaux de marchandises. Sur les 54 000 navires, il y en avait 31 000 à voiles et 23 000 à vapeur. Quant à la nationalité, ils se divisaient ainsi :

Navires français à voiles. . . .	12.000	18.000 navires
— à vapeur . . .	6.000	
Navires étrangers à voiles. . .	19.000	36.000 —
— à vapeur . . .	17.000	
Total		54.000 navires

Ainsi, la part contributive de notre marine dans l'alimentation de nos ports n'a été que de 18 000 navires, tandis que celle de la marine étrangère était de 36 000 ou du double,

Pour le tonnage, notre part contributive a été

un peu plus élevée, 35 pour 100 environ du total, ainsi qu'on le voit par le tableau ci-après :

TONNAGE ENTRÉ ET SORTI, EN 1876, DANS LES PORTS FRANÇAIS.

Navires français à voiles . .	1.600.000	} 5.100.000 tonneaux.
— à vapeur. .	3.500.000	
Navires étrangers à voiles. .	3.000.000	} 9.000.000 —
— à vapeur. .	6.000.000	
Total		14.100.000 tonneaux.

Il résulte de ce tableau un fait, c'est que le tonnage introduit par la vapeur est le double de celui introduit par la voile. On vient de voir tout à l'heure que la jauge moyenne des bateaux à vapeur était 8 fois celle des voiliers. En outre, le nombre de bateaux à vapeur tend de plus en plus à égaler celui des navires à voiles. La vitesse des steamers leur permet de faire plusieurs voyages quand le voilier n'en fait qu'un ; de là, non-seulement une économie de temps, mais encore une économie considérable d'argent sur les frais de tout genre, assurances, intérêts, amortissement, etc. En rassemblant toutes ces données, on a les véritables raisons des plaintes de la marine marchande, qui aujourd'hui sont universelles. La marine se plaint parce que, d'une part, on a construit trop de navires à vapeur, par exemple en Angleterre, si bien que beaucoup sont inoccupés et offerts en vente au rabais, et que les frets sont avilis. D'autre part la concurrence effrénée que la vapeur fait à la voile a reporté celle-ci tout à fait au dernier rang comme instrument de transport, malgré certains avantages qu'elle peut présenter encore dans quelques cas. Enfin, sur chaque littoral, le chemin de fer, par la rapidité, par la régularité des convois, par l'abaissement des tarifs, a suscité une telle rivalité au grand et au petit cabotage, qu'il a presque partout ruiné celui-ci. Voilà les principales raisons des souffrances de la marine marchande, et l'on ne saurait trop le répéter : ni les primes à l'armement des navires ou à l'engagement des gens de mer à tant par tonneau de jauge ou par matelot embarqué, ni les surtaxes de pavillon et d'entrepôt, ni la fondation d'une grande société de crédit maritime, n'y pourront rien ou presque rien. Le phénomène qui se passe sous nos yeux est général, il était inévitable, il est la conséquence fatale des conditions nouvelles que la vapeur a introduites partout dans les relations internationales. Le mal est certain, il faut lutter contre lui de toute manière, mais c'est plutôt à l'énergie, à l'activité individuelle qu'il faut demander secours, et non à la protection de l'État ; que celui-ci se borne seulement à débarrasser la marine marchande de la réglementation excessive et trop fiscale qui l'étouffe, qui l'opprime. En dehors de cela, que nos armateurs retiennent bien que c'est aux découvertes de la science qu'il faut en appeler plutôt qu'à des primes, à des subsides; car des encouragements de cette sorte les laisseraient encore plus faibles et totalement désarmés le jour où cette aide factice leur ferait défaut.

Quand on dresse une statistique de la marine marchande française et qu'on la compare à celle des autres pays, on relève dans toutes ces marines deux phénomènes principaux : le nombre et le tonnage général des navires à voiles va presque partout en diminuant d'année en année, tandis que le nombre et le tonnage général des navires à vapeur va au contraire en augmentant. Ainsi la France, en 1874, possédait 15 002 navires à voiles jaugeant 843 000 tonneaux, et 522 navires à vapeur jaugeant 194 546 tonneaux; nous avons vu qu'en 1877, elle n'avait plus que 14 861 navires à voiles, jaugeant 793 000 tonneaux, et qu'elle avait au contraire 546 navires à vapeur d'une jauge totale de 213 450 tonneaux. Si en trois ans elle a perdu d'une part 141 navires et 53 000 tonneaux, elle a gagné de l'autre 24 navires et 18 901 tonneaux; or, dans le second cas, ce sont des navires et un tonnage à vapeur, et nous savons quels avantages offrent aujourd'hui les transports à vapeur sur ceux à voile. Il n'y a donc pas à s'inquiéter de la diminution apparente de notre tonnage; car c'est un phénomène économique prévu et qui est à peu près universel.

Il n'y a pas à s'inquiéter non plus du rang qu'occupe la marine marchande française parmi les diverses marines du monde, et à propos duquel on fait chaque année grand bruit dans toute la presse quand paraissent les statistiques du bureau central des assurances, le *Veritas*. On ne manque pas de répéter alors que la France, qui était naguère au troisième rang parmi les diverses puissances maritimes du monde, est aujourd'hui descendue au sixième, et qu'elle ne vient qu'après la Grande-Bretagne, les États-Unis, l'Allemagne, l'Italie et la Norvége. On oublie d'ajouter que la France a maintenu sa supériorité pour la navigation à vapeur, où elle est restée au troisième rang. On oublie aussi de dire que la Norvége est une nation toute maritime, qui n'a que la mer pour vivre et qui ne vit guère que de la mer, que les Norvégiens sont devenus aujourd'hui les rouliers de l'Océan, c'est-à-dire qu'ils naviguent au meilleur marché et prennent des frets en tout pays. Quant à l'Italie, on oublie également d'ajouter qu'elle s'est unifiée comme l'Allemagne, qu'elle a une longueur de côtes double de celle de la France, c'est-à-dire 1 200 lieues quand la France n'en a que 600, et qu'en outre, en Italie, par la disposition même de la contrée, tout le monde à peu près est marin, que les Génois sont comme les Norvégiens les rouliers des mers, ce que furent naguère les Hollandais, les Américains, les Anglais, ce que seront demain les Grecs. Il y a là des évolutions fatales qu'on ne peut empêcher, mais qui n'entament guère, selon nous, le rôle commercial et maritime de la France, lequel est à peu près resté ce qu'il devait être.

La quantité de marchandises importées et exportées a atteint en France, en 1876, le chiffre de 23 millions de tonnes, dont environ 16 millions et demi à l'importation et 6 millions et demi à l'exportation.

Sur ce chiffre de 23 millions de tonnes, plus de la moitié, soit 14 millions, sont entrées ou sorties par nos ports; le reste, soit 9 millions de tonnes, ont circulé par la frontière de terre.

Au point de vue du tonnage des marchandises importées et exportées par mer, les principaux pays avec lesquels la France est en relation se rangeaient dans l'ordre suivant en 1876 :

Grande-Bretagne	5.500.000 tonnes.
Algérie	1.300.000 —
États-Unis	900.000 —
Russie.	700.000 —
Italie	700.000 —
Espagne	600.000 —
Allemagne	600.000 —
Turquie, Égypte, Suède et Norvége, Amérique espagnole, etc..	3.700.000 —
Total.	14.000.000 tonnes.

Si l'on désire savoir comment nos principaux ports ont concouru à cette importation et à cette exportation, on trouve qu'ils occupent, quant au tonnage, le rang ci-après :

Marseille.	2.625.000 tonnes.
Le Havre.	1.600.000 —
Bordeaux.	1.500.000 —
Dunkerque.	945.000 —
Nantes et Saint-Nazaire.	746.000 —
Rouen	646.000 —
Cette.	560.000 —
Dieppe.	542.000 —
Boulogne. . . . . . . « . . .	369.000 —
Paris.	350.000 —
Calais	263.000 —
Bayonne	109.000 —
Nice.	56.000 —
Autres ports	3.689.000 —
Total	14.000.000 tonnes.

La richesse commerciale et industrielle de la France est inscrite en grande partie dans les chiffres que l'on vient de lire. Ces chiffres augmentent d'année en année, sauf à quelques époques. Les statistiques officielles ont déjà sur quelques points constaté, par exemple, une diminution pour l'année 1877 qui vient de s'écouler. La guerre qui a éclaté en Orient a troublé l'année dernière et trouble encore nos relations commerciales avec la Russie, l'Autriche, la Turquie, la Grèce. L'Angleterre s'en est encore plus ressentie que nous; mais dès que le calme sera revenu, la période ascendante reprendra, et notre commerce et notre marine iront de nouveau en progressant. Ce qu'il faut surtout, pour assurer cette marche en avant continue et des plus satisfaisantes, c'est développer nos voies de communication intérieures, si intimement liées au mouvement de nos ports, c'est abaisser partout les tarifs de transport, c'est compléter notre outillage commercial, contribuer en un mot par tous les moyens au progrès matériel de la France.

Le pays ne peut se relever complétement que par le travail, que par le soin de tous les jours donné à ses propres affaires. A cela les citoyens sont résolûment préparés, ils se sont mis à l'œuvre depuis longtemps. C'est le devoir du gouvernement de seconder de son mieux l'initiative de chacun, d'améliorer, d'achever les ports, les canaux, le réseau des voies ferrées, de mieux répartir les charges générales par un meilleur établissement, par une espèce de réforme de l'impôt. Il faut aussi arriver partout à obtenir le minimum, des tarifs de transport, sinon la lutte n'est point possible avec l'Allemagne, avec l'Italie. Nos deux rivales déjà cherchent à déplacer en Europe l'axe des échanges entre l'Orient et l'Occident, qui jusqu'aujourd'hui passait par la France ; elles veulent le ramener à elles, et elles y parviendraient, si nous n'y prenions garde. Le gouvernement et les citoyens doivent faire en France tous leurs efforts pour que l'Italie ni l'Allemagne ne réussissent dans ce projet.

La France ne reprendra en Europe sa prépondérance politique, que si elle y conserve sa prépondérance commerciale et industrielle. Elle sait désormais ce qu'elle a à faire pour cela. Qu'elle n'oublie pas un seul instant qu'elle vient immédiatement après l'Angleterre dans les choses du commerce et de l'industrie, et cependant elle n'a pas la même étendue de rivages, les mêmes havres profonds et sûrs, enfoncés dans l'intérieur des terres, les mêmes mines inépuisables de houille et de métaux divers. Elle n'a pas non plus dans l'Inde un marché de 100 millions d'hommes, toujours prêt à recevoir les produits de ses manufactures ; mais elle a un climat privilégié, exceptionnellement doux, elle retire de son sol des productions très-variées, entre autres ses vins incomparables, que tous les peuples se disputent ; enfin c'est le pays du goût, et ses objets de mode, ses soieries, une partie de ses lainages, de ses cotonnades, priment tous ceux des autres pays sur les divers marchés de l'univers. Elle est restée, parmi toutes les nations, l'arbitre suprême de l'élégance. C'est là ce que la France ne doit pas oublier dans la grande lutte qu'elle a aujourd'hui à soutenir pour son existence commerciale. Elle doit triompher dans cette lutte, puisque tout le monde chez elle est décidé désormais à combattre et à assurer la victoire : le gouvernement, en développant, en améliorant toutes les voies de communication intérieures et extérieures, et en provoquant partout l'abaissement au minimum des tarifs de transport; les chambres, en secondant de leur mieux les projets du gouvernement; les citoyens, en prêtant à leur tour leur appui à tous ces projets, et en donnant à l'œuvre féconde qui va s'exécuter le concours de leur argent et de leur foi. Ayons tous confiance dans le lendemain, dans la régénération morale et matérielle qui se prépare, et la France reprendra complétement la place qu'elle avait acquise dans le concert des nations.

FIN.

TABLE DES MATIÈRES

Préface I

CHAPITRE PREMIER

MARSEILLE ET LE GOLFE DE LYON.

I. Le port de Marseille. 1
II. Le littoral 23
III. Les conditions économiques 57

CHAPITRE II

BORDEAUX ET LE BASSIN DE LA GIRONDE.

I. Le port de Bordeaux 67
II. Les vignobles du Bordelais et le commerce des vins . . 85
III. La Gironde, Arcachon, les Landes, le golfe de Gascogne. 112

CHAPITRE III

NANTES ET LE BASSIN DE LA LOIRE.

I. Le port de Nantes. 135
II. La Basse-Loire, Saint-Nazaire, le littoral. 160
III. La navigation de la Loire 177

CHAPITRE IV

LE HAVRE ET LE BASSIN DE LA SEINE.

I. Le port du Havre. 195
II. La Seine maritime et fluviale, le littoral de la Manche. 229
III. Les besoins du Havre et du commerce français. . . . 248

CHAPITRE V

LA NAVIGATION INTÉRIEURE.

I. La canalisation française. 275
II. L'amélioration du Rhône 296
III. Paris port de mer. 317

CHAPITRE VI

LE COMMERCE EXTÉRIEUR.

I. Les échanges 335
II. La marine marchande. 345

FIN DE LA TABLE.

[21 208] — PARIS, TYPOGRAPHIE LAHURE
Rue de Fleurus, 9

www.ingramcontent.com/pod-product-compliance
Lightning Source LLC
Chambersburg PA
CBHW070844170426
43202CB00012B/1938